U0330847

梁治平

爲政

古代中国的致治理念

生活·讀書·新知 三联书店

Copyright ⓒ 2020 by SDX Joint Publishing Company.
All Rights Reserved.

本作品版权由生活·读书·新知三联书店所有。
未经许可，不得翻印。

图书在版编目（CIP）数据

为政：古代中国的致治理念／梁治平著．—北京：
生活·读书·新知三联书店，2020.6 （2021.4 重印）
ISBN 978-7-108-06578-0

Ⅰ．①为…　Ⅱ．①梁…　Ⅲ．①法制史-思想史-研究-
中国-古代　Ⅳ．① D929.2

中国版本图书馆 CIP 数据核字（2019）第 067196 号

责任编辑　冯金红
装帧设计　蔡立国
责任印制　董　欢
出版发行　生活·讀書·新知 三联书店
　　　　　（北京市东城区美术馆东街 22 号 100010）
网　　址　www.sdxjpc.com
经　　销　新华书店
印　　刷　河北鹏润印刷有限公司
版　　次　2020 年 6 月北京第 1 版
　　　　　2021 年 4 月北京第 2 次印刷
开　　本　880 毫米×1092 毫米　1/32　印张 10.625
字　　数　212 千字
印　　数　08,001-13,000 册
定　　价　42.00 元
（印装查询：01064002715；邮购查询：01084010542）

目　录

自 序

　　《论语·为政》首章云："为政以德，譬如北辰，居其所而众星共之。"此句极简，含义却十分丰富。对于这句话，我们可以从若干方面加以申说。

　　首先，在结构上，《为政》列于《学而》之后，为《论语》第二篇。按古代经学家的说法，这是因为"学而后入政"（语出《左传》），"故次前篇也"。（何晏等注、邢昺疏：《论语注疏》）现代儒生申明此说，以《学而》为总论，《为政》以下为分论。不过，作为分论，《为政》这一篇的地位十分特殊。列于"总论"之后，"分论"之首，其题旨的重要性可知。不仅如此，若着眼于其内在的关切与理路，我们也不妨说，"为政"的思虑与论述，其实也贯穿于《论语》，贯穿于孔子乃至儒家思想，甚至贯穿于先秦诸子学以及历代圣贤思想。然则，孔子所谓"政"究竟何指？

　　一般认为，古代所谓"政"，有政治、政权、政令、政策诸义。释"政"为"政治"不能说错，却有些似是而非。盖因古代并无现今相对于经济、法律、宗教、道德而独立的政治概念。《洪范》八政，《周礼》六官，其范围除了行政、司法、外交、军事，还包括教育、宗教、农、工、商

1

业等，显然较今人所谓政治为宽泛。孔子言政，也有广狭二义。有人问孔子为何不为政事（"子奚不为政"，今人多译为"从事政治"），孔子引《书》"孝乎惟孝，友于兄弟，施于有政"作答，说践行孝、友就是为政（"是亦为政，奚其为政？"）。这即是说，伦理与政治无别，家事与国事同其重要，修身也不只是关乎个人私德。《大学》之"三纲八目"，从明明德到亲民到止于至善，由修身进至齐家、治国、平天下，展现的就是这样一种视野宏大的政治观。

自然，先秦诸子百家，持这种伦理政治观的主要是儒家，法家诸子论政，除了早期的管子，皆不屑于仁义之说、道德之教，而是以法律政令威势权谋为务，后者当然也属于"政"。孔子言政，并不排斥政刑之类狭义的"政"，只不过要把它放在一种从属的位置上，故曰"道之以政，齐之以刑，民免而无耻。道之以德，齐之以礼，有耻且格"（《论语·为政》）。而在"孔子之治术"（萧公权语）中，德礼政刑，缺一不可。邢昺谓《为政》一篇"所论孝敬信勇为政之德也，圣贤君子为政之人也"，这里还应该补充一条：礼乐刑政为政之制也。关于此节，《礼记·乐记》说得好："礼以道其志，乐以和其声，政以一其行，刑以防其奸。礼乐刑政，其极一也，所以同民心而出治道也。"有人，有德，有制，方成治道。而德之一项，不仅涉及治道，亦关乎政道。

德之观念兴起于周，为周人最重要的政治观念之一。在天命流转、民心向背、政权鼎革的过程中，作为统治者品性的德，被认为是关键性的因素。一方面，"天命靡常"，惟德是辅；另一方面，王者惟有敬天保民，不坏其德，方能维续天命。中国早期思想中这些关于统治正当性的观念，在诸子时代被发展成一套围绕天、天命、天下、王者、生民及其相互关系展开的政治学说，影响深远。此外，德的观念后来又与阴阳五行观念相结合，或用以证成王朝的合法性（如"五德终始"说），或用来为国家制度提供形上基础（如谓"阳为德，阴为刑"）。

孔子去周未远，然周之礼乐崩坏，终不可复，故孔子只能在思想文化上将他理想中的周制发扬光大。而强调德礼，因德见仁，以仁说礼，正是孔子对中国古代思想的一大贡献。孔子所谓仁，"始于在家之孝弟，终于博施济众，天下归仁"（萧公权语），既是修己之德，也是正人之道，由近及远，贯通内外。是有仁心，有仁行，有仁人，有仁政。故孔子之后，"儒家言道言政，皆植本于仁"（梁启超语）。

最后，由治道角度看，孔子以众星环绕北辰（北极星）作譬喻"为政以德"也颇值得玩味。传统注疏家谓："德者无为，犹北辰之不移而众星共之。"这种解释很有意思，也颇有争议。后之学者指出，"为政以德，则本仁以育万物，本义以正万民，本中和以制礼乐，亦实有宰制，非漠然无为也"。不过话说回来，"政皆本于德，有为如无为也"（李允升：《四书正疑》）。这种有为、无为的辩证观启人神思。孔子论政有谓："政者，正也。子帅以正，孰敢不正？"又谓："其身正，不令而行"；此外又有君子德风、小人德草之喻，大约都属"有为如无为"之例。而修己正人乃至"正万民"之举，也不一定非"实有宰制"不可。《易》曰："乾道变化，各正性命"，重点在自正其身。这同样符合古人对"德"的理解。"德者，得也。言人君为政，当得万物之性，故云以德也。"（皇侃：《论语集解义疏》卷一）朱熹亦云："为政以德，则无为而天下归之。"（《四书章句集注》）后之儒者论政与治，主张"君天下者，必以天下之心为心，以天下之耳目为耳目"，进而"通天下之志，尽天下之情"，甚而认为"与天下同欲者谓之圣帝，与天下违欲者谓之独夫"（陆贽：《论裴延龄奸蠹书》），这种主张不但可以解作"政"的无为论，也可视为天下为公理念的治道表达。

以上由《论语·为政》首章入手，对古人为政思想稍加分疏，所论以孔学为主，旁及其他时代、人物、思想，虽寻章摘句，漫无系统，但由"政""德""礼""刑""孝""友"诸概念，引出"仁""义""治""正""天""君""王""民""公""天下""君子""无为""阴阳"等概念，或可帮助读者一窥中国古代为政思想与致治之道的门径。诚如论者所言，中国古代为政、致治思想传统源远流长，备极丰富，且诸子百家之说，相互激荡，各有贡献。大体言之，古之为政思想、致治理念滥觞于三代，昌明于先秦，运用发展于秦汉以降，而臻于烂熟。其间，商周之际思想与制度变迁甚巨，有周一代，不仅典章制度粲然大备，其思想遗产也极为丰富。而先秦为中国思想最具创造性的时代，百家诸子融铸古义，创立新说，不仅立言，亦且立功、立德，从而为华夏文明开出一大新格局。此后，思想之递嬗，学派之消长，观念之继替，制度之沿革，随时势而转移，且其思想资源，不仅本于中原的、华夏的，也吸纳外来的、异族的，儒释道并进，华夷之治共荣。由此形成的政治思想传统，既富于传承性，又富于实践性，多元一统，主辅有别，变中有不变。其观念范畴，除前述种种，尚有许多为我们耳熟能详。如论政道，有天道、天命、禅让、革命、继替、正统、变统等；论名号，有皇帝，有圣人，亦有可汗，乃至菩萨；论社会理想，有大同、小康之说，王道、霸道之分；论基本制度，有家、国、天下，封建与郡县，华夏与夷狄，礼法、纲纪、朝贡、百官等；论修身，有敬、慎、诚、信、勇、让、恤、耻等；论治道，则有治人治法、养民教民、民为邦本、天理、人情、治乱、贤愚、正名、义利、公私、均平、宽猛、羁縻、选举、和、术、势、中等。且古之政治观具有所谓有机自然主义特征，甚为宽泛，大至山川星宿、细如绳墨斗斛等概念也与之相关。这些观念范畴彼此相连，构成一种多层交织的概念 / 意义之网。其中，有些范畴更居于网结之上，不但统率诸词，自成群落，而且连接其他观念群，为古人表达和今人认识其政治理念所必需，可以称之为中国政治思想传统乃至中国文化中的"大观念"。本书择取的五种观念——天下、为公、民本、家国、礼法，即属于此类"大观念"。

自然，"为政"可以有不同讲法，既不必限于五种观念，也不必以此五种观念为准。事实上，本书结构自有渊源，讲"为政"，也不止此五篇。

事缘若干年前，我所在的中国文化研究所起意，欲合全所之力，撰写一部《中国文化观念通铨》（以下简称《通铨》）。书分七部，每部六章，"为政"乃其中第四部，以下所隶篇目，除上面提到的五种，尚有"慎战"一篇，后者由他人撰写。如此，本书的篇目便成了读者看到的这样。

《通铨》结构及篇目的确定，经过全所同仁集议，但是对参与撰写的各人来说，终究有些命题作文的味道，其所命之"题"，似也未尽合理。比如天下、为公、家国诸条，单独抽出其中之一皆可称重要，但它们在古人观念中词义相连，谓家国天下，谓天下为公，强为之分，并列分述，或有割裂整体之虞，也难避免题旨、叙述及材料上的重复。好在这些条目由我一人撰写，因此可以通盘考虑、协调，使各有侧重，同时又彼此呼应，尽量避免重复。与此相关但不同的问题是，《通铨》布局考虑全篇，故而与"为政"题旨关系密切的某些概念便可能归于其他部类，如"天道""阴阳"在"天道"之部，"仁爱""无为"在"天人"之部，"纲纪""孝慈""信义"在"人伦"之部，"君子""义利"在"修身"之部。这些条目既分列不同部类，又交由不同人撰写，且撰者之间少有协调，故各篇之间的联系便只能付之偶然。本书撰写过程中，论述范围原则上依写作需要而定，但若直接涉及其他条目，则避免做专门论述，如"为公"一篇原拟将"义利之辨"列为一节，最后为了避免重复，还是把这一节取消了。

下面就本书的性质与写法做几点说明。

如前所述，本书五篇皆出自《中国文化观念通铨》。既云观念，则研究对象与单纯的概念或关键词不同，后者可以表征观念，观念却不以后者为限。比如，观念可见于器物、图形、制度等，且其发生总是早于概念、字词。因此，本书各篇虽多由语词入手，却不止步于语词，更不以语词为其发端。此外，观念可以透过概念和语词集中地表达，但它所对应的往往不是一个概念，而是一个由众多语词构成的概念群，涉及文化的基本观念或所谓大观念，尤其如此。至于观念通铨之诠，按我的理解，除了诠释其义，还要考竟其源流。换句话说，本书应当被视为一项观念史研究，而与比如哲学范畴研究一类不同。

本书五篇，各围绕一种观念展开论述，各篇平均字数在四万上下，视之为主题论著亦可。不过在我看来，《通铨》更近乎研究性辞书，或类似英语学术文献中的"指南"，它要提供给读者的，应当是"中国文化观念"方面的基础性、权威性知识。因此，撰者为文，不能全以个人兴趣为转移，发挥一点，不及其余，而应力求系统、全面、客观，让人一读之下，对所述观念的含义、形态、表现以及这些观念的发生、流变、影响、意义等有一尽可能完整而清晰的了解。这也是我在撰写这些条目时有意识努力的方向。

最后，关于本书诸条目时间上的起止范围，我采取的办法，大体是由一观念初现，一直讲到清末民初。如此，则一方面，各观念起始时间不同，研究涉及的年代也随之改变；另一方面，所有观念的叙述下限不加分别，一以清末民初为断。后面这样处理是因为，作为中国历史一大转折的帝制解体就发生在这一时期，隐匿于这一大事件背后而更具深刻意义的，则是文明秩序瓦解的大事变。因为这一大变故，诸如"天下""家国""礼法"这类支撑古人思想和生活世界的大观念，顿失其意义，取而代之的，则是源自西学的民族、国家、科学、民主、宪政等观念。着眼于这一宏大历史遭际，即使若干传统语汇如"天下""家国"等此后仍不绝于世，它们也不再是之前那个完整意义系统的一部分，盖因此意义系统已然不存。事实上，一般讲述中国传统思想、观念、制度等，率多以清末民初为其下限，也是为此。虽然，如此断法也不是没有问题。最重要的一点是，倘将此视为绝对，就会割裂历史，从而既失去对过去的深切理解，又失去对当下的深刻把握。

近代中国文明的解体与传统的断裂诚为一事实，但只是指出这一点又是不够的。因为思想和生活世界极为复杂，其变与不变，在不同层面有不同表现，不同时代有不同样态。吾人深入历史之地，发掘古代观念，梳理古人思想，发现其改变之兆，寻绎其变化之几，便可以深切感受到，历史就活在当下。当然这并不是说历史直接延伸到了当下，或者当下简单地再现了历史，而是说，许多历史上形成的思想、观念和传统，即使遭遇了文明解体之厄，仍然存活于现代中国人的心灵和思想之中，并深深渗入现实生活。比如，我们会发现，一些历史上反复出现的主题，如"天下为公"，其实也是对现代中国具有深刻影响的支配性主题，只不过，在经历了历史巨变之后，这个支配性主题分散地隐藏或混合于各式各样的现代话语之中，不易辨识罢了。

值得注意的是，在经历了近百年的衰落和毁坏之后，"传统文化"如今又焕发新生，在思想、学术、文化、社会乃至政治方面被赋予新的意义。在此过程中，"历史"重新成为思想的焦点，各种当代"天下"论述也竞相登场。众声喧哗之中，新话语开始显露，新意识形态的轮廓也隐约可见。有感于此，本书原拟以"众声喧哗，'天下'归来"为题，作跋一篇，置于书末。但是最终，这篇计划中的"跋"因为篇幅过大而没有收入本书。尽管如此，借由这一提示，读者在阅读本书时或许能发挥想象力，让本书描绘的这幅思想图景更加丰富，也更加富有意味。我这样说，并不是暗示本书有什么微言大义，更不是主张某种影射史观，而是因为我相信，人类生活自有其演化机制，层层相因，代代相续。我们若放宽视界，展望过去、现在与未来，则传统与现代、历史与当下之间的界线就不再那么分明，未来也会呈现出更多的可能性。这便是为什么，以古观今和以今视古，都可能成为一种影响当下、塑造未来的创造性活动。也因为如此，我深信，真正严肃的思想史研究，必定有助于我们深刻地理解当下。

梁治平

2019 年 1 月 21 日写于京西忘言庐

一 "天下"的观念

引言：中国古代关于文明与秩序的想象

太史公论六家之要指曰："《易大传》：'天下一致而百虑，同归而殊涂。'夫阴阳、儒、墨、名、法、道德，此务为治者也。"这段评论在指明先秦诸子百虑而一致之所在的同时，不经意地把我们的注意力引向古代政治论说中的一个重要观念——天下。治思想史的学者注意到，中国古代政治思想，无论出于"封建时期""专制时期"，也无论其内容如何，无不以"天下"为论说对象。[1]从比较思想史的角度看，"天下"，而非"国家"或其他类似观念，可能是中国古代政治思想中最重要、同时也最具独特性的观念之一了。

古时所谓天下，或指"中国"，或指"世界"。[2]这两个概念，都与"治"有关，而"治"，在中国古代思想语境中，

---

〔1〕 参见萧公权：《中国政治思想史》（上）。台北：联经出版事业公司，1982，页10—11。

〔2〕 "天下"一词有"中国"与"世界"二义，此为一般汉语辞书的通解。此所谓"世界"，简单指超出并且包括"中国"在内的更大空间，并非古人用语。"世界"一词晚出，源出佛教。至该词于近代流行时，其含义与"天下"迥异。详下。

不只关乎地域、时空、人群，还涉及天人关系、文明秩序，以及植基于天人互动、文明创造和秩序构造过程中的统治的正当性。我们也引一段《易传》：

> 古者包牺氏之王天下也，仰则观象于天，俯则观法于地，观鸟兽之文，与地之宜，近取诸身，远取诸物，于是始作八卦，以通神明之德，以类万物之情。作结绳而为罔罟，以佃以渔……包牺氏没，神农氏作，斫木为耜，揉木为耒，耒耨之利，以教天下……日中为市，致天下之民，聚天下之货，交易而退，各得其所……神农氏没，黄帝、尧、舜氏作，通其变，使民不倦，神而化之，使民宜之。……黄帝、尧、舜垂衣裳而天下治……刳木为舟，剡木为楫，舟楫之利，以济不通，致远以利天下……服牛乘马，引重致远，以利天下……重门击柝，以待暴客……断木为杵，掘地为臼，臼杵之利，万民以济……弦木为弧，剡木为矢，弧矢之利，以威天下……上古穴居而野处，后世圣人易之以宫室，上栋下宇，以待风雨……古之葬者，厚衣之以薪，葬之中野，不封不树，丧期无数。后世圣人易之以棺椁……上古结绳而治，后世圣人易之以书契，百官以治，万民以察……（《易传·系辞下》）

这段话除了屡屡言及天下，还提到天、地、民、圣人、百官等，呈现的是一段深具道德意味的文明演化史。据此，天下乃是古代圣王施治的对象。古之圣人象天法地，缔造人世间的道德文明与秩序，造福于万民。因此，所谓天下，首先是一种道德文明秩序。其中，存乎天地之间的生民，还有王天下者的权位，是两种最基本的要素，二者相须而不可分，以致"天下"一词可以指前者（如"教天下""利天下"之"天下"），亦可以指后者（如"天下为公"之"天下"）。照这样理解，"天下"一词，其实包含了一组概念，一组虽不相同，但又相互关联和支持的概念，它们展现了天下观念的不同层面和面向。天下观念的这种丰富性，使之成为中国古代思想世界中最具概括力和表现力的观念之一。它塑造了中国人的世界观，尤其国家、文明诸观念，支配了中国人对于世界与道德文明秩序的想象。

四方与四海：天下的方位

天下观念始于何时？这是一个很难回答的问题。先秦诸子，无论儒、墨、名、法、道德、阴阳、纵横家等，亦无论在朝在野，无不喜言天下，这至少说明"天下"一词当时已经相当流行。但如前引《易传》那样的历史叙述，却不足以证明这一观念出自更早的年代。实际上，《易传·系辞下》开篇所勾画的文明史缺乏史料支持，甚至三皇五帝的传说本身，如果不尽是出于后人虚构，至少也是模糊不清的。追溯天下观念之迹，较为确切的证据，当于古代文字和文献中获得。

传世的殷商甲骨文中，与"天下"相关的字，有

"中""国""天""下""四方"等，但是未见"天下"二字。[3]"天下"一词，始见于《尚书》。作为中国最古老的政事史料汇编，《尚书》记录了自唐虞至周代的许多政事、文告、训诫、典制、策命乃至君臣对话，其中多篇可见"天下"一语。如《虞书·尧典》有"光宅天下"，《虞书·舜典》有"〔四罪而〕天下咸服"，《商书·说命上》有"俾以形旁求于天下"，《周书·召诰》有"小民乃惟刑用于天下"，《周书·顾命》有"燮和天下"，《周书·康王之诰》有"用昭明于天下"，《周书·毕命》有"惟文王、武王敷大德于天下"等。可以注意的是，《尚书》中"天下"一词最多见于《周书》[4]，且多出于文告、训诰、策命，为直接引语，而非记录者的叙述，这或者可以说明，西周时人的天下概念已经相当明晰，衡之以"天下"在先秦各种典籍中的流行程度，做这样的推断应该大体不差。

如果可以把"天下"语词的出现大致定在周初，则"天下"观念的形成必定始于夏、商，甚至更早。"殷因于夏礼……周因于殷礼"[5]，三代文化原本一脉相承，何况周人自

---

〔3〕 参见邢义田：《天下一家——中国人的天下观》，载邢义田（主编）：《中国文化源与流》。合肥：黄山书社，2012，页290。邢义田认为，"天下"二字首见于《周书·召诰》，见前引文，页291。

〔4〕 "天下"一词，《尚书》凡18见，其中，《虞书》5见，《夏书》1见，《商书》1见，《周书》11见。《尚书》真伪，历史上一直聚讼纷纭。本文从《十三经注疏》本，不作考辨。

〔5〕 《论语·为政》。关于夏、商、周三代历史上的纵横关系，可参阅张光直：《从夏商周三代考古论三代关系与中国古代国家的形成》，载张光直：《中国青铜时代》。北京：生活·读书·新知三联书店，1983。

视为夏的承继者，封夏之后，用夏之政。只是，殷商卜辞尚不能帮助今人完整了解当时的历史与文化，遑论考古尚不充分的夏和只见于后人记述的唐虞时代。要了解天下观念远古时期的渊源与发展，除了在甲骨卜辞中寻找线索，恐怕还需要辅以想象，由商周文物制度推想远古社会情态。

有学者根据对殷墟卜辞、金文乃至商代墓葬形制的研究指出，商人按照中心与四方的方位来构想世界（"天下"）：卜辞中有东、西、南、北、中的指称，有"土""方""四土""四方""中商""多方"等语词，其中，"四方"有时指天上的风神，有时指地上（"天下"）的方国，即商人笼统称之为"多方"的氏族聚落，[6]而敬奉天帝、祈使神灵、统领四方、治理天下，正是作为天下共主的商王的大任。当时的礼制建筑，如明堂、宗庙、墓室等，以直观形式反映了这种天下观而呈"亞"字形结构，因此也成为"象征帝王对天下的统治威权"。[7]

周人继受了这种方位分明的"天下"观。据陈梦家的研究，《尚书》里保存了"四土"的称谓，同时又有了"东国"之称，而在西周及其后的金文和《诗》中，则屡见与

---

[6] 参见邢义田：《天下一家——中国人的天下观》，载邢义田（主编）：《中国文化源与流》，页287—289。陈梦家指出，卜辞中"方"的用法有五：单纯的方向，地祇之四方，天帝之四方，方国之方，四土之代替。又，四方与大邑或商相对待，后者"可以设想为处于四方或四土之中的商之都邑"。陈梦家：《殷虚卜辞综述》，北京：中华书局，1956，页319。

[7] 邢义田：《天下一家——中国人的天下观》，载邢义田（主编）：《中国文化源与流》，页290。详细的论述，参见该书页286—290。

方位相连的国以及四国（或、域）的用法。《诗·大雅》诸篇中，土、国、方、邦系同位词，可以互用，可知西周及其后，四国即指四土。尤其可注意的是，在西周金文以及《诗经》《尚书》中，国与方有内外相对的关系：王国、中国、周邦、有周与四方相对，中国、四国与鬼方、多方相对，后者乃指中国、四国以外的许多方国。此外，西周晚期及春秋金文中，四方又是与蛮夷之邦相对的。[8]从本文的视角出发，周代文献中屡屡出现的"四方"一词，指代的就是"天下"。[9]《诗经·大雅·皇矣》之"受禄无丧，奄有四方"，《诗经·大雅·大明》之"天位殷适，使不挟四方"，《诗经·商颂·玄鸟》之"古帝命武汤，正域彼四方"，《尚书·虞书·益稷》之"予欲宣力四方"，《尚书·周书·泰誓》之"惟我文考若日月之照临，光于四方，显于西土"等，均为这方面的例子。

文献中与"四方"同指天下的词还有"四海"。商遗民忆述其开国历史，于"古帝命武汤，正域彼四方"之后，有"邦畿千里，维民所止，肇域彼四海"之辞；[10]益颂尧帝之德，有"皇天眷命，奄有四海，为天下君"[11]的说法；《尚

---

[8] 详参陈梦家：《殷虚卜辞综述》，页319—320。

[9] "四方"一词见于《诗经·小雅》之《节南山》《北山》，《大雅》之《大明》《假乐》以及《商颂》《周颂》诸篇，《尚书·虞书》之《大禹谟》《益稷》，《商书》之《太甲》《盘庚》，《周书》之《泰誓》《牧誓》《康诰》《昭诰》《多士》《立政》等21篇亦可见之。

[10] 见《诗经·商颂·玄鸟》。

[11] 见《尚书·虞书·大禹谟》。

一 "天下"的观念 | 15

书·周书·泰誓》以四海与四方对举[12];《尚书·夏书·禹贡》更以四海标识天下的界域。[13]因此，"海内"与"天下"同其义。[14]研究者认为，这种关于天下的想象，可能也出自商人早期滨海而居的生活经验。[15]

天命、君王与生民：天下的要素

翻检《尚书》、《诗经》、《易》及《周礼》诸经籍，很容易发现，除上文提到的"四方""四海"等名词之外，其他像"天""王""邦""民""诸侯"等概念也频频出现于"天下"左右。如《尚书·周书·泰誓》："天佑下民，作之

---

[12] 《尚书·周书·泰誓下》："王曰：'呜呼！我西土君子。天有显道，厥类惟彰。今商王受，狎侮五常，荒怠弗敬。自绝于天，结怨于民。斫朝涉之胫，剖贤人之心，作威杀戮，毒痡四海……惟我文考若日月之照临，光于四方，显于西土。'"

[13] 《尚书·夏书·禹贡》所说"天下"的范围，"东渐于海，西被于流沙，朔南暨声教，讫于四海"。

[14] 其例如《商书·说命下》："四海之内，咸仰朕德，时乃风。"《尚书·周书·立政》："其克诘尔戎兵以陟禹之迹，方行天下，至于海表，罔有不服。"

[15] 参见邢义田：《天下一家——中国人的天下观》，载邢义田（主编）：《中国文化源与流》，页295。不过，当时所谓"四海"指的不一定就是海。《周礼正义》郑玄注引《尔雅》："九夷、八蛮、六戎、五狄，谓之四海。"《禹贡》疏："夷狄戎蛮谓之四海。"有学者认为，自战国中期至后汉，四海主要都被在其字面意义理解为海域，以四海指蛮夷的用法，始于《尔雅·释地》，与古文经学关系颇深，应该是汉以后的现象。参见渡辺信一郎：《中国古代的王权与天下秩序》。北京：中华书局，2008，页55—57。

君，作之师，惟其克相上帝，宠绥四方"，可算是典型的"天下"论说。这些概念，如果不是"天下"的别称，肯定都是"天下"观念不可缺少的构成要素，而这些词和概念，或已见于殷商卜辞，或者指向更早时代的社会情态。

商、周时人，以天为高高在上、监临人世的人格神，因此又称"上""上帝"。[16] 此一人格神，也是政权合法性的终极依据。汤武革命，天下易帜，虽然靠人力完成，却都要借"天命"加以正当化。周人克商，夺取天下，是一个以小胜大、以弱胜强的范例，因此之故，周人对天命更是坚信不疑，保守天命，战战兢兢。周人文告、誓词、训诰、策命中即充满对"天"和"天命"的尊崇敬畏之辞。[17] 周公对商旧臣的诰词中说："尔殷遗多士，弗吊旻天，大降丧于殷，我有周佑命，将天明威，致王罚，敕殷命终于帝。肆尔多士！非我小国敢弋殷命。惟天不畀允罔固乱，弼我，我其敢求位？惟帝不畀，惟我下民秉为，惟天明畏。"[18] 类似言论，在商汤的伐

<hr>

〔16〕 金文有"上"，无"天"，上即天。不过，帝与天有别。详参许倬云：《西周史》。北京：生活·读书·新知三联书店，1993，页98—109。

〔17〕《诗》《书》言天命处甚多，周人言天命者尤多。如《诗经·大雅·文王》："穆穆文王，于缉熙敬止。假哉天命。……侯服于周，天命靡常。"《诗经·周颂·桓》："绥万邦，屡丰年。天命匪解。"《诗经·商颂·殷武》："天命多辟，设都于禹之绩。……天命降监，下民有严。不僭不滥，不敢怠遑。命于下国，封建厥福。"《尚书·周书》之《泰誓》《武成》《大诰》《康诰》《召诰》《洛诰》《多士》《无逸》《君奭》《多方》《吕刑》诸篇更是屡言天命。

〔18〕 见《尚书·周书·多士》。

桀誓词里也可以看到。[19]"天"及"天命"至周代发展为一极强而有力的观念，对此后数千年的中国思想影响至深，固不待言，而这种观念的渊源极为久远，也是没有疑义的。

王受命于天，领有天下。其对天而言，为子，故云天子；对民而言，为父母，称元后，称王，称帝。相对于王的民，若非特指，则又称生民、烝民、庶民、黎民、万民、兆民、万姓、下民、四民、四方民等。民为天所生，所谓"天生烝民"。天下即是民所居住的地方。民虽在下，却是天之视、听所在。王者惟有敬天保民，才能够不失天命，"天禄永终"。[20]

邦，亦称国，通常指诸侯之国；用以指夏、商、周时，则与"天下"同。周代文献中屡见"万邦""四国""万国"等词，指的就是集合诸多"邦""国"而成的"天下"。诸侯掌邦国，服王事，定期朝贡。王与诸侯相与对待往还之道，即为三代时礼之大端。古人认为，建侯分土之事自炎帝始[21]，此说或不足凭，但是封建之制显然也不是始自西周。根据《尚书·尧典》，通过"协和万邦"而构造天下，正是

[19] 如《尚书·商书·汤誓》："王曰：'格尔众庶，悉听朕言，非台小子，敢行称乱！有夏多罪，天命殛之。……夏氏有罪，予畏上帝，不敢不正。'"类似内容亦见于《汤诰》。学者们认为，商人的天或上帝起初是普遍的、超然的，后来因与商人祖先灵结合，逐渐成为商人祖群所独占的神，而失去其普遍性。与之不同，周人之天或上帝为万民之神，惟德是辅。参见许倬云：《西周史》，页99—103。
[20] 见《尚书·虞书·大禹谟》。
[21] 高承：《事物纪原官爵封建诸侯》。《史记·五帝本纪》："诸侯咸来宾从。"

帝尧开创的事业。[22]

中国，九州，五服：天下的疆域与格局

可以注意的是，周初之时，"中国"一词已经出现。"中"字屡见于殷商卜辞，与"四方"相对，为商之都邑所在。周人继受了这些观念。西周金文及《诗经》《尚书》中，"王国""中国""周邦""有周"居中，与"四方"相对，也是内与外的关系。[23]《诗经》诸篇所谓"中国"，均指"京师"

---

〔22〕 "协和万邦"语出《虞书·尧典》，太史公写为"合和万国"。帝尧所开创的这一事业的意义，详参姚中秋：《华夏治埋秩序史》第一卷《天下》上册，第一章。海口：海南出版社，2012。

〔23〕 参见陈梦家：《殷虚卜辞综述》，页 320。记于成王时代的何尊铭文："惟武王既克大邑商，则廷告于十天曰：'余其宅兹中或，自之乂民。'"（铭文可参见许倬云：《西周史》，页 94。又，"中或"即"中国"。西周金文中，或、域、国一字。参见陈梦家：《殷虚卜辞综述》，页 321）是周人使用"中国"一词最早的证据。由此可证《尚书·周书·梓材》所录周公对康叔的诰词"皇天既付中国民越厥疆土于先王"并非出于后人杜撰。也有人认为，"宅兹中国"的"中"和"中国"，并非一般认为的地理概念，而是星象崇拜的祭祀概念。北极星，太一，才是"中"，祭祀它的"国"便是中国。换言之，"中"之所在，"国"亦随之。参见阿城：《昙曜五窟——文明的造型探源》。北京：中华书局，2019。这种说法在发生学的意义上似非无据，但与中国地域说也未必不可调和。二者都把王朝的合法性与"中国"联系在一起，只不过一个指向祭祀（"中"），一个指向特定地域（"中国"）。祭祀之地飘移不定，地域之国不可移易，二者看似对立，但因为都呈现于具体的时空之中，实际就融合于一。飘移的"中"有其方向和范围，地域之"国"符号化的地理特征也可以被挪用，由此产生既与祭祀又与地域有关的正统观念。详见下文。

或者"国境之中"〔24〕，此一中国概念，兼具政治中心与地理中心之义。春秋时，"中国"之范围扩大，更因为与夷狄相对而兼具民族和文化含义。〔25〕中原之地，中国之名，涉及王朝正统，也是古代天下观的核心部分。

中国亦称九州。禹受命平治水土，划中国为九州，禹迹所至，即是天下。〔26〕表面上为地理区划的九州，因此脱出单纯的地理概念，而具有政治、经济和文化上的丰富意蕴。〔27〕关于九州故事，最早也最详的记载出于《尚书·禹

---

〔24〕 参阅邢义田：《天下一家——中国人的天下观》，载邢义田（主编）：《中国文化源与流》，页 294。

〔25〕 关于"中国"概念及其所指之变化，详参葛剑雄：《统一与分裂：中国历史的启示》。北京：中华书局，2008，页 22—31。葛氏认为，"中国"有广狭二义，广义的"中国"即是中原王朝，凡中原王朝的疆域均属"中国"；狭义的"中国"则指经济文化相对发达的汉族聚居区或汉文化区。参见该书页 28。据此，地域、种族和文化同为"中国"的构成要素。

〔26〕 《左传》襄公四年引周初《虞人之箴》曰："芒芒禹迹，画为九州。"《尚书·周书·立政》："其克诘尔戎兵，以陟禹之迹，方行天下，至于海表，罔有不服。"《禹贡》以九州、四海、中邦并举。孔颖达疏云："慎之者，皆法则其三品土壤，准其地之肥瘠，为上中下三等，以成其贡赋之法于中国……夷狄戎蛮谓之四海，但天子之于夷狄，不与华夏同风，故知'四海'谓'四海之内'，即是九州之中，乃有万国……故皆法三壤成九州之赋。言得施赋法，以明水害除也。'九州'即是'中邦'，故传以'九州'言之。"（孔安国传、孔颖达疏：《尚书正义》卷六）又参见邢义田：《天下一家——中国人的天下观》，载邢义田（主编）：《中国文化源与流》，页 297。

〔27〕 葛剑雄认为，九州之制并非历史上的事实，而只是战国时人对未来统一国家的规划，实为一种政治理想。参见氏所著《统一与分裂：中国历史的启示》，页 7—8。不过，九州之制是否为大禹所创制和实行，并不影响其作为一种观念的重要性。

贡》。[28]《禹贡》开篇云："禹别九州，随山浚川，任土作贡。"其下所记述的，除了九州的山川物产以及水土治理情形，还有基于土地状况规定的贡赋等级，甚至天下秩序中诸侯拱卫服事天子的制度：

> 五百里甸服：百里赋纳緫，二百里纳铚，三百里纳秸服，四百里粟，五百里米。五百里侯服：百里采，二百里男邦，三百里诸侯。五百里绥服：三百里揆文教，二百里奋武卫。五百里要服：三百里夷，二百里蔡。五百里荒服：三百里蛮，二百里流。

《禹贡》篇结尾处记述的，是经籍中名为"五服"的天下体制，即以王畿为中心，由近而远，每五百里为一区划，分为甸、侯、绥、要、荒五服，各服依礼向天子提供职贡。如甸服贡纳谷米，侯服、绥服提供差役、屏障王室，要服须遵奉礼法，和平相处，荒服可以保有其习俗，甚至无须纳贡。在这一天下秩序结构中，天子居中，诸侯环绕四方，层层外推，距王畿空间上的距离愈远，关系愈

---

[28] 一般认为，《禹贡》成书年代较晚，有东周说，有战国说。不过，近年面世的一件西周中期青铜器，其铭文以"天命禹敷土，随山浚川，乃差地设征"开首（试比较《禹贡》开篇辞："禹别九州，随山浚川，任土作贡"），不但提早了有关大禹治水传说的记载，也增强了相关文献记载的可信性。参见唐晓峰：《大禹治水传说的新证据》，载氏所著《人文地理随笔》。北京：生活·读书·新知三联书店，2005。

疏，义务愈弱，联结亦愈薄。[29] 周穆王时祭公谋父的一段话，尤为清楚地揭示了天下秩序中这种内外有别、远近不同的特点：

夫先王之制，邦内甸服，邦外侯服，侯、卫宾服，蛮、夷要服，戎、狄荒服。甸服者祭，侯服者祀，宾服者享，要服者贡，荒服者王。日祭、月祀、时享、岁贡、终王，先王之训也。[30]

有意思的是，在这段追述西周制度的话里，要服成了"蛮、夷"，荒服成了"戎、狄"。这让我们注意到天下观念中的另一层重要内容，即夷、夏之分。

---

[29] 顾颉刚所著《畿服》一文对五服制论之甚详，顾氏认为，《周语上》所记畿服制度，"斯盖就当时形势加以理想化，作更精确之分析与更整齐之规划，而试定此五种称谓，原非事实上确有此等整齐之界限"。顾颉刚：《史林杂识》。北京：中华书局，1963，页2。顾氏又分析《禹贡》所载五服，认为"《周语》尚近事实，而《禹贡》多出想象，非事实所许可矣"。页7。我们可以注意到，记载于古代经籍的古代制度大多严整规范、整齐划一，这似乎就是古人观念好理想化的特点。古人所描述的五服或九服制度，呈现为一种由近及远、内外有别而呈"回"字形的严整结构，正是理想化的天下秩序。尽管这样的理想秩序并非历史实相，亦无实现可能，其中的秩序原理却真实地存在，且对历史有重要影响。

[30] 见《国语·周语上》。这里讲的是周的五服，其范围当较《禹贡》所描述的夏禹时的疆域远为广阔。又，《荀子·正论》对五服制度有相同记载，也同样重在对其差异性的说明。

内外与远近：夷夏之分

周人以夏自居，称诸夏、华夏，居于中国，文明风流，分布四方的蛮、夷、戎、狄则茹毛饮血，尚未进于文明。这正是《礼记·王制》所描述的情形。[31]不过，有学者指出，将四夷与四方固定搭配，而称北狄、南蛮、东夷、西戎，应当是战国时期天下秩序概念化和规则化的结果。[32]因为迟至春秋之世，夷、夏还是混杂而居，更不必说，早先并无夷、夏的分别，夷、狄之类指称，也没有它们后来具有的那种文化上的贬义。夷、夏之间的分际，尤其区分夷、夏之观念上的自觉，应该是经历了漫长时段而逐渐形成。造成此一分野的，起初很可能不是因为经济生活，比如生产方式，而是文明合作方式，是社会组织形式。比如尧帝的协和万邦，大禹的平治水土，周公的制礼作乐。社会联合的增强以及合作范围的扩展，在增进文明和文化发展的同时，也创造人群之间的界分和区辨意识。换言之，正是构造天下的文明创造活动，造就了文化和政治的华夏共同体，同时造成并且强化了夷、夏之间的分

---

〔31〕《礼记·王制》："中国戎夷，五方之民，皆有性也，不可推移。东方曰夷，被发文身，有不火食者矣。南方曰蛮，雕题交趾，有不火食者矣。西方曰戎，被发衣皮，有不粒食者矣。北方曰狄，衣羽毛穴居，有不粒食者矣。"

〔32〕参见邢义田：《天下一家——中国人的天下观》，载邢义田（主编）：《中国文化源与流》，页301。

界。[33]在此过程中，夷、夏不但在物质的生活方式和地缘上被逐渐地分开，更且在观念和意识上被清楚地区辨开来。

不过，夷、夏之分，从一开始就不是种族的，而是文明的和文化的。曾被舜帝流放至四裔的"四凶"，原本并非夷狄[34]；早先系尧舜臣属的周人先祖曾"自窜于戎狄之间"[35]；至武王克商时，周人盟友亦多为西北及西南之夷[36]；早先也是华夏苗裔的吴、越、秦、楚诸国，在重新融入华夏文明之前，一度也被视为蛮夷。[37]这些事例说明，夷、夏并非分属于不同人群的固定身份，只要进于礼乐文明，夷可变而为夏。反之，若不行中国之道，夏亦可退化，变而为夷。此种文化的夷、夏观，肇基于一种普遍主义的天下理念，即相信普天之下存在一种发达优越的文明秩序，可以为所有人接受。而一旦这种文明秩序及于全天下，天下也就成为一家。这种天下主义的理念，日后成为中国人想象和处理内外关系的一种支配性的观念。

---

〔33〕 参阅姚中秋：《华夏治理秩序史》第一卷《天下》上册，页99、245—254。

〔34〕 《史记》卷一《五帝本纪》："于是舜归而言于帝，请流共工于幽陵，以变北狄；放驩兜于崇山，以变南蛮；迁三苗于三危，以变西戎；殛鲧于羽山，以变东夷：四罪而天下咸服。"对此"寓言式历史叙述"的分析，参见姚中秋：《华夏治理秩序史》第一卷《天下》上册，页246—251。

〔35〕 见《国语·周语上》。

〔36〕 有关周人历史，详参许倬云：《西周史》第二章。

〔37〕 太史公谓春秋之世，"天子微，诸侯力政，五伯代兴，更为主命。自是之后，众暴寡，大并小。秦、楚、吴、越，夷狄也，为强伯"。(《史记》卷二十七《天官书》)又参见葛剑雄：《统一与分裂：中国历史的启示》，页25—26。

天下：一种具有普遍性和规范性的道德文明秩序

涵摄上述概念和观念的"天下"一词，在春秋战国的各种论说中至为流行。[38]诸子百家虽立论不同，却都以"天下"为思考的背景或议论的对象，而此一"天下"，或者为王者依据天命、借助百官所治理的世界（王天下），或者为繁衍生息于天地之间的兆民，大体不脱一政治和文化的共同体及其所构建的文明与道德秩序的范围。[39]可以说，"天下"概念为不同学说派别提供了一个具有共同历史文化背景的思考框架，借助此一框架，先秦诸子发展出各不相同的历史叙述、哲学论辩和政治论说。也是经由这一阶段，唐虞之世发其端，商周时代塑其形的天下观念逐渐趋于成熟和定型。[40]

---

[38] 随便列举数例：老子《道德经》81 章，言天下者 33 章；《论语》20 篇，言天卜者 10 篇；《管子》86 篇，61 篇言天下；《墨子》15 篇，篇篇皆言天下；《孟子》14 卷，无卷不言天下；《荀子》32 篇，29 篇讲天下；《吕氏春秋》26 篇，只一篇未及天下；《淮南子》22 篇，仅 2 篇不言天下。

[39] 诸子皆务为治者，故其论述所言天下，即使不直接涉及政教秩序，也是以某种文明秩序为背景。即如距离政治最远的白马非马之论，也是要针对"天下之悖言乱辞"（《公孙龙子·白马论》），"欲推是辩，以正名实而化天下焉"（《公孙龙子·迹府》）。

[40] 可以参考邢义田的说法：中国的天下观由"本不相干的方位观、层次观和文化的夷夏观交织而成。天下由诸夏及蛮夷戎狄组成，中国即诸夏，为诗书礼乐之邦，在层次上居内服，在方位上是中心；蛮夷戎狄行同鸟兽，在层次上属外服，在方位上是四裔。方位和层次可以以中国为中心，无限地延伸；诗书礼乐的华夏文化也可以无限地扩张。最后的理想是王者无外，合天下于一家，进世界于大同"。邢义田：《天下一家——中国人的天下观》，载邢义田（主编）：《中国文化源与流》，页 305—306。这种说法的重点是夷夏之辨。

关于此一"天下"观念的性质，还有几点可以注意。

首先，从一开始，"天下"就是作为一个超逾特定部族与地域的概念被提出和想象的。天下集合万邦，天子亲诸侯，抚万民，就是这一超越观念的历史呈现。与此相关，"天下"也是被作为一个整体来认识的。王的事业即是"一天下"。所谓"天子无外"[41]，"溥天之下，莫非王土"[42]，就是此意。秦并六国，固然是"一天下"的著例，但是在此之前的"九州""禹迹"，以及屡见于先秦诸子历史叙述的三代乃至五帝时的"天下"，已经将一个超逾部分的整体性和统一性观念深深植根于华夏族群的心灵之中。

"天下"所具有的超逾性和整体性，从根源上说，皆来自"天"。"天"是普遍的，至大至广，公正无偏。这些特性也为"天下"所具有。"天下"是普遍的，意味着生民有着共同本性（天性），安排其生活的文明价值与道德秩序，同样放之四海而皆准。在此一普遍价值的观照之下，种族差异的重要性只有相对意义。中国与夷狄以文化分，二者关系为相对的、可变的。中国历史上，大一统的观念根深蒂固，据此观念，天下一统，不但统一于政治（王），更统一于文明、文化和道德（圣）。[43]

---

[41] 《春秋穀梁传》桓公八年。

[42] 《诗经·小雅·北山》。

[43] 大一统为公羊学之核心观念，亦为儒家思想的重要内容。详细的论述，参阅杨向奎：《大一统与儒家思想》。北京：北京出版社，2011。杨氏于大一统观念以文明、文化为天下一统之基础的思想尤多论列，详参该书页 19—20、62—67、133—134、149、160。

天下既然是普遍的，其不可据而为私之理甚明，故云："天下为公。"天将天下赋予天子，非为天子一人，而是为了天下之人（生民，万民），因此，天子亦不得将天下视为己有，私相授受。万章问孟子舜之有天下是否得之于尧，孟子曰："否。天子不能以天下与人。"然则孰与之？孟子的回答是："天与之。"[44]古注疏家解"天下为公"为天子之位传贤不传子[45]，也表明了这一信念。

可以注意的是，先秦时人对于"天下"的这一理解，常常是在对古代制度的叙述中呈现出来的。但我们如果因此认为，此一"天下"概念主要为描述性的，就一定会被误导。因为这一概念自始就具有想象成分，而对"天下"为何物的想象本身，又是一种塑造客观世界的积极活动，这种活动不仅影响于历史叙述，而且规定现实，构筑未来。即如《尚书》诸篇所描述的天下秩序，其作为历史叙述，就既不全是古代政事的实录，亦非单纯出于后人杜撰。毋宁说，它是不同时代、不同撰者混记录、整理、想象及理想于一的结果。如此形成的天下观念，既是描述性的，也是富于想象的，而且，作为一种寓理想于其中的历史叙述，它内含强烈的规范性。这种规范性，借由先秦诸子系统表达的种种概念和论说，尤其是透过形成于先秦时期的一系列经籍，为后

---

〔44〕《孟子·万章上》。

〔45〕郑玄注、孔颖达疏：《礼记正义》卷二十一。孔颖达疏："'天下为公'，谓天子位也。为公，谓揖让而授圣德，不私传子孙，即废朱均而用舜禹是也。"

人提供了一套认识和想象世界的框架，既可以被用来指导实践，也可以被用作实践批判的判准。

五岳四渎：天下的坐标

战国之世，群雄并作，逐鹿中原。其驱动力，自理想层面言，无疑是王者一天下的理念。然而至秦灭六国，并一海内，天下观念的发展又开出了新的局面。史载，"秦初并天下"，秦始皇令下议更名号，"丞相绾、御史大夫劫、廷尉斯等皆曰：'昔者五帝地方千里，其外侯服夷服，诸侯或朝或否，天子不能制。今陛下兴义兵，诛残贼，平定天下，海内为郡县，法令由一统，自上古以来未尝有，五帝所不及。'"〔46〕据此，秦皇一统天下之功，更超迈古之圣王。的确，秦始皇所开创的"郡县天下"，不但疆域远超前代，其制度架构也大异于古之"王制"。〔47〕依现今学者的说法，此前系承认"合法之分割"的"封建天下"，如今则是主张"绝对之一统"的"专制天下"。〔48〕此后支配中国两千年的官僚帝国制度，其基础就奠定于此。〔49〕

专制天下或曰郡县天下，既有异于封建天下或曰王制，

---

〔46〕《史记》卷六《秦始皇本纪》。
〔47〕《新唐书》卷三七《地理志序》："自秦变古，王制亡，始郡县天下。"
〔48〕 萧公权：《中国政治思想史》（上），页 10。
〔49〕 参见柳诒徵：《中国文化史》。北京：中国大百科全书出版社，1988，页 288—289。

其对于天下观念必定有所损益，固不待言。只不过，这种损益在改造、发展旧的天下观念的同时，更令这一观念丰富、强化、坚实，愈益不可动摇。因为，无论君、臣，还是注经者，其思想、论说及行动都在其中展开，并由中获得意义。这一过程，即始于秦始皇安定天下的举措。

始皇二十六年，秦灭齐，天下归于一。其后，秦始皇最重要的举措，除上面提到的建皇帝号，还有置郡县，改官制，一文字及度量衡，定钱币，筑长城，建宫室，治驰道，巡行天下，征西戎、匈奴、南越等，[50] 这些举措都与确立新的天下秩序有关，其中，最富意味的莫过于巡行天下一项。

秦始皇自二十六年登帝位，在位十二年，巡行天下凡五次，所到之处，"立石刻，颂秦德，明得意"。[51] 不过，比这些更重要的，是祭祀山川的活动。"二十八年，始皇东行郡县，上邹峄山。立石，与鲁诸儒生议，刻石颂秦德，议封禅望祭山川之事。乃遂上泰山，立石，封，祠祀。"[52] 其后，"始皇遂东游海上，行礼祠名山大川及八神"。泰山梁父，即是位列"八神"之二的"地主"。古制，封禅泰山有特定的政治和文化含义，天子为之。春秋时，齐桓公成霸业，欲封禅，管仲止之，谓受命然后得封禅。[53] 这件事，《史记·封

---

〔50〕 参见邓之诚：《中华二千年史》卷一，北京：中华书局，1983，页 3—28。
〔51〕 见《史记》卷六《秦始皇本纪》。
〔52〕 同上。
〔53〕 事见《史记》卷二十八《封禅书》。

禅书》记之甚详。更有意思的，是同书后面的一段话：

> 昔三代之居皆在河洛之间，故嵩高为中岳，而四岳各如其方，四渎咸在山东。至秦称帝，都咸阳，则五岳、四渎皆并在东方。自五帝以至秦，轶兴轶衰，名山大川或在诸侯，或在天子，其礼损益世殊，不可胜记。及秦并天下，令祠官所常奉天地名山大川鬼神可得而序也。
>
> 于是自殽以东，名山五，大川祠二。……
> 自华以西，名山七，名川四。……

山川祭祀之事，以及五岳之称，均见于《尚书·舜典》。舜受禅让而为天子，"在璇玑玉衡，以齐七政。肆类于上帝，禋于六宗，望于山川，遍于群神。……岁二月，东巡守，至于岱宗，柴。望秩于山川，肆觐东后。……五月南巡守，至于南岳，如岱礼。八月西巡守，至于西岳，如初。十有一月朔巡守，至于北岳，如西礼"。观天象以排列政事，昭告上帝，祭祀天地四时、山川诸神。这些，是舜践大位后最先去做的事情，其重要性可知。接下来则是巡狩四岳，依礼行仪。五岳的重要性，在于其政治上和文化上的符号意义：五岳为华夏中国疆域的坐标，与九州、天下同其义[54]，因此成

---

〔54〕 郭璞注、邢昺疏：《尔雅注疏》卷七《释山》："河南华，河西狱（岳），河东岱，河北恒，江南衡。"疏："释曰：篇首载此五山者，以为中国之名山也。"

为国家制度的一部分。进一步讲，中国古代王朝的正统性，与特定地域有关，那就是诸夏所在的中原，就是九州，就是五岳。[55]这也是为什么，秦始皇登帝位后即巡行天下，祭祀山川。问题是，秦起于西土，秦都咸阳不在五岳之内，对兼并六国、号令天下的秦始皇来说，这不能不说是一大缺憾。就是为了弥补这一缺憾，令咸阳得居其中，秦始皇才让祠官重序"天地名山大川鬼神"。

秦始皇的个案不算特例。古之注经者认为，周之都邑镐京在西岳华山之西，亦在五岳之外，周公就将镐都西面的吴岳"权立"为西岳，所思虑与秦皇一样。[56]秦以后事例更多。著名的有北魏孝文帝（467—499）迁都洛阳事。其时，朝中围绕迁都之议争论甚炽。下面是当日发生在太极殿上的一场君臣对话：

> 及高祖欲迁都，临太极殿，引见留守之官大议。乃诏丕等，如有所怀，各陈其志。燕州刺史穆罴进曰："移都事大，如臣愚见，谓为未可。"高祖曰："卿

---

[55] "中国古代王朝正统性的认同，就包括一种地域的归属感，正统地域的归属，就要归属到九州之内、五岳之内。"（唐晓峰：《人文地理随笔》，页25）关于中国古代地域法统性问题，又参见氏所著《中国早期国家地域的形成问题》和《中国古代的王朝地理学》二文，均载唐晓峰：《人文地理随笔》。许倬云亦指出："天命只能降于居住'中国'的王者，这个观念，是中国数千年历史上争正统的理由。"（《西周史》，页98）

[56] 转见唐晓峰：《人文地理随笔》，页22。

便言不可之理。"羆曰："北有猃狁之寇，南有荆扬未宾，西有吐谷浑之阻，东有高句丽之难。四方未平，九区未定。以此推之，谓为不可。征伐之举，要须戎马，如其无马，事不可克。"高祖曰："卿言无马，此理粗可。马常出北方，厩在此置，卿何虑无马？今代在恒山之北，为九州之外，以是之故，迁于中原。"羆曰："臣闻黄帝都涿鹿。以此言之，古昔圣王不必悉居中原。"高祖曰："黄帝以天下未定，居于涿鹿，既定之后，亦迁于河南。"〔57〕

　　臣僚又以他故反对迁都，"帝皆抚而答之，辞屈而退"。孝文帝力排众议，坚定如此，不但是出于其对继承华夏正统的坚执，也是基于对这种地理正统的认识。而这种认识，至少自周秦以来，就已经根深蒂固，不可移易。后之王朝，尤其是由边地入主中原的王朝，遇到此种问题时亦无不作此想。如建都北京的金、清两个王朝，都曾考虑另议五岳之名。明王朝就将北岳恒山的祭祀地北移，以扩大五岳范围。清朝援此例行之，又于康熙十六年，"诏封长白山神秩祀如五岳。自是岁时望祭无阙"。〔58〕通过这些变通办

〔57〕《魏书》卷十四《神元平文诸帝子孙列传》。魏孝文帝迁都洛阳事，又见赵翼：《廿二史札记》"魏孝文迁洛"。北京：中国书店据世界书局1936年版影印，1987。
〔58〕《清史稿》卷八十三。以上数例，参见唐晓峰：《中国古代王朝正统性的地理认同》，载氏所著《人文地理随笔》。

法，帝都就回归五岳之内，王朝继受天下的正统性因之而提高。[59]

日月星辰：天下的指示

祭祀名山大川，固显所谓"地德"[60]，确立王朝的正统性，这些，自然为安顿天下秩序所不可或缺，但是只有这些显然不够，因为，无论德、礼，都还属于"地"的范畴，而地上（天下）的种种安排，都要有天上的根据，因此须溯源于天。圣人法象乎天地，王者受命于天。观天，祭天，告天，可以说是王天下者的第一要务。《尚书·虞书·尧典》记述帝尧的功绩，开篇即与观天活动有关："乃命羲和，钦

---

[59] 空间与王朝正统性之间的关系，在史学之正统论里有突出的表现。据饶宗颐的研究，《春秋》言"统"之说，原本于时间，即继承以前之系绪之谓。后皇甫湜据《公羊传》加以推衍，揭"大一统所以正天下之位，一天下之心"，欧阳永叔继之，标"居正""一统"二义。"统"之含义，遂由时间转为空间。此说对后世影响极大，司马温公与东坡论正统，皆由空间立论。不仅如此，元世祖之灭宋，亦由此一观念所策动。《新元史》卷一百七十七记刘整劝世祖伐宋事，（整）曰："自古帝王，非四海一家，不为正统。圣朝有天下十七八，何置一隅不问，而自弃正统邪！"世祖曰："朕意决矣。"饶氏认为，元之有宋，即为争取正统，此正统即大一统之意也。参见饶宗颐：《中国史学上之正统论》。上海：上海远东出版社，1996，页74—76。

[60] 郑玄注、贾公彦疏：《周礼注疏》卷三十三："其山镇曰会稽"，注云："镇，名山安地德者也。"疏云："九州皆有镇，所以安地德。"又杜预注、孔颖达疏：《春秋左传正义》卷五十三疏引刘炫云："天子以下俱荷地德，皆当祭地，但名位有高下，祭之有等级。天子祭地，祭大地之神也。"

若昊天，历象日月星辰，敬授人时。"[61]《舜典》所述帝舜之事也是如此，所谓"在璇玑玉衡，以齐七政"，即是依据星象安排政事。天象重要若此，实是因为，天为天下秩序奠定基础，提供依据，天象及其变化，即是天下的指示。《史记·天官书》记太史公之言，把这种信念表达得尤为透辟：

> 自初生民以来，世主曷尝不历日月星辰？及至五家、三代，绍而明之，内冠带，外夷狄，分中国为十有二州，仰则观象于天，俯则法类于地。天则有日月，地则有阴阳。天有五星，地有五行。天则有列宿，地则有州域。三光者，阴阳之精，气本在地，而圣人统理之。[62]

---

〔61〕 "历象日月星辰，敬授人时"云云，常被今人解为与农业生产相关的活动。这种解释完全是对古人意义世界的曲解。参见江晓原：《天学真原》，沈阳：辽宁教育出版社，2007，页36—39，更详尽的论述，详参该书第3章《天学与王权》。

〔62〕 太史公又以星占之学论战国时诸侯相夺、华夷相侵乃至秦之兴亡诸情形云："及秦并吞三晋、燕、代，自河山以南者中国。中国于四海内则在东南，为阳；阳则日、岁星、荧惑、填星；占于街南，毕主之。其西北则胡、貊、月氏诸衣旃裘引弓之民，为阴；阴则月、太白、辰星；占于街北，昴主之。故中国山川东北流，其维，首在陇、蜀，尾没于勃、碣。是以秦、晋好用兵，复占太白，太白主中国；而胡、貊数侵掠，独占辰星，辰星出入躁疾，常主夷狄：其大经也。此更为客主人。荧惑为孛，外则理兵，内则理政。故曰'虽有明天子，必视荧惑所在'。诸侯更强，时菑异记，无可录者。秦始皇之时，十五年彗星四见，久者八十日，长或竟天。其后秦遂以兵灭六王，并中国，外攘四夷，死人如乱麻，因以张楚并起，三十年之间兵相骀藉，不可胜数。自蚩尤以来，未尝若斯也。"（《史记》卷二十七《天官书》）

古之圣人，后之帝王，既然受命于天，就必须应天顺时，以之为模范设制立政。天上秩序规范天下秩序，"与天同者大治，与天异者大乱"[63]，反过来，天下治乱感动于天，也可于天象变化中见出。为人主者，须观天象以修政事，"日变修德，月变省刑，星变结和。……太上修德，其次修政，其次修救，其次修禳……"[64]中国历史上，围绕这一信仰和实践，一套关于天象及其变化的解释和理论便得以产生，并获得极大的发展。这套经常为现代人误解为古代天文学的知识，实为中国古代的政治哲学，在传统知识体系和政教制度中据有特殊地位，为古代帝王掌有和治理天下所不可或缺。[65]古人视此为"天地之宏纲，帝王之壮事"，殆非偶然。

通过建立天、地之间的联系来确立、证成和维护政治权力的合法性，此种观念和实践极为古老，天命理论与天象之学，以及后来的天人合一之说，表现了这一观念的不同方面，其中，天象之学所表现的最为直观。有学者指出，古代不绝如缕、一脉相承的天学之家，即所谓"昔之传天数者"，履行的就是沟通天地的使命；古代灵台与明堂一类建筑的兴

〔63〕 董仲舒:《春秋繁露》卷十一。唐人李淳风《乙巳占》自序中的说法极有代表性:"昔在唐尧，则历象日月，敬授人时；爰及虞舜，在璇玑玉衡，以齐七政。暨乎三王五霸，克念在兹，先后从顺，则鼎祚永隆；悖逆庸违，乃社稷颠覆。是非利害，岂不然矣。斯道实天地之宏纲，帝王之壮事也。"转引自江晓原:《天学真原》，页 22。
〔64〕 《史记》卷二十七《天官书》。
〔65〕 详参江晓原:《天学真原》，页 40—68。

建，也都与通天事务相关；进而，陈列于灵台的观天仪器如浑仪、相风、漏刻等物，作为通天礼器，在古人眼中，与玉玺、九鼎等国之重器具有同样性质，均为政治权力的象征物。[66]古人墓室绘制天象图案，"上具天文，下具地理"[67]，其宫阙乃至都城的建造体现"象天法地"的原则[68]；又其依据四时变化设立国家制度，根据天象变化判定政治的清浊，进而改变其行为，调整其政策[69]，这些，也都是受天象与天

---

[66] 详参江晓原：《天学真原》，页 69—132。

[67] 《史记》卷六《秦始皇本纪》。秦始皇墓尚未发掘，有考古学证据的最早的墓室天象图见于 1957 年发掘的河南洛阳西北郊的西汉墓，不过也有学者认为，1988 年在河南濮阳西水坡出土的一座仰韶文化墓葬中就已出现了天象图案。参见江晓原：《天学真原》，页 273—274。

[68] 伍子胥相吴，"象天法地，造筑大城"（《吴越春秋》第四）；范蠡之筑城，"其应天矣，昆仑之象有焉"（《吴越春秋》第五）；秦始皇"作信宫渭南，已更命信宫为极庙，象天极"（《史记》卷六《秦始皇本纪》）；又其"因北陵营殿，端门四达，以则紫宫……渭水贯都，以象天汉；横桥南渡，以法牵牛"（《三辅旧事》）；"（汉代长安城）周围六十五里，城南为南斗形，北为北斗形，至今人呼汉京城为斗城是也"（《三辅黄图》）。以上诸例转见江晓原：《天学真原》，页 270—271。又根据渡边信一郎的研究，六朝时期的宫城，仿照天空的星象配置展开，意在将天上和地上的秩序皆据为己有。安排于宫城北部华林园的审判活动也极具象征性，当时"很多皇帝都将园林审判或巡回审判比拟为天象之运作，作为'天下统治之生命'而频繁实施"。而到了唐代，这种模拟星象的空间布局进一步扩大到整个都城。详见氏所著：《中国古代的王权与天下秩序》，页 107—121。中国古代建筑中"体象乎天地"原则的运用，亦可参见李允鉌：《华夏意匠》。香港：广角镜出版社，1982，页 39—43、100—103、391。

[69] 董仲舒云："天者群物之祖也。故遍覆包函而无所殊，建日月风雨以和之，经阴阳寒暑以成之。故圣人法天而立道，亦溥爱而亡私，布德施仁以厚之，设谊立礼以导之。春者天之所以生也，仁者君之所以爱也；夏者天之所以长也，德者君之所以养也；霜者天之所以（转下页）

下秩序相对应观念的影响所致。

可以注意和强调的是，地域的正统性，配合天象，成就王朝的正统性，这一过程，除了透过诸如器物、建筑和制度诸要素来展现天人之间的联系，更需要借助于一系列复杂的典礼和仪规才得实现。不仅如此，唯有透过相应的礼仪典制，不断展示其与天地的联系，天子领有天下的正当性才能够持续地证立和强化。上古王制如此，秦汉以降的郡县天下也是如此。只是秦祚短暂，没有积累更多治理天下的经验，而且秦以军功立国，重律令，崇法吏，于古制未多措意。透过重建礼仪典制来实现新的天下秩序，这一过程历经百多年，完成于汉代。

据日本学者渡辺信一郎的研究，自元帝初元三年（前46）齐诗学派的翼奉奏议迁都洛阳，至明帝永平三年（60）的乐制改革，大约一百一十年间，汉王朝先后建立了畿内制度、三公和十二州牧、南北郊祀、迎气、七庙和祀、官稷、辟雍、学官以及天下之号等。其中，天子祭祀天地的南北郊祀最为重要。如建于南郊的圆形祭天丘坛，坛分三

（接上页）杀也，刑者君之所以罚也。繇此言之，天人之征，古今之道也。"又云："国家将有失道之败，而天乃先出灾害以谴告之，不知自省，又出怪异以警惧之，尚不知变，而伤败乃至。以此见天心之仁爱人君而欲止其乱也。"（《汉书·董仲舒传》）此种天人理论对于古代法政制度影响颇深。一般的讨论，参阅瞿同祖：《中国法律与中国社会》，北京：中华书局，1981，页256—264。梁治平：《寻求自然秩序中的和谐：中国传统法律文化研究》，第十二章《自然法》。北京：商务印书馆，2013。

层，上层设天、地神座，中层则分设五帝神座，下层八方皆有阶梯。圆坛向外分中营、外营两个区域，中营设北斗、日月、五星、中官诸星及五岳神座，外营则有二十八宿、外官诸星、雷公、先农、风伯、雨师、四海、四渎及其他名山大川神座。圆坛上下内外，计有神座一千五百一十四个，各依其方位、领域设定。实际上，汉代的长安就是一座由祭坛和诸庙所环绕的都城，这些祭坛和庙宇按照阴阳五行的原理配置于四方，它们不但代表了宇宙间的万物，而且展现了天地秩序。就像秦汉王朝的郡县天下一样，这也是那种井然划一的一统秩序，它吸收、统合了先秦至于前汉的分散于各地的祠、庙、坛、神及祭仪，成一完备而严整的体系。而通过排他性地据有这一祭祀天地的礼仪，天子领有和治理天下的权威便得以最终确立。正因为如此，在每年常规性的祭祀活动之外，祭天也是王朝更替时必不可少的节目。[70] 史书记载魏王曹丕（187—226）受禅于献帝时举行的大礼，场面极为壮观："魏王登坛受禅，公卿、列侯、诸将、匈奴单于、四夷朝者数万人陪位，燎祭天地、五岳、四渎。"[71] 新王朝的正统

---

〔70〕 详参渡边信一郎：《中国古代的王权与天下秩序》，页82—90、132—134。唐代的情形，参见该书页134—140。史书典籍中，历朝有关祭祀天地及先祖的礼仪典制均有详细记载。

〔71〕 《三国志》卷二《魏书·文帝纪》裴松之注引《献帝传》。魏王受禅昭告天下之辞也颇堪玩味："咸以为天之历数，运终兹世，凡诸嘉祥民神之意，比昭有汉数终之极，魏家受命之符。汉主以神器宜授于臣，宪章有虞，致位于丕。丕震畏天命，虽休勿休。群公庶尹六事之人，外及将士，泊于蛮夷君长，金曰：'天命不可以辞拒，神器不可以久旷，群臣不可以无主，万几不可以无统。'丕祗承皇象，敢不钦承。（转下页）

性，就是透过这类极具象征性的浩大礼仪而得到确认。完成于前汉末、后汉初的这一天地祭祀制度，因此而在中国历史上不断地展演，一直延续至 20 世纪的前夜。

从五服到九服：扩展的天下

日月照临、山川纵横的天下，在古人想象的世界里，经常被等同于九州和中国。如此，则戎狄蛮夷位置何在？太史公讲圣人据天象分中国为十二州，又以"列宿"对"州域"，似乎暗示夷狄是在三光所照的天下之外。事实上，等同于九州、中国的"天下"和包纳四夷的"天下"，都可以在古代经籍中找到依据，实际运用中的"天下"一词也经常具有不同指向。这些都表明，天下的范围和界域容有变化，其确定含义因言者不同而有不同。

史料记述当中，上古时的天下范围不一，或有明确四至，或竟漫无涯际，成为"日月所照，风雨所至"的无边广域。[72] 秦始皇泰山刻石也有类似说法，如谓："普天之下，抟

（接上页）卜之守龟，兆有大横，筮之三易，兆有革兆，谨择元日，与群寮登坛受帝玺绶，告类于尔大神；唯尔有神，尚飨永吉，兆民之望，祚于有魏世享。"（同上）

〔72〕据《史记》卷一《五帝本纪》，"黄帝从而征之"的天下，"东至于海……西至于空桐……南至于江……北逐荤粥……而邑于涿鹿之阿"。帝颛顼，"北至于幽陵，南至于交阯，西至于流沙，东至于蟠木。动静之物，大小之神，日月所照，莫不砥属"。帝喾"溉执中而遍天下……莫不从服"。《史记》卷二《夏本纪》所记禹所划定的九州，则"东渐于海，西被于流沙，朔、南暨：声教讫于四海"。

心揖志。器械一量，同书文字。日月所照，舟舆所载。皆终其命，莫不得意。……皇帝之明，临察四方。……皇帝之德，存定四极。……六合之内，皇帝之土。西涉流沙，南尽北户。东有东海，北过大夏。人迹所至，无不臣者。"[73]比较言之，经籍中的说法更加确定和规范。[74]《礼记·王制》云："凡四海之内九州，州方千里"，"凡四海之内，断长补短，方三千里"。[75]这方三千里的天下，规整有序，天子居其中。《吕氏春秋·审分览·慎势》："凡冠带之国，舟车之所通，不用象、译、狄鞮，方三千里。古之王者，择天下之中而立国，择国之中而立宫，择宫之中而立庙。天下之地，方千里以为国，所以极治任也。"这段话表明，方三千里的天下，是具有共同礼乐文明（"冠带之国"），并且生活在同一交通圈（"舟车之所通"）和语言圈（"不用象、译、狄鞮"）内的政治和文化共

---

〔73〕《史记》卷六《秦始皇本纪》。

〔74〕 顾颉刚通过对经籍的分析指出，战国至西汉，为畿服说者分为两派，其一，以五千里为天下，方三千里为中国者，是为《禹贡》派。信持此义者，有《皋陶谟》的作者、《吕氏春秋》的作者、《礼记·王制》的作者等；其二，以方万里为天下，方六千里为中国者，则为《周官》派。顾氏虽然认为《禹贡》支离，但相信以九州方三千里和五服内三服方三千里"以定中国之广袤，则固言之成理"。参见顾颉刚：《畿服》，载《史林杂识初编》。北京：中华书局，1963，页13—14，日本学者渡辺信一郎以顾说为基础，对古代经籍里中国和天下的范围做了更细致的梳理。详下。

〔75〕《礼记·王制》："自恒山至于南河，千里而近。自南河至于江，千里而近。自江至于衡山，千里而遥。自东河至于东海，千里而遥。自东河至于西河，千里而近。自西河至于流沙，千里而遥。西不尽流沙，南不尽衡山，东不近东海，北不尽恒山，凡四海之内，断长补短，方三千里。"

同体，这就是九州、中国[76]，夷狄自然被排除在外。

　　同样是把天下视同九州，《尚书》今文学家的天下却是方五千里的。其根据是前引《尚书·禹贡》关于五服的记载。据此记载，甸、侯、绥、要、荒五服，各以五百里为单位，依次向外扩展，因此构成一个方五千里的天下。这种天下观也见于《盐铁论》和《白虎通·德论》等处，应当是汉代的正统观念。[77]但是如果像祭公谋父那样把要服和荒服理解为蛮夷和戎狄的话，四夷就是在天下/九州之内，这似乎有些矛盾。这种矛盾（如果确实存在的话），在古文经学的天下观里被消除了。

　　《周礼·夏官司马》有"职方氏"一职，其职"掌天下之图，以掌天下之地，辨其邦国、都鄙、四夷、八蛮、七闽、九貉、五戎、六狄之人民，与其财用九谷、六畜之数要，周知其利害，乃辨九州之国，使同贯利"。这个包纳了四夷的天下也是按服制各以五百里为单位由内向外展开，但在这里，服制不是分为五等，而是九等，即所谓九服：侯、甸、男、采、卫、蛮、夷、镇、藩。[78]这个方万里的天下，

―――――――――――――

〔76〕　参见渡边信一郎：《中国古代的王权与天下秩序》，页80。渡边氏更强调政治因素，因此将"冠带之国"理解为"政治文化和官僚阶级（意识形态阶级）"。此外，可能是因为强调"天下"被用以指九州/中国的一面，渡边氏对《尚书》今文家"天下方五千里"的解释，似乎忽略了其中包含了四夷这一造成某种概念矛盾的现象。

〔77〕　详参上书，页48—51。

〔78〕　《周礼·夏官司马》："乃辨九服之邦国，方千里曰王畿，其外方五百里曰侯服，又其外方五百里曰甸服，又其外方五百里曰男服，又其外方五百里曰采服，又其外方五百里曰卫服，又其外方五百里曰蛮服，又其外方五百里曰夷服，又其外方五百里曰镇服，又其外方五百里曰藩服。"

据郑玄的解释，由方七千里的九州，即处于中心的王畿和所环绕的侯、甸、男、采、卫、蛮六服，同九州之外的四海，即最外层的夷、镇、藩三服，两个部分构成。从制度层面言，将九服分作两个部分，是表明与天子不同关系的不同的朝贡方式及职贡内容。[79]古文经学的九服方万里的天下观，也被用来调和《尚书·禹贡》的五服说，如此，则五服的空间距离被扩大一倍，也成为方万里的天下：内里为方八千里的九州，最外的荒服则是蛮夷所在的四海。[80]

研究者认为，战国至两汉的数百年里逐渐形成的这几种天下观，呈现了一种不断扩展的天下视野，其中可以见到战国至秦汉国家形态改变、疆域扩展的烙印。[81]汉极盛时，"凡郡国一百三，县邑千三百一十四，道三十二，侯国二百四十一。地东西九千三百二里。南北

---

〔79〕《周礼·秋官·司寇·大行人》："邦畿方千里，其外方五百里，谓之侯服，岁壹见，其贡祀物；又其外方五百里，谓之甸服，二岁壹见，其贡嫔物；又其外方五百里，谓之男服，三岁壹见，其贡器物；又其外方五百里，谓之采服，四岁壹见，其贡服物；又其外方五百里，谓之卫服，五岁壹见，其贡材物；又其外方五百里，谓之要服，六岁壹见，其贡货物；九州之外，谓之蕃国，世壹见，各以其所贵宝为挚。"

〔80〕详参渡边信一郎：《中国古代的王权与天下秩序》，页52—59。

〔81〕顾颉刚指出，天下方五千里和方万里这两种说法，虽然相去甚远，然均有其历史背景在。征诸史料，中国方三千里，天下方五千里，"为战国之世言之也"；中国方六千里，天下方万里，"为西汉之世言之也"。《禹贡》《周官》之文虽甚违于古代事实，而在其想象中仍皆有当代实际情况为之素地，其事明白若此"。参见顾颉刚：《畿服》，载《史林杂识初编》，页14—15。渡边氏同此说。

万三千三百六十八里"。[82]且自秦始皇至汉武帝，一个主要针对西域及西南夷的册封朝贡体制也日渐成形。方万里的天下观，反映的正是此一汉代国家的实际样态。而这几种天下观，连同其所由出的经籍及其权威注解，就成为汉以后士大夫群体理解各自时代王朝国家的经典范式。[83]前述以祭祀天地为核心的王朝礼仪典制，大体完成于同一时期，这意味着，围绕天下观念建构起来的中国古典国家形态，至此基本完成。

意味深长的是，勾画出这一古典国家形态，为礼仪典制的重建提供观念和价值依据，也是推动这一过程最力者，正是熟悉且推崇古制的儒生。事实上，汉代的古典国家重构和礼仪典制重建，相当程度上以古制尤其周礼为模范。尽管这并不意味着汉儒只是照搬古人成法，但是观念的改造与制度的创新，正是在不断回复于古制的努力中得到实现，这也是不争的事实。大体言之，中国古代的天下观念，萌芽于唐虞，发展于殷周，成熟于先秦，至于秦汉更进于完备，并有详备的制度化表达。其间，秦以郡县取代封建诚为一巨变，

---

[82]《汉书》卷二十八《地理志下》。

[83] 详参渡边信一郎：《中国古代的王权与天下秩序》，页45—66。除这里提到的三种天下观外，同一时期还有其他关于天下的构想，如邹衍的大九州说，还有《吕氏春秋》和《淮南子》等非儒家文献所提到的四海之外的四极、四荒等概念，这些构想和概念后来也被吸收到儒家典籍里，只是，这类天下观没有形成主流。对此问题的讨论，详参渡边信一郎：《中国古代的王权与天下秩序》，页55—56、66—70。

但是这一变化与其说改变了天下观念，不如说接续、发展和强化了天下观念，使之与大一统的帝国体制相适应。因为，天下观念不只是一种历史或现实的论述，它还是一套理想，一个意义系统，一套合法性理念，一个规范性体系，一种想象世界的方式。即使秦皇汉武的功业，也只有被纳入这一观念框架才具有意义，并得到恰当的评断。在此过程中，天下观念固有的各种构成要素，被不断地阐发、展示和丰富，传之久远，中国历史的发展轨迹也由此生成。以下就以天下为公的理念和夷夏之辨为主要线索，对天下观念的内涵做进一步的分疏。

天下为公

如前所述，天下为公之义，指天子位传贤不传子，支持这种解释的，是所谓"天下乃天下之天下"的信念。惟其如此，天下才不能被私相授受，人君之治天下，才不得以私意掺杂其中。虽然传贤不传子只是唐虞盛事，三代以降不复如此，但是其理想高悬，天下为公的义理更是正统意识形态的核心所在。从结构上说，这种意识形态包含天、君、民三者间的关系，在这种关系里，天是普遍的，民是均一的，君却是个别的。天立君以为民，也只有抚民"若保赤子"的有德之君，才能够受命于天。换言之，君只有以德配天，把自己同普遍性的天联结于一，才可能消除其个别性，而具有领有天下的资格。[84] 实际上，祭祀天地一类典礼仪节，也是为实现天子同天与民之间的这种联系而设立的。有汉一代，与仿照古制重建礼仪典制的努力相始终，围绕天下为公所发的各种议论不绝于耳。如屡上疏言帝得失的谷永（？—前9）在上成帝的疏中就说：

> 臣闻天生烝民，不能相治，为立王者以统理之，方制海内非为天子，列土封疆非为诸侯，皆以为民也。垂三统，列三正，去无道，开有德，不私一姓，明天下乃天下之天下，非一人之天下也。[85]

天下之为公，这种性质根源于天。建平四年（公元前3年）鲍宣（前30—3）给哀帝的著名上书中把这一点讲得很清楚：

---

[84] 作为天下观念有机构成之一部分的这种理论，渡边信一郎称之为"生民论"。参阅氏所著《中国古代的王权与天下秩序》，页27—30。又，古人以高祖配天以解决公天下与家天下之矛盾，参见该书页128—132。

[85] 《汉书》卷八十五《谷永杜邺传》。下段云："王者躬行道德，承顺天地，博爱仁恕，恩及行苇，籍税取民不过常法，宫室车服不逾制度，事节财足，黎庶和睦，则卦气理效，五征时序，百姓寿考，庶草蕃滋，符瑞并降，以昭保右。失道妄行，逆天暴物，穷奢极欲，湛湎荒淫，妇言是从，诛逐仁贤，离逖骨肉，群小用事，峻刑重赋，百姓愁怨，则卦气悖乱，咎征著邮，上天震怒，灾异屡降，日月薄食，五星失行，山崩川溃，水泉踊出，妖孽并见，茀星耀光，饥馑荐臻，百姓短折，万物夭伤。终不改寤，恶洽变备，不复谴告，更命有德。"可见公天下观念之批判意识甚强。汉人喜言灾异，帝王亦多自省。参见赵翼：《廿二史札记》"汉儒言灾异""汉重日食""汉诏多惧词"诸条。

天下乃皇天之天下也，陛下上为皇天子，下为黎
庶父母，为天牧养元元，视之当如一，合《尸鸠》之
诗……[86]

天下既非私属，天下之官秩爵位也同样如此，所以说，
"夫官爵非陛下之官爵，乃天下之官爵也。陛下取非其官，
官非其人，而望天说民服，岂不难哉！"总之，"治天下者
当用天下之心为心，不得自专快意而已也"[87]。这种包含天
命、民本和敬天保民思想的天下观，与阴阳五行学说相结
合，构成汉代正统意识形态的主干，为君臣所共奉。而且，
正如我们已经看到的那样，公天下理念所内含的批判性，也
在这一过程中得到继承，甚至被凸显出来。后之王朝或转趋
专制，类似这样的批评言论因之多受压制，但是无论如何，
天下为公的理念始终为正统意识形态的基石，王朝合法性之
所系，不可移易。[88]即如禅让这样的帝位承继方式，也一

---

[86] 见《汉书》卷七十二《王贡两龚鲍传》。

[87] 同上。官爵之为公，见于《尚书·武成》："列爵惟五，分土惟三。建官惟
贤，位事惟能。重民五教，惟食、丧、祭。惇信明义，崇德报功。垂
拱而天下治。"

[88] 吕思勉以为，立君为民之义，或亡于东、西汉之际，王莽篡政之后。
详氏所著《中国制度史》。上海：上海教育出版社，1985，页474。此
说或嫌保守。尽管自汉以后，专制体制有趋于严苛之势，天下为公、
立君为民之义毕竟载于经籍，为政道基础，不容否认。事实上，历代
皆不乏类似言论。兹仅举数例：高堂隆疾笃，乃口占上疏曰："夫皇天
无亲，惟德是辅。民咏德政，则延期过历，下有怨叹，掇录授能。由
此观之，天下之天下，非独陛下之天下也。"（《三国志》卷二十五，
《魏书》二十五《辛毗杨阜高堂隆传》）而"帝手诏深慰劳之。（转下页）

直是君臣津津乐道的上古盛事，而且只要条件具备，即位者也总是愿意以理想的禅让之名，来美化严酷的攫夺之实。曹之代汉，司马氏之代魏，即其著例。[89] 尤有甚者，天下为公的逻辑向外推展，甚至可以成为"蛮夷"对抗"华夏"的

（接上页）未几而卒"。（司马光《资治通鉴》卷七十三《魏纪五》）段灼云："夫天下者，盖亦天下之天下，非一人之天下也。'殷商之旅，其会如林，矢于牧野，维予侯兴。'又曰：'侯服于周，天命靡常。'由此言之，主非常人也，有德则天下归之，无德则天下叛之。"（《晋书》卷四十八《列传》）又《晋书》卷五十五《列传》第二十五载潘尼云："夫古之为君者，无欲而至公，故有茅茨土阶之俭；而后之为君，有欲而自利，故有瑶台琼室之侈。无欲者，天下共推之；有欲者，天下共争之。推之之极，虽禅代犹脱屣；争之之极，虽劫杀而不避。故曰'天下非一人之天下，乃天下之天下'，安可求而得，辞而已者乎！"宋代文豪王禹偁作《代伯益上夏启书》，其中有谓："夫天下者非一人之天下，乃天下之天下也。理之得其道则民辅，失其道则民去之，又孰与同其天下乎？故帝尧不授于子，而授于大舜；大舜不传于家，而传于先帝；盖恐失其道而民去矣。是知亲一子则不能子兆人，成一家则不能六合，圣人之用心也。"（《小畜外集》卷十）甚至明清两代也可闻见类此言论，《明史》卷一百九十七《列传》第八十五记霍韬之言云："天下者，天下之天下，非一人所得私也。"生活于明清之际的博学之士傅山所作《墨子解》中亦有此论。

[89] 赵翼：《廿二史札记》卷七《禅代》："古来只有禅让、征诛二局，其权臣夺国则名篡弑，常相戒而不敢犯。王莽不得已，托于周公辅成王，以摄政践阼，然周公未尝有天下也。至曹魏则既欲移汉之天下，又不肯居篡弑之名，于是假禅让为攘夺。自此例一开，而晋、宋、齐、梁、北齐、后周以及陈、隋皆效之。此外尚有司马伦、桓玄之徒，亦援以为例。甚至唐高祖本以征诛起，而亦假代王之禅，朱温更以盗贼起，而亦假哀帝之禅。至曹魏创此一局，而奉为成式者，且十数代，历七八百年，真所谓奸人之雄，能建非常之原者也。"然此禅让事又有前后之不同，"当曹魏假称禅让以移国统，犹仿唐、虞盛事以文其奸"，"有揖让之遗风"，"及此例一开，后人即以此例为例，而并忘此例之所由仿，但谓此乃权臣易代之法，益变本而加厉焉。此固运世人心之愈趋愈险者也"。又参见同书"魏晋禅代不同""九锡文"诸条。

理据。据《明史》记载，明初，太祖欲征日本，日本王良怀上言："臣闻三皇立极，五帝禅宗，惟中华之有主，岂夷狄而无君。乾坤浩荡，非一主之独权，宇宙宽洪，作诸邦以分守。盖天下者，乃天下之天下，非一人之天下也。"又引尧舜汤武故事，暗喻太祖无德，不能"四海来宾""八方奉贡"。"帝得表愠甚"，却也无可奈何。[90]

中国历史上，明代专制远逾前朝。但正是这段惨酷历史，激发了前近代中国人对于君主专制体制最为深刻的反思与批评，而这一批评所引据的判准，就是天下为公的理念。生活于明末清初的黄宗羲（1610—1695）认为，三代以下有乱无治，究其根本，就在于天下之公的性质被蓄意地遮蔽、混淆、破坏、遗忘。故其论"君"有云：

> 古者以天下为主，君为客，凡君之所毕生经营者，为天下也。今也以君为主，天下为客，凡天下之无地而得安宁者，为君也。是以其未得之也，屠毒天下之肝脑，离散天下之子女，以博我一人之产业，曾不惨然！曰"我固为子孙创业也"。其既得之也，敲剥天下之骨髓，离散天下之子女，以奉我一人之淫乐，视为当然，曰"此我产业之花息也"。然则为天下之大害者，君而已矣。[91]

---

〔90〕《明史》卷三百二十二《列传》第二百十《外国三·日本》。

〔91〕黄宗羲：《明夷待访录·原君》，《黄宗羲全集》第一册。杭州：浙江古籍出版社，1985。

其论"臣"则云:"我之出而仕也,为天下,非为君也;为万民,非为一姓也。吾以天下万民起见,非其道,即君以形声强我,未之敢从也……非其道,即立身于其朝,未之敢许也。"[92]又其论"法"云:

> 三代以上有法,三代以下无法。……此三代以上之法也,固未尝为一己而立也。后之人主,既得天下,唯恐其祚命之不长也,子孙之不能保有也,思患于未然以为之法。然则其所谓法者,一家之法,而非天下之法也。是故秦变封建而为郡县,以郡县得私于我也;汉建庶孽,以其可以藩屏于我也;宋解方镇之兵,以方镇之不利于我也。此其法何曾有一毫为天下之心哉!而亦可谓之法乎?[93]

这些言论比之汉之谷永、鲍宣所言固然更加激烈,但仍属于内在批评,因为其判准皆出于古代经典,出于公天下的义理。而这些经典和义理,正是中国古代知识阶层所共同信奉的。延至清末,天下观念随帝制衰朽而被弃置,黄宗羲却颇受维新党人推重,其专制批判论被转接于近世民权学说,再放异彩。这似乎表明,即使天下观念不再,天下观念的不同成分却可能被分解出来,古为今用,重获

---

〔92〕 黄宗羲:《明夷待访录·原臣》,《黄宗羲全集》第一册。
〔93〕 黄宗羲:《明夷待访录·原法》,《黄宗羲全集》第一册。

新生。甚至，天下观念本身也可能被赋予新的意义，融入现代思想。

王者无外，天下一家

黄宗羲立论于公，所指涉者则是天下。《明夷待访录》计十数篇，二万余言，天下一词百数见，但这天下，其实只是王朝以百官实际统辖的领域，并不包括地处蛮荒的四夷。是以《待访录》于君、臣之外，论法，论学校，论取士，论田制、兵制、财计、建都、方镇乃至胥吏、奄宦等，无一字及于夷夏之防。[94]事实上，古人所谓天下，经常是指天子经由百官而施以实际控制的王朝礼乐刑政所及的有限领域，即所谓中国，而非普天之下、日月所照的无涯空间。据学者统计，《史记》《汉书》《后汉书》三种史书中，"天下"一词出现3375次，其中，仅用以指中国的2801例，同时将中国以外族群纳入"天下"一词的，只有64例，不及总数的2%。[95]后世的情形，大体如是。问题是，无论比例大小，实际运用中的"天下"一词既可以指中国，也可以指世界，这一现象不容抹杀，且富深意。后之学者，或强调前一方面而主张天下就是国家，甚且是有明确国境边界的"国民国家"，或着重于后一方面而认为天下就是世界，是超越特

---

〔94〕 建都、方镇两篇固有关于边务，但这恰好表明，黄宗羲所关切的，正是边关以内王朝刑政所及的"天下"。

〔95〕 转见渡边信一郎：《中国古代王权与天下秩序》，页13。

定民族和地域的无限领域[96]，其实都是偏于一端的见解。日人渡边信一郎综合诸说，以天下型国家名之。所谓天下型国家，其核心是基于对九州／中国之内编户百姓的实际支配而划定的有限领域，而以周围的夷狄／藩国型国家的存在为条件。前者可以被看成单一政治社会（今文经学系统），它通过诸如羁縻制度以及册封和贡纳等关系实施对后者的支配，而成就复合型政治社会（古文经学系统）。中国古代所谓天下，同时具有单一政治社会和复合型政治社会两个侧面或两种面貌。动态地看，这两个侧面或两种面貌不断地相互转化，而以单一政治社会为归依。这是因为，单一政治社会立基于制度的、物质的和有形的实际支配之上，而天子对夷狄的支配则主要靠意识形态即所谓德来实现。实际支配是有限的，意识形态支配却有无限扩张的可能，也因为如此，后一种支配是不稳定的，若不能转化为实际支配，就可能丧失。[97]

渡边氏以为天子对四夷的支配靠"德"，纯粹是意识形态的，恐未尽确当。但他区分天下秩序的两种支配形式，指出天下观念内含紧张，且这种紧张处于不断变化和转化之中，这一点却颇具启发性。中国历史上的天下，不但时

---

〔96〕 这里提到的主要是日本、韩国和中国台湾地区学者的观点。对这些观点的梳理和分析，详见渡边信一郎：《中国古代王权与天下秩序》，页9—15。

〔97〕 详参渡边信一郎：《中国古代王权与天下秩序》，页70—72。比较而言，渡边氏更强调天下作为"基于现实中所共有的法令，依靠王朝的统治机构与户籍、地图的编成而被实际支配的领域"。同前书，页27。

有分合，亦且时有大小。大抵王朝强盛之时，四海宾服，万国来朝；当其衰微，则偏安一隅，甚至向夷狄俯首称臣。与之相应，一种天下观鼓吹王者无外，四海一家；另一种天下观则重华夷之别，严夷夏之防。而无论哪种天下观，都是把华夏的礼乐文明认作人类文明的典范，而以中国为天下的中心。

《诗》云："溥天之下，莫非王土，率土之滨，莫非王臣。"秦始皇泰山刻石更有"日月所照，舟舆所载"之说。这些说法后来成为一种标准句式，用来记述帝王一统天下的伟绩[98]，尤多见于帝王君临天下、威仪万方的自矜。如建武二十八年班彪为光武帝草拟的给南匈奴的诏书，其中就有"汉秉威信，总率万国，日月所照，皆为臣妾"的说法。[99]开皇十七年隋文帝给高丽王汤的玺书中亦有"朕受天命，爱育率土……朕于苍生，悉如赤子……普天之下，皆为朕臣"之语。[100]明太祖洪武三年给爪哇国的诏书写得更直白："自古为天下主者，视天地所覆载，日月所照临，若远若近，生人之类，莫不欲其安土而乐生。然必中国安，而后四方万国顺附。……朕仿前代帝王，治理

---

〔98〕 诚如唐人刘晏所说："自古帝王之盛，皆云书同文，车同轨，日月所照，莫不率俾。"（《旧唐书》卷一百二十三《列传》第七十三）

〔99〕 《后汉书》卷八十九《南匈奴列传》。

〔100〕《隋书》卷八十一。高明士作开皇十年。见氏所著《天下秩序与文化圈的探索》。上海：上海古籍出版社，2008，页9注1。隋炀帝欲征高丽的诏书中也有类似说法："朕纂成宝业，君临天下，日月所照，风雨所沾，孰非我臣，独隔声教。"（《隋书》卷四《帝纪》）

天下，惟欲中外人民，各安其所。又虑诸蕃僻在远方，未悉朕意，故遣使者往谕，咸使闻知。"天朝帝王诏书如此，藩属国的上表也沿用同样的说法。太宗伐辽东还，吐蕃遣使来贺，奉表曰："圣天子平定四方，日月所照之国，并为臣妾。"[101]甚至，藩属国之间通使言及中国，也袭用此类标准语式。元世祖时，高丽王王禃奉派通使日本，其与日本主书曰："我国臣事蒙古大国，禀正朔有年矣。皇帝仁明，以天下为一家，日月所照，咸仰其德。……遣国通好中国，无代无之，况今皇帝之欲通好贵国者，非欲其贡献，盖欲以无外之名，高于天下耳。"[102]所谓日月照临，一词二义，言物象而喻人事，故曰"天无二日，土无二王"[103]。王莽僭取帝位，仿古制整顿天下秩序，其始建国元年的诏书中说："天无二日，土无二王，百王不易之道也。汉氏诸侯或称王，至于四夷亦如之，违于古典，缪于一统。其定诸侯王之号皆称公，及四夷僭号称王者皆更为侯。"[104]汉代重建礼仪典制，王莽乃其核心人物，贡献最著，故此言出于王莽颇具象征意义。后世帝王虽仍册封夷狄君长为王，但是这种定于一尊的天下秩序观是从来不容

---

〔101〕《旧唐书》卷一百九十六上《列传》第一百四十六上《吐蕃上》。

〔102〕《新元史》卷二百五十《列传》第一百四十七《外国二》。

〔103〕《礼记·曾子问》。《孟子·万章上》引孔子，则作"天无二日，民无二王"。又《礼记·坊记》："子云：'天无二日，土无二王，家无二主，尊无二上，示民有君臣之别也。'"公羊学中，此即大一统之义。参见陈立：《公羊义疏》一，转见杨向奎：《大一统与儒家思想》，页227。

〔104〕《汉书》卷九十九中《王莽传》。

挑战的。大业七年隋炀帝对兵败来朝的西突厥处罗可汗的训诫，生动地表达了这一观念：

> 往者与突厥相侵扰，不得安居。今四海既清，与一家无异，朕皆欲存养，使遂性灵。譬如天上止有一个日照临，莫不宁帖；若有两个三个日，万物何以得安？[105]

以"四海"为"一家"，也是经典表述的一部分。"天无二日，土无二王"之后，还有"国无二君，家无二尊"两句。[106]天下与国、家，从来一以贯之。天子以天下为家，所以说王者无外。[107]封建之义，宗法与政治不分，君臣上下，视同于父子。汉以郡国制改造秦之郡县制，复活并创造性地转化了封建统治原理[108]，自此之后，历代帝王无不一身而二任，为人君，作民父，以孝治天下，礼与法并用。这意味着，天子之治天下，也须别亲疏，分内外。我们已经看到，《禹贡》五服，《周礼》九服，体现的都是差别化的治理原则。《春秋》内其国而外诸夏，内诸夏而外夷狄。王者欲一乎天下，曷为以外内之辞言之？

---

[105]《隋书》卷八十四《列传》第四十九《北狄·西突厥》。
[106]《礼记·丧服四制》。
[107] 经学家的解释，参见《春秋左传正义》卷十五僖二十四年，卷二十七成十二年；《春秋穀梁传注疏》卷九僖二十四年。
[108] 参见高明士：《天下秩序与文化圈的探索》，页6—11。

言自近者始也。"〔109〕确定了王者由近及远，一乎天下的路线，同时也奠定了天下秩序内外有别的格局。泊乎后世，中国疆域扩展，"古之戎狄，今为中国；古之裸人，今被朝服；古之露首，今冠章甫；古之跣跗，今履高舄"〔110〕。但是天下也随之扩大，夷夏关系仍在，而且变得更加复杂。应对这种复杂关系，需要更细致的区分，更具弹性的制度，于是夷狄之中有外臣与不臣之分，外臣之地有羁縻与封贡之别，甚至封贡又加区分，或有贡有封，或有贡无封。类此之制，历经秦汉魏晋的发展，完备于隋唐，而延续于明清。〔111〕

如此建构起来的天下秩序，礼乐征伐自天子出，其实例屡见于历代史籍（尤其秦、汉、隋、唐以及元、明、清诸王朝），但这并不意味着天下实际或应当划一行政，均一治理。"凡居民材，必因天地寒暖燥湿，广谷大川异制。民生其间者异俗，刚柔轻重迟速异齐，五味异和，器械异制，衣服异宜。修其教，不易其俗；齐其政，不易其宜。中国戎夷，五方之民，皆有性也，不可推移。"〔112〕这是古代封建的

---

〔109〕《春秋公羊传》成公十五年。后之公羊学标举大一统观念和三世说，将此中大义发挥至极致。何休注云："于所传闻之世，见治起于衰乱之中，用心尚粗觕，故内其国而外诸夏，先详内而后治外……于所闻之世，见治升平，内诸夏而外夷狄……至所见之世，著治大平，夷狄进至于爵，天下远近小大若一。"（何休注、徐彦疏：《春秋公羊传注疏》隐公元年）

〔110〕王充：《论衡》卷十九《宣汉篇》。

〔111〕详参高明士：《天下秩序与文化圈的探索》第三章《羁縻府州制度》。

〔112〕《礼记·王制》。进一步的阐释，参见姚中秋：《华夏治理秩序史》第一卷《天下》（下册），页611—623。

治理原则，也是汉唐帝国处理华夷关系的思想。册封、朝贡体制所建立的，并非中国君主对四夷人民的直接统治，而是学者所谓"君长人身统治"。[113] 据此，夷狄君长只要对中国天子称臣修贡，不破坏天下秩序，即可保有其固有统治，否则就可能招致天子的训诫、警告乃至讨伐，而此种讨伐，并非一般意义上的战争行为，其目的也不是占领、征服之类，而是要匡正和恢复天下秩序。这种观念在贞观初年唐太宗给薛延陀的玺书中有清楚的表达：

> 突厥颉利可汗未破已前，自恃强盛，抄掠中国，百姓被其杀者不可胜纪。我发兵击破之，诸部落悉归化。我略其旧过，嘉其从善，并授官爵，同我百僚，所有部落，爱之如子，与我百姓不异。但中国礼义，不灭尔国，前破突厥，止为颉利一人为百姓之害，所以废而黜之，实不贪其土地，利其人马也。……尔在碛北，突厥居碛南，各守土境，镇抚部落。若其逾越，故相抄掠，我即将兵各问其罪。此约既定，非但有便尔身，贻厥子孙，长守富贵也。[114]

唐太宗号天可汗，其时唐朝国势强盛，"四夷咸

---

〔113〕详参高明士：《天下秩序与文化圈的探索》第二章《天下秩序与君长人身统治》。

〔114〕《旧唐书》卷一百九十四上。

附"[115]，因此淡化夷夏间的差异，畅言"所有部落，爱之如子，与我百姓不异"。但是华夷论也有另外一种面貌。基于"五方之民，皆有性也"的认识，既可以向前导出修齐之论，也可以退后引出羁縻之说，甚至隔绝夷夏的种种主张。在后一种情形下，夷夏之间的差异被看成根本性的和不可改变的。

重夷夏之防：内敛的天下

班固（32—92）总结前汉历朝应对匈奴边患的教训，以为无论缙绅之儒之守和亲，还是介胄之士之言征伐，"皆偏见一时之利害，而未究匈奴之终始也"。在他看来，夷狄之人性本贪劣，根本不可以礼义待之：

> 故先王度上，中立封畿，分九州，列五服，物土贡，制外内，或修刑政，或昭文德，远近之势异也。是以《春秋》内诸夏而外夷狄，夷狄之人贪而好利，被发左衽，人面兽心，其与中国殊章服，异习俗，饮食不同，言语不通，辟居北垂寒露之野，逐草随畜，射猎为生，隔以山谷，雍以沙幕，天地所以绝外内也。是故圣王禽兽畜之，不与约誓，不就攻伐；约之则费

---

[115] 此唐太宗语。《旧唐书》卷一《高祖本纪》。未央宫内，"高祖命突厥颉利可汗起舞，又遣南越酋长冯智戴咏诗"（同前），此事颇具象征性。

赂而见欺，攻之则劳师而招寇。其地不可耕而食也，其民不可臣而畜也，是以外而不内，疏而不戚，政教不及其人，正朔不加其国；来则惩而御之，去则备而守之。其慕义而贡献，则接之以礼让，羁縻不绝，使曲在彼，盖圣王制御蛮夷之常道也。[116]

中国历史上，以班固为代表的这种看法和主张可以说无代无之，论者只因语境不同，针对问题不同，而有不同论述。比如六朝佛教流行之际，排佛论者本孟子（约前372—约前289）"吾闻用夏变夷者，未闻变于夷者"之论，指斥道、佛为"西戎之法"，而欲以"中夏之道"排拒之。[117]东晋蔡谟（281—356）就以"佛者，夷狄之俗，非经典之制"，反对朝廷礼佛。[118]南朝之宋人顾欢作《夷夏

[116]《汉书》卷九十四下《匈奴传》。有汉一代，类此言论并非仅见，如《后汉书》卷二十五《卓鲁魏刘列传》记云："夫戎狄者，四方之异气也。蹲夷踞肆，与鸟兽无别。若杂居中国，则错乱天气，污辱善人，是以圣王之制，羁縻不绝而已。"又顺帝永和元年，武陵太守上书，以蛮夷率服，可比汉人，增其租赋。议者皆以为可。尚书令虞诩独奏曰："自古圣王，不臣异俗，非德不能及，威不能加，知其兽心贪婪，难率以礼。是故羁縻而绥抚之，附则受而不逆，叛则弃而不追。先帝旧典，贡税多少，所由来久矣。今猥增之，必有怨叛。计其所得，不偿所费，必有后悔。"帝不从。事见《后汉书》卷八十六《南蛮西南夷列传》。
[117]参见萧公权：《中国政治思想史》（上），页415。杨向奎认为，孔子思想不排斥夷狄，以夷夏为可变，中国可以退为夷狄，夷狄可以进为中国。孟子之夷夏思想则较狭，不承认夏亦可变于夷。此种差异乃时代使然。参见氏所著《大一统与儒家思想》，页18—23。
[118]《晋书》卷七十七。

论》，认为道佛同源而夷夏殊俗，反对"舍华效夷"，"以中夏之性，效西戎之法"。[119] 他还将夷夏风俗两相对比，示其美恶，如谓"端委搢绅，诸华之容；剪发旷衣，群夷之服。擎跽磬折，侯甸之恭；狐蹲狗踞，荒流之肃。棺殡椁葬，中夏之制；火焚水沉，西戎之俗。全形守礼，继善之教；毁貌易性，绝恶之学"。[120] 唐代排佛，亦持夷夏之论。韩愈（768—824）上《论佛骨表》，以佛者为"夷狄之一法"，"佛本夷狄之人，与中国言语不通，衣服殊制，口不言先王之法言，身不服先王之法服，不知君臣之义、父子之情"[121]，其所著《原道》，矛头也指向老、佛。文章引《春秋》之义，谓："诸侯用夷礼则夷之，进于中国则中国之。今也，举夷狄之法，而加之先王之教之上，几何其不胥而为夷也？"[122]

强调夷夏之别，同样有天学上的依据。此与古代分野理论有关。[123]《周礼·春官·宗伯》所载职官保章氏，"掌天星，以志星辰、日月之变动，以观天下之迁，辨其吉凶。以星土辨九州之地，所封封域，皆有分星，以观妖祥"。所谓"九州之地，所封封域，皆有分星"，就是相信天上（天空）与天下（地域）空间上的一一对应性。《史记·天官书》以

---

〔119〕《南齐书》卷五十四。
〔120〕同上。
〔121〕韩愈：《论佛骨表》，《全唐文》卷五百四十八。
〔122〕韩愈：《原道》，《全唐文》卷五百五十八。
〔123〕关于古代的分野理论，详参江晓原：《天学真原》，页223—229。

二十八宿配十二州，至后世，星宿与封域的对应更细分至州府。然而，分野体系中似乎没有夷狄的位置。史称"深明星历，善于著述"[124]，且"始以唐之州县配"星宿的唐太史令李淳风（602—670）[125]在其所著《乙巳占》中设有一问："天高不极，地厚无穷，凡在生灵，咸蒙覆载。而上分辰宿，下列王侯，分野独擅于中华，星次不霑于荒服。至于蛮夷君长，狄戎房酉豪，更禀英奇，并资山岳，岂容变化应验全无？"[126]他的回答是：

> 故知华夏者，道德、礼乐、忠信之秀气也，故圣人处焉，君子生焉。彼四夷者，北狄沍寒，穹庐野牧；南蛮水族，暑湿郁蒸；东夷穴处，寄托海隅；西戎毡裘，爰居瀚海，莫不残暴狼戾，鸟语兽音，炎凉气偏，风土愤薄，人面兽心，宴安鸩毒。以此而况，

---

[124]《旧唐书》卷六十六。

[125]《旧唐书》卷三十六《天文下》记有此事："天文之为十二次，所以辨析天体，纪纲辰象，上以考七曜之宿度，下以配万方之分野，仰观变谪，而验之于郡国也。《传》曰：'岁在星纪，而淫于玄枵。''姜氏、任氏，实守其地。'及七国交争，善星者有甘德、石申，更配十二分野，故有周、秦、齐、楚、韩、赵、燕、魏、宋、卫、鲁、郑、吴、越等国。张衡、蔡邕，又以汉郡配焉。自此因循，但守其旧文，无所变革。且悬象在上，终天不易，而郡国沿革，名称屡迁，遂令后学难为凭准。贞观中，李淳风撰《法象志》，始以唐之州县配焉。"

[126] 李淳风：《乙巳占》，《十万卷楼丛书》本。《手抄本》无此句，径写为"至于蛮夷，更禀英奇"。

岂得与中夏皆同日而言哉？〔127〕

比李淳风稍晚而与之齐名的天学家僧人一行（673—727），"以为天下山河之象存乎两戒"〔128〕，据天象划出南北两条地理大界线。北戒"是谓北纪，所以限戎狄也"，南戒"是谓南纪，所以限蛮夷也"。《星传》谓为"胡门""越门"。又有"北河""南河"，两河之象，与云汉相始终。〔129〕

至北宋，排斥佛老最力者，或者是与欧阳修（1007—1072）同时代的石介（1005—1045）。他在所著《中国论》中开篇即云：

> 夫天处乎上，地处乎下，居天地之中者曰中国，居天地之偏者曰四夷。四夷外也，中国内也。天地为之乎内外，所以限也。
>
> 夫中国者，君臣所自立也，礼乐所自作也，衣冠所自出也，冠婚祭祀所自用也，缞麻丧泣所自制也，

---

〔127〕同上。李淳风没有讲，夷狄若入主中原，是否得入于分野之中。但是既然王朝的正统性包含了地域因素，入主中原，建都五岳之中，应有天象，似乎也是合乎逻辑的。邵博：《邵氏闻见后录》卷八："梁武帝以荧惑入南斗，跣而下殿，以禳'荧惑入南斗，天子下殿走'之谶。及闻魏主西奔，惭曰：'虏亦应天象邪？'当其时，虏尽擅中原之土，安得不应天象也。"参见江晓原《天学真原》，页227—228。

〔128〕《新唐书》卷三十一《天文一》。

〔129〕参见同上。

果蔬菜茹所自殖也，稻麻黍稷所自有也。[130]

　　四夷各有其俗，皆异于中国，"相易则乱"。接下来，石介就引分野理论来支持他的中国、四夷不易之论：

　　　　仰观于天，则二十八舍在焉；俯观于地，则九州
　　分野在焉；中观于人，则君臣、父子、夫妇、兄弟、宾
　　客、朋友之位在焉。非二十八舍、九州分野之内，非君
　　臣、父子、夫妇、兄弟、宾客、朋友之位，皆夷狄也。
　　二十八舍之外干乎二十八舍之内，是乱天常也；九州分
　　野之外入乎九州分野之内，是易地理也；非君臣、父子、
　　夫妇、兄弟、宾客、朋友之位，是悖人道也。苟天常乱
　　于上，地理易于下，人道悖于中，国不为中国矣。[131]

　　因此，石介的结论是："各人其人，各俗其俗，各教其
教，各礼其礼，各衣服其衣服，各居庐其居庐，四夷处四

----

[130] 石介：《徂徕石先生文集》。北京：中华书局，1984。又其《怪说》云：
　　"夫中国，圣人之所常治也，四民之所常居也，衣冠之所常聚也，而髡
　　发左衽，不士不农，不工不商，为夷者半中国，可怪也。夫中国，道德
　　之所治也，礼乐之所施也，五常之所被也，而汗漫不经之教行焉，妖诞
　　幻惑之说满焉，可怪也。夫天子七庙，诸侯五庙，大夫三庙，士二庙，
　　庶人祭于寝，所以不忘孝也，而忘而祖，废而祭，去事夷狄之鬼，可怪
　　也。""彼其灭君臣之道，绝父子之亲，弃道德，悖礼乐，裂五常，迁四
　　民之常居，毁中国之衣冠，去祖宗而祀夷狄，汗漫不经之教行，妖诞幻
　　惑之说满，则反不知其为怪，既不能襄除之，又崇奉焉。"同前。
[131] 同上。

夷，中国处中国，各不相乱，如斯而已矣。则中国，中国
也；四夷，四夷也。"〔132〕

这种态度，亦反映于史论当中。石介之后，经历了宋
亡之痛的郑思肖（1241—1318）坚执以经断史立场，发为古
今正统大论，谓："中国之事，系乎正统；正统之治，出于
圣人。中国正统之史，乃后世中国正统帝王之取法者，亦以
教后世天下之人，所以为臣为子者。……《中庸》曰：'素
夷狄行乎夷狄。'此一语盖断古今夷狄之经也。拓跋珪十六
夷国，不素行夷狄之事，纵如拓跋珪之礼乐文物，僭行中
国之事以乱大伦，是衣裳牛马而称曰人也，实为夷狄之大
妖。……君臣华夷，古今天下之大分也，宁可紊哉？……夷
狄行中国之事曰僭，人臣篡人君之位曰逆，斯二者，天理必
诛。"〔133〕宋初欧阳修创正统之论，以"正天下"与"合天下"
为正统〔134〕，采二重标准，至于郑思肖则一断于经，其后的关
切、焦虑和问题意识已然大不相同。

地域、种族与文明：天下谁主正统

崇尚儒教，排拒佛老，是思想文化上的正统之争，把

---

〔132〕石介：《徂徕石先生文集》。
〔133〕郑思肖：《心史》，载饶宗颐：《中国史学上之正统论》，页121—124。
相关分析，参见该书，页48—49。
〔134〕参见饶宗颐：《中国史学上之正统论》，页39—40。又参见欧阳修正统
论诸篇，载饶宗颐：《中国史学上之正统论》，页92—102。

这种活动与尊王攘夷相联系，则透露出更多现实关切，且带有民族意识色彩。终宋之朝，边事不断，宋王朝先是受北方异族挤压而偏安一隅，终则亡于蒙古。在这一大背景下，宋人的天下秩序观大异于前朝，除了强调夷夏之防，其民族疆界意识也空前凸显。南宋陈亮（1143—1194）四上孝宗皇帝书，纵论古今，语极沉痛，冀孝宗能够不忘国耻，励精图治，收复失地，一统天下。其第一书开篇写道："中国，天地之正气也，天命之所钟也，人心之所会也，衣冠礼乐之所萃也，百代帝王之所以相承也，岂天地之外夷狄邪气之所可奸哉！不幸而能奸之，至于挈中国衣冠礼乐而寓之偏方，虽天命人心犹有所系，然岂以是为可久安而无事也。"[135]学者们注意到，两宋学术思想上的重要发展，无论史学上的正统论，经学中的《春秋》学，还是理学中的道统说，其实都是针对异族和异文化的入侵，围绕着华夷文明边界的划定展开的，其核心乃在尊王攘夷，[136]这些，不但是对当时频繁和激

---

〔135〕《上孝宗皇帝第一书》，《陈亮集》（增订本）上。北京：中华书局，1987，页1。

〔136〕饶宗颐指出，宋代《春秋》之学，北宋重尊王，南宋重攘夷。尊王，故张大"大一统"之说，欧公正统论之得于《春秋》者在此。元世以夷狄入主中国，其言正统者，亦只能援大一统一说以立论。至明方孝孺始置夷狄之统于变统，其攘夷之义，亦取自《春秋》以立义者也。参见氏所著《中国史学上之正统论》，页75。方孝孺之论正统，详下。关于宋代《春秋》学，杨向奎所著《大一统与儒家思想》之第7章《宋儒之"春秋学"》论之甚详。杨氏又论大一统观念与正统论之关系云：尊王攘夷而倡大一统，但两宋，尤其南宋，迫于形势而偏安，"于是变大一统为正统，正统为大一统之别称，实不能一统而文一统，遂倡正统，以为宋虽非大一统国家，实为正统"。页152。（转下页）

烈的民族冲突的回应，同时也显露出更强的民族、国家及疆界意识。[137]

元明之际，这样的夷夏观直接被用来达成驱逐异族统治者、改朝换代的目的。朱元璋（1328—1398）谕中原的檄文中说："自古帝王临御天下，中国居内以治夷狄，夷狄居外以奉中国，未闻以夷狄治天下也。""盖我中国之民，天必命中国之人以安之，夷狄何得而治哉。尔民其体之。"[138]循此思路，明初方孝孺（1357—1402）将此意进一步发挥为王朝相承的二统说。方氏先明正统之义，认为其旨在"寓褒贬，正大分，申君臣之义，明仁暴之别，内夏外夷，扶天理

（接上页）又云，自《公羊》力倡大一统，国人皆以"一统"为常。南宋时，"一统无存，朱子遂倡'正统'说，夷狄虽有君，奈非'正统'，正统实为大一统之补充"。页193。针对宋人以"三纲"别夷夏的做法，杨氏还指出："夷夏之别在于三纲，是为宋儒之新说，以伦理说历史，以历史证伦理，乃宋代'春秋学'之特点，有此特点遂使《春秋》义法有别于《公羊》，大一统乃纳四夷于儒家之论理范畴内。"页170。有关宋代《春秋》学兴起的意义，亦可参阅汪晖：《现代中国思想的兴起》上卷第一部《理与物》，北京：生活·读书·新知三联书店，2004，页249—250。作者还区分了两种夷夏之辨，指出道学家的讨论更加注重德政，因此经常把夷夏关系置于社会内部，作为制度批评的工具。同前，页250—254。

[137] 详参葛兆光：《宅兹中国》第一章《"中国"意识在宋代的凸显——关于近世民族主义思想的一个远源》。北京：中华书局，2011。作者认为，在思想史上，宋代发生的一个重大转变，就是知识阶层的天下观主流，"从溥天之下莫非王土的天下主义，转化为自我想象的民族主义"。页47。

[138] 转引自萧公权：《中国政治思想史》（下），页572。萧公权谓夷夏之辨魏晋南北朝之后沉寂千年，至明初而复现（参见前书，页571），恐非确论。

而诛人伪"，继则谓"天下有正统一，变统三"。三代是为
正统，至如汉、唐、宋诸朝，虽非比三代，"然其主皆有恤
民之心，则亦圣人之徒也，附之以正统"，亦足尊贵。至于
王朝继替，"取之不以正"，"受之不以仁义"，即使全有天
下，传数百年，亦不可为正；"夷狄而僭中国，女后而据天
位，治如苻坚，才如武氏，亦不可继统矣"。[139]方氏以篡臣、
女后与夷狄并举，但是三者之中，夷狄之主中华最为不堪。
他说："彼篡臣贼后者，乘其君之间，弑而夺其位，人伦亡
矣，而可以主天下乎？苟从而主之，是率天下之民，无父无
君也，是犹可说也；彼夷狄者，侄母蒸杂，父子相攘，无人
伦上下之等也，无衣冠礼文之美也，故先王以禽兽畜之，不
与中国之人齿。苟举而加诸中国之民之上，是率天下为禽兽
也。"[140]

　　传统的夷夏论，主要以文化为界分标准，但是在经历
了蒙元统治之后，汉人种族意识大增，夷夏分野的含义随之
而变。朱元璋讨元檄文强调"中国之民"必"中国之人"以
安之，隐含民族革命思想，被后人视为"中国最先表现之民

---

〔139〕方孝孺：《释统上》，载饶宗颐：《中国史学上之正统论》，页 151—152。
　　　萧公权将方说分而为三，曰正统、附统、变统。参阅氏所著《中国政
　　　治思想史》（下），页 573。
〔140〕方孝孺：《后正统论》，载饶宗颐：《中国史学上之正统论》，页 155—
　　　156。方氏正统论之渊源及影响，参见饶氏书，页 57—58。萧公权指
　　　出，方孝孺民族思想之透辟，为前此所鲜见，然而于传统以文化区分
　　　华夷的学说仍有因袭。参见氏著《中国政治思想史》（下），页 574。

族国家观念"。[141]明末清初，王朝鼎革、服色变易之际，夷夏之辨中的种族意识愈加强化。当其时，于民族思想论述最为透辟有力者，是与黄宗羲、顾炎武（1613—1682）同时代，且与之齐名的王夫之（1619—1692）。他说："民之初生，自纪其群。远其涉害，摈其夷狄，建统惟君。故仁以自爱其类，义以自制其伦。强干自辅，所以凝黄中之纲缊也。"[142]"弱小一身，力举天下，保其类者为其长，卫其群者为之君。故圣人先号万姓而示之以独贵。保其所贵，匡其终乱，施于孙子，须于后圣，可禅可继可革，而不可使异类间之。"[143]在这里，文化并非不重要，只不过，文化系于种族，种族间的差异，则导源于地理形势。"夷狄之与华夏所生异地。其地异，其气异矣。气异而习异，习异而所知所行蔑不异焉。"[144]进而言之，华夏之地与华夏族群和文化浑然为一体，异类不得侵犯。王夫之说："天以洪钧一气生长万类而地限之以其域。天气亦随之而变，天命亦随之而殊。……地形之异即天气之分，为其性情之所变，即其生理之所存。"[145]历史上夷狄入于中原者终不免于败亡，就是因为"地之所不宜，天之所不佑，性之所不顺，命之所不

---

〔141〕萧公权：《中国政治思想史》（下），页 572。

〔142〕王夫之：《黄书·后序》，关于明末清初民本、民族思想，详参萧公权：《中国政治思想史》第 18、19 两章。

〔143〕王夫之：《黄书·原极》。

〔144〕王夫之：《读通鉴论》七。

〔145〕同上。

安"[146]。同理,"夷狄而效先王之法,未有不亡者也。……相杂而类不延,天之道物之理也"[147]。

发生于元明之际以及明末清初的夷夏论,与之前夷夏说的不同,除了特重种族观念、民族分界之外,还把重点转向了王朝领有天下的合法性。朱元璋以推翻元朝统治、建立汉人王朝为目标自不待言;身处明末清初的黄宗羲、顾炎武、王夫之三人,政治上都坚持反清复明的立场,思想上,则分别以天下为公和华夷之辨为武器,对家天下的专制政治和异族统治展开批判。这些批判性论述所涉及的,主要不是文与野、内与外、中心与边缘的天下秩序,而直指当朝政权的合法性。这使得注重种族之夷夏说的政治性凸显出来。夷夏观念中所包含的政治紧张关系,在发生于雍正时的"曾静案"中看得最清楚。

"曾静案"的要旨,在雍正帝看来,就是"借明代为言,肆其分别华夷之邪说,冀遂其叛逆之志"。[148]他以"君臣大义"来对付此一邪说,所动员的思想资源,其实就是我们熟悉的天下理论。如谓:

---

[146] 同上。

[147] 同上。

[148]《详示君臣大义谕》,载上海书店编:《清代文字狱档》,上海:上海书店,2007。该书所载"曾静遣徒张倬投书案"对于相关档案搜罗颇详。从思想史角度对曾静案的梳理,参见萧公权:《中国政治思想史》(下),页682—689。对该案更细致、生动的描述,参阅史景迁:《皇帝与秀才》。上海:上海远东出版社,2005。

自古帝王之有天下，莫不由怀保万民，恩加四海，膺上天之眷命，协亿兆之欢心，用能统一寰区，垂庥奕世。盖生民之道，惟有德者可为天下君，此天下一家、万物一体，自古迄今万世不易之常经……《书》曰：皇天无亲，惟德是辅。盖德足以君天下，则天锡佑之以为天下君，未闻不以德为感孚，而第择其为何地之人而辅之之理。又曰：抚我则后，虐我则仇。此民心向背之至情，未闻亿兆之归心，有不论德而但择地之理。又曰：顺天者昌，逆天者亡。惟有德者乃能顺天之所与，又岂因何地之人而有所区别乎？[149]

有德者膺天命，得民心者得天下。华夷之分，在文化的高下精粗，无关乎地域、种族。雍正又引韩愈之言："中国而夷狄也则夷狄之，夷狄而中国也则中国之。"这些都是典型的夷夏文化论。实际上，强调夷夏以文化分，进而泯除内外之间、夷夏之间的差异，以之与地域的和种族的夷夏论相对抗，正是清初诸帝主张其统治合法性和正统性所采取的基本策略。[150]与这种官方理论相呼应，今文经学尤其是其

〔149〕《详示君臣大义谕》。
〔150〕清朝皇帝对传统天下论的娴熟运用并不表明，作为一个外来的统治者，满清王朝的统治理念和实践与历史上诸中原王朝没有差别。毋宁说，这只是显露了清朝治术及其政治意识形态的一面。有学者强调，与秦汉帝国建立的郡县—羁縻—朝贡的同心圆式治理秩序的大一统不同，满清王朝在一个多民族的帝国内部创造了双元的政教制度，从而成功地实现了中国历史前所未有的大一统。而它采行的这种双重（转下页）

中的《春秋》公羊学大盛于清世。可以注意的是，虽然同为《春秋》学，同样注重夷夏之说，且同样具有民族冲突的政治背景，清代的《春秋》公羊学与两宋《春秋》学大异其趣。宋代《春秋》学注重夷夏之分，尤其是夷夏在空间上的分隔与对立。清代今文经学则相反，它标举为核心的大一统观念，呼应了清帝国的政治实践，把传统中国与夷狄的内外关系转变为帝国内部的民族和地域关系，使之统一于礼仪，从而将中国定义为一个根据礼仪原则而非特定地域或种族组织起来的政治共同体。[151] 清中叶以后，今文经学转趋务实，成为一种经世之学，其中，着重于西部边疆史地研究的所谓舆地学的发展最引人注目。从观念史的角度看，这一系列发

（接上页）体制亦非始自清代，而是源远流长。参见许纪霖：《多元脉络中的"中国"》，载《东方早报·上海书评》编辑部编：《殊方未远：古代中国的疆域、民族与认同》。北京：中华书局，2016。该书其他涉及古代中国认同及政治意识形态的文章亦可供参考。

[151] 详参见汪晖：《现代中国思想的兴起》上卷第二部《帝国与国家》第5章。透过太平天国的政治意识形态，我们可以很好地了解这一点。太平天国初兴，即以种族的夷夏之辨号召天下。"夫天下者中国之天下，非满洲之天下也。宝位者中国之宝位，非满洲之宝位也。子女玉帛者中国之子女玉帛，非满洲之子女玉帛也。"而太平天国之兴，就是要"用夏变夷，斩邪留正，誓扫胡尘，拓开疆土"。（《太平天国布告天下檄》。《东王杨西王萧奉天讨胡檄》亦多此类言论。转见萨孟武：《中国政治思想史》。北京：东方出版社，2008，页457—458。）但具有讽刺意味的是，太平天国的失败，就其意识形态方面言，恰恰是因为它所尊奉的上帝教属于"夷俗"，而其针对满清统治之所为，在士大夫看来，则是"毁先王圣人之道，废山川岳渎诸神，惟耶稣是奉，几欲变中华为夷俗"。（孙德坚：《贼情汇纂》卷九《贼教》，转引自萨孟武上引书，页459）

展最重要的后果有二：一方面，通过确立"礼仪中国"的观念，满清王朝变身为"夏"，与后来的西"夷"相对，由此促生了新的夷夏之辨。另一方面，当危机来临，变革不可避免时，进入改革家视野的中国，乃是一个通过内在联系有机结合在一起的完整的政治体。[152]这些，对于近代以来中国的命运均有深刻影响。

晚清之际，革命风潮激荡，满清统治的合法性再度受到质疑和挑战，这时，久已消沉的具有民族色彩的夷夏理论再度登场。两种夷夏论之辩再起。主张君主立宪的康有为（1858—1927），针对流行的种族革命诉求，著成《民族难定汉族中亦多异族而满洲矣祖黄帝考》一文，以史例破除革命者提出的民族界分。其论及夷夏，立论与前引雍正上谕如出一辙。如谓："孔子作《春秋》，以礼乐文章为重。所谓中国夷狄之别，专以别文野而已。合与中国之礼者则进而谓之中国，不合中国之礼者则谓之夷狄。"[153]又说满人并非异类，其入主中夏，"犹舜为东夷之人而代唐，文王为西夷之人而代商云尔。教化皆守周孔，政俗皆用汉明"[154]。在他看来，清之代明，不过"易姓移朝耳。易姓移朝者，可谓之亡君统，不得以为亡国也"[155]。

对康氏之论，章太炎（1869—1936）则针锋相对，斥之

---

〔152〕参同上书。
〔153〕转引自萧公权：《中国政治思想史》（下），页747。
〔154〕转引自萧公权：《中国政治思想史》（下），页748。
〔155〕同上。

不遗余力。章氏承王船山之余绪，以血统划分民族，以民族解释文化，认为"文化相同自一血统而起"[156]，据此，则文化缘种族而生。后人推其意而有更加明白的表达："中国所以为中国，非由其有周孔之文化，乃由其为炎黄之类族。必有炎黄之类族，始能创周孔之文化。然则中国之文化既匪他族所能共有，亦非他族所能仿效，其理至为显明。"[157]章氏亦援引《春秋》，其解释则与康氏正相反对。如谓："《春秋》有贬诸夏以同夷狄者，未有进夷狄以同诸夏者。"满族统治中国虽然逾二百六十年，满汉文化已浑然一体，但在章氏看来，夷狄终究为夷狄，不得进于中国。因此，他力倡之革命，其实乃是光复，"光复中国之种族也，光复中国之州郡也，光复中国之政权也"[158]。

从学术源流上讲，康有为与章太炎分属传统儒学的两支，前者为晚清今文经学的宗师，后者则是古文经学的传人。但是此二人的关切与论辩，均已非今古文经学的家法所能限囿，甚至不是经学乃至儒学的传统所能范围。毕竟，他们置身于其中的时代和世界已经大不同于往昔，在这个时代和世界里面，天下的观念，乃至于天下秩序，面临内外各种压力，行将崩解，而新的关于文明、世界、人民和秩序的观

---

[156] 章太炎：《中华民国解》，转引自萧公权：《中国政治思想史》(下)，页 906。

[157] 萧公权：《中国政治思想史》(下)，页 906。

[158] 章太炎：《革命道德说》，转引自萧公权：《中国政治思想史》(下)，页 908。

念，已经显现。

万国、世界、国家：天下的崩解

传统的天下观念，自其确立以来，便在中国人认识、解释和想象世界的活动中据有支配性地位。世事的流变、自然的异动、观念的冲突、知识的更新，所有这些都不足以改变这一观念，它们或者被纳入这一认识和解释框架，或者被当作无关紧要的细微节目甚至不经之谈予以忽略。比如，自从汉代张骞通使西域以来，历代商人、使节、旅行者、航海者、传教者带来无数有关中国以外世界的各类知识，然而，中国人关于异域的想象，仍主要建立在大量早期传闻、想象、故事甚至神话的基础上，其中，基于经验观察所得的知识并不占有重要地位。与之相应，中国人关于广袤世界的具体构想，长期以来都固着于这样一个经典图景：天穹如盖，大地方正，中国居其中，四夷环绕于外。在那些通常题为"禹贡"、"华夷"、"贡职"或"舆地"的天下地图里，中国不但占据中心位置，而且占据地图的大部分空间，四夷则散布四周，二者之间位置和大小的区分，同时构成文明与野蛮的对立。[159]

---

〔159〕详参葛兆光：《"天下"、"中国"与"四夷"——作为思想史文献的古代中国世界地图》，载王元化主编：《学术集林》第十六卷。上海：上海远东出版社，1999；《宅兹中国》第二章《山海经、职贡图和旅行记中的异域记忆——利玛窦来华前后中国人关于异域的知识资源及其变化》。北京：中华书局，2011。

中国历史上，这种中国中心的天下观并非不受挑战。抛开本土的学说如战国邹衍的大九州及道家的某些说法不论，先后传入中国的佛教和天主教都曾对这一正统观念构成冲击。成书于宋代的《佛祖统纪》批评"儒家谈地，止及万里，则不知五竺之殷盛，西海之有截也"[160]。其书中所附佛教地图，更以直观方式改变了中国传统的世界图景。1584年，意大利传教士利玛窦（1552—1610）的《山海舆地全图》在广东刻印面世，此一事件在思想史上的意义尤为显著。因为它首次将近代西方基于科学方法绘制的世界地图展现在中国人眼前，此举在改变旧的天圆地方的世界景观的同时，也撼动了传统的天下观念。随着这类知识和图像被更多中国人了解和接受，一些有关中国以外世界的真实知识，开始取代流传已久的传闻和臆说。在乾隆年间奉敕修纂的《四库全书总目》里面，一向被奉为地理权威典籍的《山海经》、《神异经》和《海内十洲记》诸书，因其所言"多世外恍惚之事"，"率难考据"，"百不一真"等故，被从史部地理类移入子部小说家中。此类改变就与上述新知识的传播和接受有关。[161]

---

[160] 转引自葛兆光：《"天下"、"中国"与"四夷"——作为思想史文献的古代中国世界地图》，载王元化主编：《学术集林》第十六卷，页53。

[161] 详参葛兆光：《"天下"、"中国"与"四夷"——作为思想史文献的古代中国世界地图》，以及氏所著《宅兹中国》第二章《山海经、职贡图和旅行记中的异域记忆——利玛窦来华前后中国人关于异域的知识资源及其变化》。葛氏认为，从利玛窦到乾隆时代，经历了一百多年的时间，中国人对于异域的知识，已经从"想象的天下"进入"实际的万国"。页90。

然而，这些变化仍不足以改变传统天下观的基本，尤其是对中国文明优越性的信念，以及天朝大国俯临万邦的姿态。同样是在乾隆时代，当英国使团远涉重洋来到中国，表示希望开启英中贸易并建立外交关系时，他们除了得到乾隆皇帝的慷慨赏赐之外，还得到了这样的答复："咨尔国王远在重洋，倾心向化，特遣使恭赍表章航海来庭，叩祝万寿，并备进方物，用将忱悃。朕披阅表文，词意肫垦，具见尔国王恭顺之诚，深为嘉许。"[162] 但是接下来，英国请求派员居住北京之事却被大清皇帝严词拒绝，因为此请不合"天朝体制"。乾隆的敕谕还说："若云仰慕天朝，欲其观习教化，则天朝自有天朝礼法，与尔国各不相同。尔国所留之人即能习学，尔国自有风俗制度，亦断不能效法中国，即学会亦属无用。"论及一般贸易，乾隆表示："天朝物产丰盈，无所不有，原不藉外夷货物以通有无。"而且，中国皇帝对于珍奇贵重宝物既不看重，也无需要："天朝抚有四海，唯励精图治，办理政务，奇珍异宝并无贵重"，且"天朝德威远被，万国来王，种种贵重之物，梯航毕集，无所不有"。对于英使的一系列请求，乾隆皇帝的不悦之情溢于言表："今尔国使臣于定例之外，多有陈乞，大乖仰体天朝加惠远人抚育四夷之道。且天朝统驭万国，一视同仁。即在广东贸易者亦不仅尔英咭唎一国。若俱纷纷效尤，以

―――――――――――――

〔162〕据《东华录》，转见斯当东：《英使谒见乾隆纪实》，叶笃义译。上海：上海书店，2005，页542。

难行之事妄行干渎，岂能曲徇所请。念尔国偏居荒远，间隔重瀛，于天朝体制原未谙悉，是以命大臣等向使者等详加开导，潜令回国。"〔163〕

由中国古代传统角度观之，乾隆帝的敕谕并无特别之处，然而，此一事件就发生在中国近代前夕，距第一次鸦片战争爆发不到 50 年，其中的意味实在不同寻常。18 世纪末 19 世纪初，西方世界已进入工业化时代，其殖民地遍及世界，而中国的统治王朝仍持守数千年不变之旧章，以教化之邦、天朝大国的姿态睥睨四方，如此强烈的对比和落差，预示了中西文明冲突中激变的不可避免，以及这种变化所引致的天下秩序的瓦解。诚如政治思想史研究者萧公权先生所言：

> 同光以前国人墨守禹贡九州之地理范围，认中国为惟一文明声教之区。四海之表，纵有生民，然不过

---

〔163〕同上书，页 544—545。乾隆的这道著名敕谕通常被视为天朝观念的典型表达。不过，与以往人们据此批评清王朝的封闭、自大和无知不同，晚近的研究者转而强调这种看似僵化的天朝姿态背后有着对列强势力的警觉和对其动机的不信任。即便如此，一个基本事实是，传统的天朝观念和封贡体制支配了包括乾隆在内的历代中国统治者对外部世界的想象、表达和行为方式，甚至直到英国人在第一次鸦片战争中展示了其雄厚国力之后，清王朝依然很长时间沉溺于旧日的想象之中，不能正视真实的外部世界。参见徐中约：《中国近代史》，尤其第 6 章第 3 节、第 7 章、第 9 章，以及第 11 章以下关于旧观念旧体制瓦解的部分。计秋枫、朱庆葆译。北京：世界图书出版公司，2013。

夷狄之属，当为中国所抚有，而不能与我相抗衡。故秦汉以来之政论皆以"天下"为其讨论对象。二千年中，未尝改移。及至道、咸以后，中国向所贱视之夷人，忽起而凌犯天朝。彼强我弱之事实，昭然可睹，而不可隐讳。于是昔日自尊自满之态度，始为之一变。使节往还，是承认列国之并存也。设馆留学，是承认西法之优长也。二千年之"天下"观念，根本动摇，而现代国家之思想，遂有产生之可能。〔164〕

鸦片战争之后，中国开始进入所谓条约体系时代，与之相应，天下主义和天下观念，也开始被近代的民族主义和民族国家观念所侵蚀和替代。不过，这一过程并非完成于一夜之间，更不是没有代价。19世纪下半叶的洋务运动，是中国人开眼看世界，进而调整心态，努力学习夷技的一种尝试。在这一阶段，传统的天下观让位于新的万国观。士大夫始相信，中国并非天下，也不是唯一的文明之邦；寰宇列国，各有所长，其物质文明如声光电化等，尤足效法。著有《海国图志》、颇具全球眼光的魏源（1794—1857）就指出，蛮狄羌夷之名，专指残虐性情未知王化者，并非本国而外，凡有教化之国，皆谓之夷狄也。"诚知夫远客之中，有明礼行义，上通天象，下察地理，旁彻物情，贯串今古者，是瀛寰之奇士，域外之良友，尚可称之

〔164〕萧公权：《中国政治思想史》（下），页728。

曰夷狄乎？圣人以天下为一家，四海皆兄弟，故怀柔远人，宾礼外国，是王者之大度；旁咨风俗，广览地球，是智士之旷识。彼株守一隅，自画封域，而不知墙外之有天，舟外之有地者，适如井蛙蜗国之识见，自小自蔀而已。"[165]不过总的说来，这只是一场新的经世致用运动，其目的乃是"师夷长技以制夷"，中国文明优越的信念仍隐含其中。也因为如此，后之学者认为，这一时期兴起的万国观，不过是对传统天下观的修正，乃是天下主义转向民族国家观念过程中的一个环节。[166]传统天下观念的彻底瓦解，要到19世纪末20世纪初方始发生。

1895年甲午一战，中国大败于日本，这一重大变故不但令之前残存于东亚的天下秩序彻底瓦解，也令希望通过经世致用途径来挽救危亡的洋务运动梦想破灭，更重要的是，它从根本上动摇了传统政治正当性赖以建立的儒家义理。士大夫知识阶层开始对渊源久远、屡验不爽的常经、常道产生怀疑，而向异域去寻找新的义理和道术，在此背景之下，民族主义、民族国家一类源于西方的近代观念迅

---

〔165〕魏源：《海国图志》卷七十六，转引自汪晖：《现代中国思想的兴起》上卷第二部《帝国与国家》，页659。

〔166〕详参金观涛、刘青峰：《观念史研究：中国现代重要政治术语的形成》第6章《从"天下"、"万国"到"世界"》，北京：法律出版社，2009。汪晖也指出，魏源的立场可以被视为帝国向民族国家转化的征兆，尽管如此，其夷夏内外论述的相对化并不彻底，儒家教化仍然居于中心位置。详参汪晖：《现代中国思想的兴起》上卷第二部《帝国与国家》，页658—665。

速传播开来，而一向是政治合法性基础的天下观念反而成了问题的根源。

根据对 1900 年前后报刊、档案、论著、教科书等文献中相关用语的统计，研究者发现，在 1895 年至 1899 年的四年里，"天下"一词的使用频率陡然升高，但是 1900 年之后，其使用次数又急剧减少。与之相对的是，"国家"一词的使用在 1895 年之后大增，1900 年以后，其使用愈加频繁，紧随其后的，则是开始具有现代含义的"民族"一词。[167] 语词变化后面的，则是观念的变迁，制度的变革。[168]

致力于救亡的启蒙知识分子忽然发现，中国之所以积弱，根本的原因之一，就在于中国人缺乏国家的观念，而中国人之所以缺乏国家观念，原因之一，又是天下观念太强有以致之。光绪二十八年（1902），梁启超（1873—1929）在当时颇有影响的《新民丛报》上发表文章，专论国家思想，文中将国家思想分为四层："一曰对十一身而知有国家，二

────────────

〔167〕 参见金观涛、刘青峰：《观念史研究：中国现代重要政治术语的形成》，页 242。

〔168〕 发生于清末法律移植过程中（1902—1911）的礼法之争，或者是士大夫阶层围绕夷夏关系的最后一次论争。在这次论争中，主张保守传统礼教的一派明显处于守势，所谓"中体西用"，至多是传统夷夏论的微弱回声。相反，这一时期流行的语汇和标准是"世界""环球""各国""大同""共同原则""公理"。而由这类普遍主义表述所包装的价值，显然出于"夷"而非"夏"。因此，"大同"云云，表明的不过是中国士大夫对新时代"以夷变夏"的接受甚至拜服心态。参阅梁治平：《礼教与法律：法律移植时代的文化冲突》。桂林：广西师范大学出版社，2015，页 113—130。

曰对于朝廷而知有国家,三曰对于外族而知有国家,四曰对于世界而知有国家。"[169]其国家观念,已经具有国族的含义。

梁氏陈明国家思想之第三义云:"故真爱国者,虽有外国之神圣大哲,而必不愿服从于其主权之下,宁使全国之人流血粉身、靡有孑遗,而必不肯以丝毫之权利让于他族。"[170]至于倡言众生、大同之博爱主义、世界主义,在梁启超看来,则不过是"心界之美",非"历史上之美"。着眼于现实,"国家为最上之团体",过与不及,皆属野蛮。[171]至可叹者,中国历来缺少国家观念。在个人,私利独善,国事遑恤;在家国,言忠与孝,只知忠君而不知爱国,凡此皆"足以召国家之衰亡"。尤有甚者,是国人不以异族统治为意,"以黄帝神明华胄所世袭之公产业,而为人豸㢝而夺之者,屡见不一也,而所谓黄帝子孙者,迎壶浆若山崩阙角,纡青紫臣妾骄人,其自啖同类以为之尽力者,又不知几何人也!"此点表现于观念上,便是中国人只知有天下,不知有国家。历来"中国儒者,动曰'平天下,治天下',其尤高尚者,如江都《繁露》之篇,横渠《西铭》之作,视国家为渺小之一物,而不屑厝意"[172]。在这种国家思想的论述中,"天下"一词的负面含义显而易见。时人以"公天下之主义"为中国之

---

[169] 梁启超《新民说》,宋志明选注。沈阳:辽宁人民出版社,1994,页22。
[170] 同上书,页24。
[171] 参见上引书,页25。
[172] 同上书,页28。并参见页25—29。关于梁氏的国家思想,参阅张灏:《梁启超与中国思想的过渡(1890—1907)》第八章"新民与国家主义",崔志海、葛夫平译。南京:江苏人民出版社,1993。

祸患，反对"以中国为天下人之中国"，主张以中国为中国人之中国，虽然重点在于重新辨析公私观念，表露的也是同一种思想。[173]

值得注意的是，根据当时流行的社会进化论，这种缺乏国家思想以致国家欠发达的情形，同时也被视为人类发展相对较低阶段上的现象。据此，以天下观念为表征的传统政治论说和意识形态，因其不合人类进化的公理、公例，而成为须要克服、超越的思想观念。[174]清末民初之际，国家思想、国家主义风靡一时，在朝，有立宪、修法、改制等一系列举措；在野，有军国民运动一类缔造新国民的尝试。[175]民族凸显，文化淡出，"国家"取代"天下"，成为新的政治论说的核心。昔日，顾炎武曾言亡国与亡天下之别，谓"易姓改号，谓之亡国；仁义充塞，而至于率兽食人，人将相食，谓之亡天下。……保国者，其君其臣，肉食者谋之。保

---

〔173〕参阅佚名《公私篇》，载张枬、王忍之编：《辛亥革命前十年间时论选集》第一卷下册。北京：生活·读书·新知三联书店，1960。相关分析，参见沟口雄三：《中国的公与私·公私》。北京：生活·读书·新知三联书店，2011，页37—38、173—174。

〔174〕代表性的言论，可参见杨度：《金铁主义说》，载刘晴波主编：《杨度集》。长沙：湖南人民出版社，1985。晚清法律移植过程中，杨度也扮演了重要角色。他希望借法律改革，实现其国家主义理想。详参梁治平：《礼教与法律：法律移植时代的文化冲突》，页80—82、114—115。

〔175〕晚清法律改革，详参黄源盛：《法律继受与近代中国法》。台北：黄若乔出版，2007。军国民运动，参见黄金麟：《历史、身体、国家：近代中国的身体形成（1895—1937）》。北京：新星出版社，2006，页45—57。

天下者，匹夫之贱，与有责焉耳矣"[176]。在中国内忧外患达于极点的 20 世纪前 40 年，这段论述被改造、简化、浓缩为一句妇孺皆知的口号："国家兴亡，匹夫有责。"这时，那种以中国为中心且立基于华夷之辨的世界观，那种视天下为一种文明秩序的政治观念，完全被一种民族国家林立和彼此竞胜的新的世界观念取而代之。

不过，举世滔滔，众人皆尚国家而黜天下之际，天下观念以及与之相连的大同理想却并未成为绝响。其最完整也最具理论抱负的表现，便是康有为综合中西思想而创为一说的大同世界的乌托邦。作为清末民初最重要的思想家、改革者和社会活动家，康氏的思想相当复杂。一方面，康氏主张君主立宪、维护儒学、倡导孔教，而被世人目为保守派代表；但是另一方面，他的思想又深受西学影响，而他借《大同书》所系统表达的思想，"与几千年来维持中国社会的传统价值几无不相反"[177]，以至于他生前竟未敢将其公之于世。[178]

---

[176] 顾炎武著、黄汝成集释：《日知录集释》卷之十三"正始"条。石家庄：花山文艺出版社，1990。顾炎武此语将"国"等同于朝廷，即一家一姓，而视"天下"为人类普遍价值（仁义）的文化秩序，人人与有责焉。这种立场像黄宗羲的一样，都是在继承古代天下观的基础上展开对专制主义的批判。而且，像黄宗羲对"公"和"私"的辨析一样，顾炎武对"国"的重新定义，也包含了近代因素，进而成为后世公、私以及国家诸观念演进上的重要环节。详细的论述，参阅沟口雄三：《中国的公与私·公私》。

[177] 萧公权：《近代中国与新世界：康有为变法与大同思想研究》，汪荣祖译。南京：江苏人民出版社，2007，页 328。

[178]《大同书》成书于 1902 年，至 1913 年才在《不忍》杂志刊出全书十部中的前三部。该书全部刊行则是在 1935 年，其时，距康氏离世已经 8 年。

然而，细观其书，人们或不难发现，康氏思想的基础，正是传统的天下观念。后者的影响，主要表现在两个方面。在较为抽象的层面，康氏不避嫌疑，吸纳西学，重估传统，并非主张西化，而是基于中西之间相通不隔的认识而主张"世界化"。此种主张合于宋儒所谓东西南北理同心同之说，也与圣王无分内外、天下大同诸观念相通。[179] 在更具体的层面，康氏所构想的泯灭国界的世界政府，固然让人想到古人高唱的"天下为公"理念[180]，更重要的是，贯穿其思想而渗透于人类社会所有领域的为公去私原则，其实就来源于古代天下大同思想。所不同者，是其中加入了佛学与西学内容，而令其具有现代精神且更加全面和彻底罢了。[181]

---

〔179〕参见萧公权：《近代中国与新世界：康有为变法与大同思想研究》，页311—315。"世界化"体现了一种超越民族、地域、国家的世界主义立场。萧公权认为，康氏于1885—1887年撰写的《实理公法》一书已表现出此"世界化"立场，他在书中憧憬一个全人类操共同语言、用同一种历法、在同一个政府治理下和谐生活的世界。他关心的是普遍价值，而不论其出于本国还是外国。其《大同书》"并不关注维护中国价值或移植西方思想，而是要为全人类界定一种生活方式，使人人心理上感到满足，在道德上感到正确"。同前书，页329—330。又参见同书页326。

〔180〕参同上书，页345。

〔181〕《大同书》首部题以"入世界观众苦"，佛学色彩十足。以下论诸苦之根源，则分九界，谓国界、级界、种界、形界、家界、产界、乱界、类界、苦界，而以破除九界为人类解放之道。至其具体内容，则中西融合，而归本于孔子。详康有为：《大同书》，邝柏林选注。沈阳：辽宁人民出版社，1994。萧公权认为，康氏社会思想的主要支柱似为"享乐主义"、"人道主义"与"平等主义"，由此衍发的思想则大致为"民主"、"社会主义"和"科学"。参见萧公权：《近代中国与新世界：康有为变法与大同思想研究》，页333。

诚然，康氏的大同世界只是思想家笔下的乌托邦。现实世界中，不但国家、民族、种族之间界线分明，对于当时的中国来说，"保国保种保教"更是第一要务。故而，民国后被奉为国策的三民主义，民族主义据其一。虽然，中国的民族主义自有其特点。

1924 年，孙中山（1866—1925）将其三民主义演讲录之第一讲"民族主义"单独付梓。该篇高扬民族主义，又以民族主义与世界主义对举，认为中国之民族主义思想的丧失，部分是因为世界主义。据他看来，历史上，举凡文明强盛之国，都鼓吹世界主义，就如汉唐王朝之对外邦，康乾诸帝之待汉臣，以及如今英、美帝国之对世界。世界主义固然是极好极高的理想，但是并不适合现代的中国人。中国今天所需要的，是民族主义，因为民族主义能将一盘散沙的中国人团结起来，令中国民族发达，国家强盛。这些议论，让人想到前面提到的梁启超有关国家思想的论述。不过，较之梁氏对天下主义的摒弃态度，孙中山对于民族主义和世界主义关系的论述更加复杂和微妙。在力证中国人今天最需要的是民族主义而非世界主义之后，孙氏进一步指出，民族主义才是世界主义的基础。这不只是一般地因为民族主义符合社会进化公理，有助于保种强国，而且特别地因为，中国的民族主义里面包含了世界主义的真精神。孙中山区分了两种世界主义，一种是欧洲人现在所讲的世界主义，即有强权无公理的世界主义；一种是中国人爱好和平的世界主义，即真正的世界主义。因此，要达致世界主义，尤其需要恢复和发扬中国的民族主义。"我们要将来治国平天下，便先要恢复民族主义和民族地位，用固有的和平道德作基础，去统一世界，成一个大同之治，这便是我们四万万人的大责任。……这便是我们民族主义的真精神。"[182]

由上面这段话里，人们隐约可以听见古代天下观念的回响。这似乎是在暗示，尽管是在工业文明席卷世界的 20 世纪，尽管是在古代帝制及其政教传统业已终结的中华民国，尽管是在民族主义、国家主义大盛的现时代，曾经渗透和支配中国人心灵数千年的关于文明与道德秩序的想象，那个借"天下"二字而流传久远的世界观念，未必就此便销声匿迹，寻觅无踪。

---

[182] 孙中山：《三民主义》。北京：中国长安出版社，2011，页 67。孙中山的民族主义思想中包含了世界主义和国际主义的理念，这一点恰是中国式的，有着中国思想传统上的深厚渊源。沟口雄三通过对中国思想中"公"的观念的深入分析指出了这一点。详参氏所著《中国的公与私·公私》，页 40—43、108—109、117。

二 "为公"的理念

天下为公

"为公"一词，出于儒家经典《礼记》之《礼运篇》：

> 大道之行也，天下为公，选贤与能，讲信修睦。
> 故人不独亲其亲，不独子其子，使老有所终，壮有所
> 用，幼有所长，矜寡孤独废疾者皆有所养。男有分，
> 女有归。货恶其弃于地也，不必藏于己，力恶其不出
> 于身也，不必为己。是故谋闭而不兴，盗窃乱贼而不
> 作，故外户而不闭。是为大同。

被托之于孔子（前551—前479）的这段话，其言简明，其义完整，所论大同之世，可说是中国历史上最著名的理想国，其影响至为深远。

所谓天下为公，历代经注均解为天子位之传贤不传子。[1] 这是狭义的解释。天子为天下君，天子之位不但为

---

[1] 郑注："公犹共也。禅位授圣，不家之。"孔疏："'天下为（转下页）

最高的政治权力，而且也是政权的表征，因此，天下为公一语，实包含政权属公之义。[2]这是广义的解释。这两种解释，无论广狭，均不出政治的范畴之外。然而，细读《礼运篇》，并将之置于古代儒学乃至中国古代思想的语境中思考，则不难发现，此语意蕴丰富深广，绝不只限于政治领域。

首先可以注意的是，天子及诸侯权位的共享或曰政权的公共性，只是大同世的一项表征和条件，而非其全部。大同之为大同，不只在其"公权"，更在其"公产""公心"。在此天下为公的世界里，不但国界泯灭，家界不存，人己之间亦无界线。[3]所谓"人人皆公，人人皆平"[4]，乃是各取所需，各得其所，人人得其公平的理想世界。这里，传贤不传子的权位之公，与不独亲其亲、子其子的家国之公，货不必藏于己的财货之公，和人不为己的道义之公，不但彼此呼应贯通，而且相互补充配合，成就了完整的天

（接上页）公'，谓天子位业。为公，谓揖让而授圣德，不私传子孙，即废朱均而用舜禹是也。'选贤与能'者，向明不私传天位，此明不世诸侯也，国不传世，唯选贤与能也，黜四凶、举十六相之类是也。"郑玄注、孔颖达疏：《礼记正义》。

[2]　康有为之《礼运注》释云："天下为公，选贤与能者，官天下也。夫天下国家者，为天下国家之人公共同有之器，非一人一家所得私有，当合大众公选贤能以任其职，不得世传其子孙兄弟也，此君臣之公理也。"康有为：《孟子微　中庸注　礼运注》。北京：中华书局，1987，页239。

[3]　国界、家界、身界之说，亦出于康有为《礼运注》。康有为：《孟子微　中庸注　礼运注》，页240。更多讨论，详下。

[4]　同上。康氏所谓"平"可解为平等，其义似太过近代。解为公平则较妥。

下之公。正如在古人观念及用语中，天下一词不仅指天子的权位，也是天生烝民生活繁衍之地，是存在于天地之间的富有神圣意味的文明秩序，"天下为公"除了被解释为政权属公之外，也可以被理解为一种充盈于天地之间，内在于人心、社会，能够为生民带来福祉，实现世间公平与和谐的普遍原则。

如此理解之天下为公，亦可由其反面观照和证立。

紧接前述言大同之文，《礼记·礼运》又云：

> 今大道既隐，天下为家，各亲其亲，各子其子，货力为己。大人世及以为礼，城郭沟池以为固。礼义以为纪，以正君臣，以笃父子，以睦兄弟，以和夫妇，以设制度，以立田里，以贤勇知，以功为己。故谋用是作，而兵由此起。禹、汤、文、武、成王、周公，由此其选也。此六君子者，未有不谨于礼者也。以著其义，以考其信，著有过，刑仁讲让，示民有常。如有不由此者，在执者去，众以为殃。是谓小康。

正如小康与大同相对而不同，支配此二者的原则也判然有别。大同之世，天下为公；小康之世，天下为家。[5]公私对立，油然而生。大道既隐，各亲其亲，各子其子。国与

---

[5] 郑玄注天下为家为"传位于子"。孔疏："'天下为家'者，父传天位与子，是用天下为家也，禹为其始也。"正与前注"天下为公"之义相对。

国争锋，人与人争利。国界、家界、人己之界，牢不可破。私道流行，人人为己，纷争不止，盗贼并作，非礼不足以治天下。礼运者，隆礼之世也。[6]

《礼运》通篇言礼，以为礼本于天地，先王承之以正天下国家。所谓小康，也是一种理想社会。只是，比较大同，三代圣王治下的小康之世究非完善。大道流行、天下为公的大同，才是古人心目中至善至美的治世。而这理想，即使不能实现，仍不失其现实意义。"公"之观念，虽为古代理想社会共有之特征，却并非脱离实际生活的抽象理念。"公"之一词，见诸民生日用，发端乎人心，植基于社会，不离于生活。而"为公"之"为"，作系动词，表天下之性质，是对以往理想社会的描述；作介词，含指引使动之义，是对当下现实社会的引导与规范。[7]"为公"二字，因此兼具描摹、判断、评价、规范诸义，既是古人理想社会的共有特征，也是古代政治批评和社会批评的准据，历久弥新。

---

〔6〕 康有为以公羊家法解礼运，谓孔子之道有五德之运，"仁义智信，各应时而行运。仁运者，大同之道；礼运者，小康之道。拨乱世以礼为治，故可以礼括之"。康有为：《孟子微 中庸注 礼运注》，页238。

〔7〕 为，是也。古文字学家名"不完全内动词"，现代汉语归于动词，即英语之系动词。现代汉语"为"之介词用法，表目的，例如"为人民服务"。文言，为，助也。例如"为天下兴利除害"，其意近之。参见杨树达：《词诠》。上海：上海古籍出版社，1986，页363、365。依古之经注，"天下为公"之"为"，固属系动词，然而在古代语境中，"天下为公"一语每含规范、要求之意，因可以介词用法解之。康有为疏礼运大同有云："人人自能去私而为公，不专己而爱人"，即此之例。康有为：《孟子微 中庸注 礼运注》，页240。

"公"之三义

"公"字多义，依权威辞书通行的解释和排序，择其与本章主题相关者，则主要有以下三种，曰：（1）公正，平允，无私；（2）共，公共，共同；（3）朝廷，国家，公家。[8]其中第二种含义，正是《礼运》"天下为公"之义。《吕氏春秋·贵公》："天下非一人之天下也，天下之天下也"，将此义表达得最清楚。"公"之第一义，出自东汉许慎（约58—约147）所著《说文解字》，亦极具权威性。《说文·八部》释公："公，平分也，从八从厶。八，犹背也。韩非曰：背厶为公。"[9]这一定义最可注意之处，是它不只从正面入手，以"平分"为"公"，而且指出"公"乃"私"之背反[10]，"公"即"背私"之义。《礼运篇》"天下为公"之公，在相对于"天下为家，各亲其亲，各子其子，货力为己"的小康之世的意义上，也可以在这层含义上理解。"公"之第三义亦与私相对，但无背私之规范含义。这种意义上的

---

[8] 参见《辞源》修订本，北京：商务印书馆，1984；徐中舒主编：《汉语大字典》，四川辞书出版社、湖北辞书出版社；罗竹风主编：《汉语大词典》，上海：上海辞书出版社，排序亦同。沟口雄三论中国的公私观念，将"公"略分为政治的、社会的和道德的三重含义，亦与此同。参见沟口雄三：《中国的公与私·公私》，页56。

[9] 段注："《五蠹篇》：'仓颉之作书也，自环者谓之私，背私者谓之公。'自环为厶，六书之指事也；八厶为公，六书之会意也。"许慎撰、段玉裁：《说文解字注》，上海：上海古籍出版社，1988。

[10] 私之古字为厶，二者义不同。《说文·禾部》："私，禾也，从禾，厶声。"本章论公私之私，除特例外，仍写为私。

"公"，渊源久远，运用亦广。综合言之，上述公的三种含义相关而有别，不同但又相互联结，其辞源上的演变递嬗或显或隐，值得进一步探究。

公之古字，甲骨文及金文皆有其例，如公宫、多公、公王、三公等。然而，无论甲骨文还是金文，其中都没有厶或可以被解释为私的意思的文字。[11] 这意味着，最早出现的"公"，不能在"私"的相对或相反义上予以解释。日人白川静根据甲骨文和金文中"公"字的字形，认为"公"的原初义为"公宫"。公宫系古时氏族的宫庙，也是举行仪式的场所。"公"则为氏族首领，拥有祭祀权，同时也是在宫庙中被祭祀的人。"由于氏族具有共同体的性格，便有了公共之意，官府之意，公私就成了官民关系。如是，氏族共同体内的用语转移到政治、行政关系里。所谓公义、公正是这种统治者的逻辑。"[12] 这种推论由字形所指的古代仪式场所入手，引出人（族长）、群体（氏族共同体）和机构（官府），最后达到公、私概念，公正原则，其间环节众多，而根据似嫌不足，大有讨论余地。[13] 不过，白川说所论列的各种要素，在讨论"公"之辞源时恐怕也是应当考虑的。

周代，公为五等爵位的第一等，也是诸侯的通称，亦

---

〔11〕　参见沟口雄三:《中国的公与私·公私》，页 235—236。

〔12〕　白川静:《字统》，转引自沟口雄三:《中国的公与私·公私》，页 233。

〔13〕　相关批评，参见沟口雄三:《中国的公与私·公私》，页 234—235。沟口还指出，尽管甲骨文和金文都不支持背私平分之说，日本流行的汉字语源辞书还是采用这一说法。同前，页 236。

训为君[14]，与之相关的人、事、物等，其名称多与公字相连。《诗经》中此类用例甚多，前者如公侯之公，周公、召公、鲁公之公。后者之例：公子、公姓、公族，诸侯子、孙、家族之类；公所、公庭，国君之处所；公车、公徒，诸侯之战车步卒；公亦训事，公事，朝廷之事[15]；此外如公路、公行，为古职官名，亦间接与"公"有关，盖"公犹官也"。[16] 诸侯、国君、贵胄之类，为统治阶层，执掌国政，行使今所谓公权。人之称谓，转为事、物、机构之名称，公家遂成朝廷、官府的同义词。《诗经·召南·羔羊》："退食自公，委蛇委蛇。"郑笺释"公"为"公门"，孔疏："故退朝而食，从公门入私门。"[17] 战国以降，凡与朝廷、官府、国家相关者，

---

[14] 《周礼·春官·冢人》："冢人掌公墓之地。"郑注："公，君也。"贾公彦疏："训公为君者，言公则诸侯之通称，言君则上通天子。此既王之墓域，故训为君也。"郑玄注、贾公彦疏：《周礼注疏》。

[15] 《诗经·大雅·江汉》："肇敏戎公，用锡尔祉。"郑注："公，事也。"郑玄笺、孔颖达疏：《毛诗正义》。又，《诗经·召南·小星》："肃肃宵征，夙夜在公。"郑注释公为君所。后人释为公事。见罗竹风主编：《汉语大词典》。又，《诗经·大雅·瞻卬》："妇无公事，休其蚕织。"孔疏训"公事"为"朝廷公事"。同前。朱熹集传："公事，朝廷之事也。"转引自罗竹风主编：《汉语大词典》。

[16] 《周礼·地官·司徒》："牛人掌养国之公牛，以待国之政令。"郑注："公犹官也。"释曰："训公为官者，恐有公君之嫌，但王家之牛，若公廨之牛故须训公为官，是官牛也。"郑玄注、贾公彦疏：《周礼注疏》。

[17] 郑玄笺、孔颖达疏：《毛诗正义》。论者指出："古'公'字不是指公私之公，而指公族之公……公族宗子之所以维城，是因为他们就是'国'的统治者，而'私'的观念仅指大夫立'家'，故到了后来大夫执政时代有'私肥于公'之说，而'张公室'的反动即指恢复宗子的权力。"侯外庐、赵记彬、杜国庠：《中国思想通史》第一卷。北京：人民出版社，1981，页95—96。

多名为公，相对于此，与民、百姓相关者，则名为私。

值得注意的是，《诗经》中"公"字数十见，"私"之用仅八例。其中，"私人"二见，均指家臣，"私"字六见，一例为亲属称谓，一例指同族私恩，一例指私衣，一例指受公支配之人，二例指私田。[18]换一个角度看，前四例均与"家"有关，若以家为私，亦可以说这几例都与公相对。至于后面的四例，更直接与公相对应，如私衣与公服对，私田与公田对。[19]对《诗经》所见"私"字的这种解释，固然掺入了汉、唐时人习惯的公私对举的观念，但也并非全无根据。《诗经·豳风·七月》之"言私其豵，献豣于公"[20]，《诗经·小雅·大田》之"雨我公田，遂及我私"，都明白以公私对举。这里的公，固然可以理解为被称为公的人，即国君或氏族首领，但是如果从"公"掌管和处理共同体内共同事务的社会职能着眼，"我公之田"渐变为"公田"，亦非不能。如此，则表示所属关系的词转而表示事物的性质，这或者就是"公"字兼具公共之义，进而与公权、公众乃至各种公共事务发生关联的远因。这或许也能够解释，何以《诗经》中

---

[18] 家臣例，有《小雅·谷风之什·大东》："私人之子，百僚是试。"《大雅·荡之什·崧高》："王命傅御，迁其私人。"亲属称谓例，见《卫风·硕人》："东宫之妹，邢侯之姨，谭公维私。"私恩例，见《小雅·楚茨》："诸父兄弟，备言燕私。"

[19] 私衣例，见《周南·葛覃》："言告师氏，言告言归。薄污我私，薄浣我衣。"私田之例，除下引《小雅》诗句之外，还有《周颂·臣工之什·噫嘻》"骏发尔私，终三十里"之句。

[20] 郑注："豕一岁曰豵，三岁曰豣。大兽公之，小兽私之。"孔疏："我在军之士，私取小豵，献大豣于公。"郑玄笺、孔颖达疏：《毛诗正义》。

"私"字出现的次数不及"公"字的十分之一[21]，甲骨文和金文当中更是有"公"而无"私"。总之，普遍以公、私对举，指代公家与私家，公事与私事，公众与私人，这种现象应当出现较晚；"公"字早出，且有其独立的渊源，并不根据"私"来理解和界定，尤其不像《说文》的解释，被界定为"背私"。考虑到公正无私这一许慎式"公"之定义的流行程度，这一点的确耐人寻味。

着眼于公与私的相对关系，上述公字的两种含义，无论是基于支配与被支配的政治关系，还是基于人类事务性质（公共与否）的社会关系，其本身都不具有规范含义。换言之，这两层意义上的公私概念，原本并没有正邪这类正相反对的含义。而这层含义，却是许慎《说文》"公"之定义所包含的。

如前所述，许慎除了从正面把"公"定义为"平分"，还从反面将之界定为"背厶"。然则何者为"厶"？《说文·厶部》："厶，奸邪也。韩非曰：仓颉作字，自营为私。"又，《说文·女部》训"姦"为"厶"。段玉裁注曰："二篆为转注，引申为凡姦宄之称。"[22]"厶"与"姦"互训，其义一也。但是以"姦"训"厶"，与其说是对"厶"的定

----

〔21〕 根据沟口雄三的统计，《诗经》中公字出现有 90 多次，私字出现则只有 8 次。页 237。对后一个数字，笔者的查证亦可证实。又，同书指今文《尚书》中私字的用例只有一个。本章引用《尚书》则不限于今文。详下。

〔22〕 段玉裁注：《说文解字注》。段氏又于同一条下注"从三女"云："三女为姦，是以君子远色而贵德。"

义，不如说是对"厶"的隐含道德意味的评价。[23]"厶"的含义是"自营"或"自环"[24]，意思都是自我环绕，引申为独占、自利、利己，其义与平分相反对，后者意味着共有、共享、共通[25]，也意味着超越特殊立场的一视同仁和公平对待。[26]"自营"或"自环"之私被视为"奸"，而"平分"之公则为"背私"，公、私概念规范上的对立由此确立。

公私之辨

可注意的是，许慎有关公私的循环式定义，都引韩非子的同一段话为依据："古者苍颉之作书也，自环者谓之私，背私谓之公，公私之相背也，乃苍颉固以知之矣。"[27]这段话把公私的定义追溯到传说中的仓颉，不过是古人立论的惯常做法，其真实性不必细究。重要的是，韩非子对公私概念如此定义，本身就是观念史上值得重视的现象。

---

[23] 沟口雄三认为，《说文》中的公私概念是伦理性的，并把这一点视为中国式公私概念最重要的特性。参见沟口雄三：《中国的公与私·公私》，页11等处。着眼于公私概念在中国思想史上的一般用法，这种说法并非没有道理，但是正如下面的分析所指明的，把私定义为奸邪，这种做法同样来自韩子，但是严格说来，韩子如此界定公私并非基于某种道德标准，这种界定本身也没有道德意味，相反，尽管它是规范性的，却也是实证的。因此，本章只说这种界分"隐含"道德意味。

[24] 段注："今本韩非营作环，二字双声语转，营训帀居，环训旋绕，其义亦相通。"

[25] 《玉篇·八部》："公，通也。"《广韵·东韵》："公，共也。"

[26] 参见沟口雄三：《中国的公与私·公私》，页230—231。

[27] 《韩非子·五蠹》。

通览《韩非子》全书，公私之论贯穿始终，其所论公私关系，亦具有与前述公之三义大体对应的三层含义。只不过，在韩子的论述里，这三层含义并非单面平列，无分轻重，而是详略互见，有机地交织于一种极具实证色彩的政法理论当中。

首先可以注意的是，《诗经》里的公私概念，即那种由人及事逐渐形成的，主要用以划分和指称人类不同活动领域和关系的公与私，在韩子的论述中具有基础性意义。具体言之，韩子所谓公，首先是指政治共同体及其首领，即国与国君，进而指与之相关的人、事、物、机构、制度等。与之相应，私之所指，即是相对于国的家，相对于国君的臣民，以及家和臣民的相关物事。《韩非子》中两两对举的概念，如上下、官民、私门与公庭（或公家）、人主与匹夫等，都是基于公、私概念的这种用法而来。不过，在韩子公私论中，这些两两对举的概念，正如其公私定义所揭示的，同时具有正邪二分的规范性含义。这样一种意味深长的转变，须置于特定思想背景中来认识。

韩子系法家思想集大成者，其基本立场，无非重君而隆国。所言法、术、势，旨在造就君尊臣卑、上下井然的政治秩序；所重耕与战，务在富强国家，以御外侮，以成霸业。为达成此类目标，韩子强调思想一统，上下一心，行为一致。一之所由出，在国之君，一之所由立，在国之法，此即所谓"公"。不忠于君，不守于法，不合于一者，为私。私无益于治，有害于国，所以被名为蠹，被目为奸、邪、伪、诈。正如法令为公，因有公法之谓，奸邪为私，故有奸私之词。[28]这里，奸、私连用，就像公、法连用一样，其实是同义反复。《说文》把私定义为奸邪，以私（厶）与奸（姦）互训，显然也是本于《韩非子》。[29]

按照这样的用法，则公私概念所及，就超逾了固定范畴，而贯通于人类所有活动领域。比如，按传统公私范畴，民为私，但在韩子的论述中，则有"公民"与"私人"之对。[30]同样，名私者，如私惠、私好、私心等，往往不是出之于臣、民，而是出之于君上，且同样有害。因此之故，韩子论私，几乎无所不及。在私的总名之外，《韩非子》中还有各种私名，如私行、私曲、私利、私欲、私财、私术、私词、私议、私学、私誉、私勇、私剑，等等。进而言之，韩子论及的许多行为，或无私之名，却有私之实，这些行为，在韩子看来，皆足以毁公乱国。如《韩非子·八说》列举有害于国的八种私行云：

为故人行私谓之不弃，以公财分施谓之仁人，轻

---

[28] 《韩非子·奸劫弑臣》有"奸私""奸私之行""奸私之臣"以及"私奸者"的说法。又《韩非子·备内》："士无幸赏，无逾行；杀必当，罪不赦；则奸邪无所容其私矣。"

[29] 韩子亦以"正道"与"私曲"对举（《韩非子·说疑》），"公正"与"无私"连用（《韩非子·难三》）。《韩非子·爱臣》又云："故人臣处国无私朝，居军无私交，其府库不得私贷于家。此明君之所以禁其邪也。"其以公为正，以私为邪之意甚明。段玉裁《说文解字注》于"厶，姦邪也"文下注："邪字，浅人所增，恐不足据。"

[30] 《韩非子·五蠹》有"是以公民少而私人众矣"之说。《韩非子·六反》分"奸伪无益之民"与"耕战有益之民"，或可为前句之解。

禄重身谓之君子，枉法曲亲谓之有行，弃官宠交谓之有侠，离世遁上谓之高傲，交争逆令谓之刚材，行惠取众谓之得民。不弃者，吏有奸也；仁人者，公财损也；君子者，民难使也；有行者，法制毁也；有侠者，官职旷也；高傲者，民不事也；刚材者，令不行也；得民者，君上孤也。此八者，匹夫之私誉，人主之大败也。反此八者，匹夫之私毁，人主之公利也。人主不察社稷之利害，而用匹夫之私誉，索国之无危乱，不可得矣。

因此，韩子的政法理论，特别强调区分公私，强调"公法"与"私行"的不能两立，直接将公私之辨置于其政法理论的核心。[31] 许慎定义公、私以韩子为依据，殆非偶然。

耐人寻味的是，《说文》"公，平分也"的定义并非来自韩子，《韩非子》一书也没有从正面界定"公"的确切内涵。"背私为公"的定义纯粹是形式的。在"私"就是"自营"或"自环"的意义上，"公"意味着敞开、分享，或某种程度上的共或通，以及，因敞开而获得的更大场域。作为政治共同体的国，作为共同体首领的君，以及作为划一行为规范的法，

---

〔31〕《韩非子·饰邪》："明主之道，必明于公私之分，明法制，去私恩。夫令必行，禁必止，人主之公义也；必行其私，信于朋友，不可为赏劝，不可为罚沮，人臣之私义也。私义行则乱，公义行则治，故公私有分。人臣有私心，有公义。修身洁白，而行公行正，居官无私，人臣之公义也；污行从欲，安身利家，人臣之私心也。明主在上，则人臣去私心行公义；乱主在上，则人臣去公义行私心，故君臣异心……故曰：公私不可不明，法禁不可不审，先王知之矣。"

都符合这一意义上的"公"。但是，这种"公"不能直接等同于"平分"，甚至未必如论者所强调的是伦理性或道义性的。[32]如前所述，法家推重的，是一种以国君为轴心建立起来的，赏刑出于一、善恶定于一的政治秩序。在制度的层面上，这种秩序因法而建立和维系。法为客观规范，显见而易知，具有确定含义，故可以为"一"之表征和判准。这种名为公的秩序纯为政治的、实证的，与道德无关。君不必有德，法不必合德，国不待德而立。同样，任何人、事、物及行为，无论其有德与否，凡不合于一，不忠于君，不奉于国，不守于法，即名为私，称为奸邪。[33]事实上，韩子列举的许多私行，如《八说》中的仁人、君子、有行、有侠，正是"私誉"中品行高洁的德行。[34]不过，这并不意味着韩子政法学说中的"公"完全不具有诸如公正、平允意义上的道德含义。

与儒家讲求德治不同，法家务法而不务德。不过，如果把法视为公的典范，则公的意思除了公开、恒常以及超越

---

〔32〕 沟口雄三认为，《说文》所确立的中国之"公""私"观念最特异处，在于其伦理的道义的含义。见前注。这也许是受到他本人对宋明思想研究的影响。

〔33〕 奸的这种意思流传至今，如今人云汉奸者，即指背叛国家、民族之人。

〔34〕 进而言之，法家以非仁义、禁道德为其基本立场。商鞅有"六虱"之说，以为"六虱"之有无，可以定国之强弱。所谓"六虱"者，"曰礼乐，曰《诗》《书》，曰修善，曰孝弟，曰诚信，曰贞廉，曰仁义，曰非兵，曰羞战。国有十二者，上无使农战，必贫至削。十二者成群，此谓君之治不胜其臣，官之治不胜其民，此谓六虱胜其政也。十二者成朴，必削。是故兴国不用十二者，故其国多力，而天下莫能犯也"。(《商君书·靳令》)

个别的一般之外，还具有去除私意、一视同仁的公平和与民共信之义。法家强调壹赏、壹刑，"刑过不避大臣，赏善不遗匹夫"。[35] 商君相秦，立新法，恐民不信，立木为凭，以示不欺。[36] 法令、法制或法度虽由君所出，但在法家的政法理论中，法的重要性在某种意义上甚至超逾君主本人。[37] 所谓道法者治，道私者乱，明主总是循法而治。舍常法而从私意，是为乱君。所以崇法者无不主张国君"中正而无私"[38]，反对人主"释法而行私"[39]。这些主张所涉及的，主要是法之运用的主观方面。所谓公正无私，更多指向人的行为和态度，涉及行为的内在评价，至少隐含道德意味，就此而言，表面上看是反道德的法家政法理论，也未尝不具有道德性。[40]

韩子的公私论说属于法家固无疑义，然而其公私观念

---

〔35〕《韩非子·有度》："法不阿贵，绳不挠曲。法之所加，智者弗能辞，勇者弗敢争。刑过不避大臣，赏善不遗匹夫。"

〔36〕事见《史记》卷六十八《商君列传》："令既具，未布，恐民之不信，已乃立三丈之木于国都市南门，募民有能徙置北门者予十金。民怪之，莫敢徙。复曰'能徙者予五十金'。有一人徙之，辄予五十金，以明不欺。卒下令。"

〔37〕萧公权先生指出，法家思想虽倾向于专制，但其学理中"君臣守法""令尊于君"诸义终究与专制精神适相冲突，以至于秦汉以后，其法令名实诸旨渐已成为实用之治术，终止学理上之发展，其影响亦无法与儒家相抗衡矣。萧公权：《中国政治思想史》上，页9。

〔38〕《管子·五辅》。

〔39〕《管子·君臣上》。

〔40〕对法家法律理论的道德解读，参阅肯尼斯·温斯顿：《中国法家思想的内在道德》，载《洪范评论》第12辑。北京：生活·读书·新知三联书店，2010。

乃至政法理论却不单是渊源于法家。韩子师从荀子（约前313—前238），荀子为儒家宗师，其说亦重公私之辨。所论修身，以为君子者，"能以公义胜私欲也"[41]；论君道，则礼法并重，崇尚贤能，以"公道达而私门塞"，"公义明而私事息"为治世[42]；论篡臣，则有"上不忠乎君，下善取誉乎民，不恤公道通义，朋党比周，以环主图私为务"的说法。[43]而在荀子之前，管子（前719—前645）早已将公私之辨发展为一种系统的政法论述。如谓："明主者，上之所以一民使下也。私术者，下之所以侵上乱主也。故法废而私行，则人主孤特而独立，人臣群党而成朋。如此则主弱而臣强，此之谓乱国。"[44]又云："法度者，主之所以制天下而禁奸邪也，所以牧领海内而奉宗庙也。私意者，所以生乱长奸而害公正也，所以壅蔽失正而危亡也。故法度行则国治，私意行则国乱。"[45]管仲之论公私治乱，实为法家政法理论的先声。韩子以自环为私，以私为奸邪的公、私定义，也可以溯源于此。[46]可见韩子公私论产生的思想背景极为广阔。实际上，至迟春秋晚

---

[41]《荀子·修身》。

[42]《荀子·君道》。

[43]《荀子·臣道》。

[44]《管子·明法解》。

[45] 同上。《管子》一书非管子一人撰述，可能编撰于战国早期，故其思想多有封建时代印迹。参见萧公权：《中国政治思想史》上，页205以下。

[46]《管子》屡以私与奸、邪连用，如《管子·明法解》谓："夫舍公法而行私惠，则是利奸邪而长暴乱也。""故明主在上位，则官不得枉法，吏不得为私。……故奸诈之人不得行其私。"又《管子·君臣下》有云："兼上下以环其私，爵制而不可加，则为人上者危矣。"

期,《诗经》式的公私概念,即用来区分人类活动领域或关系的公与私,已经被赋予更多含义,并且在一种规范意义上被广泛使用。大体言之,"公"字辄与道、义、德等概念相连,而私欲、私利、私好等均为贬义。诸子所论不同,但其崇公而贱私的立场无大分别。

儒家经典《尚书》专论公、私处无多,但其张公抑私的倾向亦甚显见。最著名的例子见于《周书·周官》:"王曰:'呜呼!凡我有官君子,钦乃攸司,慎乃出令,令出惟行,弗惟反。以公灭私,民其允怀。'"这里的"公",依古注疏家的解释,意为公正不偏,私则指私情、私欲。[47]此外,《商书·说命中》谓任官授爵,当去除私好,一以贤能为标准[48],《周书·吕刑》要求为官者听狱公正不偏,不得收受货赂成其私利[49],都是把公正无私视作为政者的行为品德。春秋时,晋大夫成鱄颂扬圣王举人"唯善所在,亲疏一也"的大公,更以"勤施无私"为文王九

---

〔47〕 孔传:"从政以公平灭私情,则民其信归之。"疏曰:"为政之法,以公平之心灭己之私欲,则见下民其信汝而归汝矣。"见孔安国传、孔颖达疏:《尚书正义》。

〔48〕《商书·说命中》:"官不及私昵,惟其能;爵罔及恶德,惟其贤。"孔疏:"'私昵'谓知其不可而用之,'恶德'谓不知其非而任之,戒王使审求人,绝私好也。"引同上书。

〔49〕《周书·吕刑》:"明清于单辞,民之乱,罔不中听狱之两辞,无或私家于狱之两辞!"疏云:"民之所以治者,由狱官有无不用中正听讼之两辞。由以中正之故,下民得治。汝狱官无有敢受货赂,成私家于狱之两辞。勿于狱之两家受货致富,治狱受货非家宝也,惟是聚罪之事。"引同上书。又,此篇为今文。

德之一〔50〕；楚大夫蓝尹亹批评吴王夫差"好罢民力以成私好"，政德不修，必先自败。〔51〕也都是把"公"与为政者的德行联系在一起。实际上，儒家论公私并不止于狭义的政治范畴。曾子以无私为君子之德，以为"去私欲，从事于义，可谓学矣"。〔52〕

对公私概念这种更宽泛也更具道德色彩的理解，也见于同时发展起来的其他思想派别。墨子（约前476—约前390）兼爱尚同，重天下公利，其《法仪》篇云："天之行广而无私，其施厚而不德，其明久而不衰，故圣王法之。"又引《尚书·泰誓》"文王若日若月"之文，解释为"文王之

---

〔50〕《左传》昭公二十八年。又，昭公二十六年，王子朝令人语诸侯曰："王不立爱，公卿无私，古之制也。"

〔51〕《国语·楚语下》。楚大夫伍举论美恶云："其有美名也，唯其施令德于远近，而小大安之也。若敛民利以成其私欲，使民蒿焉，忘其安乐，而有远心，其为恶也甚矣，安用目观？"（《国语·楚语上》）《左传》和《国语》言及公、私处明显多于《尚书》，其用法也更接近于战国时人熟悉的样式。如论臣道，以无私为忠，结党为私。例如《左传》文公六年："以私害公，非忠也。"成公九年："无私，忠也。"成公十六年，季文子称赞子叔婴齐谓："奉君命无私，谋国家不贰，图其身不忘其君。"襄公五年记季文子之忠于公室事迹则谓："季文子卒相三君矣，而无私积，可不谓忠乎？"《国语·晋语五》："事君者比而不党。夫周以举义，比也；举以其私，党也。"批评国君，则有"其君骄而多私"（《国语·鲁语上》）、"宋元公无信多私"（《左传》昭公二十年）等语。其论私之害，则谓"君臣上下各厣其私，以纵其回，民各有心而无所据依。以是处国，不亦难乎！"（《国语·晋语一》）又《左传》襄公二十六年记师旷语："公室惧卑。臣不心竞而力争，不务德而争善，私欲已侈，能无卑乎？"在这些场合，公、私概念主要是被置于君臣上下的政治秩序中理解和运用，惟其义更接近于儒家。

〔52〕《大戴礼记·曾子立事》。

兼爱天下之博大也，譬之日月，兼照天下之无有私也"。[53]
老子门人文子借乃师之口言昔黄帝之治天下，"调日月之
行，治阴阳之气，节四时之度，正律历之数，别男女，明
上下，使强不掩弱，众不暴寡，民保命而不夭，岁时熟而不
凶，百官正而无私，上下调而无尤，法令明而不暗，辅助公
而不阿，田者让畔，道不拾遗，市不预贾"[54]，几乎是《礼运
篇》大同世的另一个版本。更有意思的是战国时人尸佼（约
前 390—前 330），他虽为商君师，却不执于一端，在他看
来，"墨子贵兼，孔子贵公，皇子贵衷，田子贵均，列子贵
虚，料子贵别。囿其学之相非也，数世矣而已，皆弇于私
也。天、帝、皇、后、辟、公、弘、廓、宏、溥、介、纯、
夏、帡、冢、晊、昄，皆大也，十有余名，而实一也。若使
兼、公、虚、均、衷、平易、别囿一实也，则无相非也"。[55]
大者，公也。[56]诸子无不贵公，其相互非难，却是蔽于私见
所致。这种看法之妥当与否可以不论，其中透露出来的大公
意识却是值得重视的。

　　着眼于这一思想文化背景，应该可以说，把公私简化
为君/臣、国/家、官/民、法/私（行）的对立，纳一切
于君主专制的一统秩序之中，以君、国、官、法为一，为

---

〔53〕《墨子·兼爱下》。
〔54〕《文子·精诚》。
〔55〕《尸子·广泽》。
〔56〕《尸子·广泽》又谓："匹夫爱其宅，不爱其邻；诸侯爱其国，不爱其敌；
　　　天子兼天下而爱之，大也。"

公，而视偏离者为私，为奸邪，只是法家后来发展出来的一种狭隘观念。这种观念，如前所述，其实是一种去道德化的立场，就此而言，这一发展也可视为对早期传统的偏离。不过，这种偏离本身包含着矛盾：法家把公私对立推到极致，同时却在腐蚀甚至瓦解这种对立的规范性基础，因为，真正坚实的规范不能只建立在惟"力"是瞻的政治基础上，而必须植根于更加广泛、深厚的社会和道德土壤之中。这就是为什么，法家急功近利的政策虽然可以奏一时之效，却不是久长之计。中国古代的公私观固然也从法家思想中汲取养分，但其基本格调却是道义性的。揆之中国思想史，这一传统可谓源远流长。

天地之公

中国古代的公私观念具有如此鲜明的道义性，这一现象自然引发人们思考。如果说，《诗经》中公私观念的缘起可以追溯到人类社会的原始形态，那么，原本是用来划分社会活动领域和关系的中性范畴，如何变成区分正邪美恶的规范性观念？公私观念的道义品格究竟缘何而来？

一种合理的推测是，原始社会中，作为共同体首领的"公"在履行其管理和分配职能时，须要照顾共同体的整体利益，而不能偏向于个别。遇有冲突、纷争，"公"更不能偏听偏信，而须超然于个别，通达明察。这些，应当是共同体内通行的规范，在原始社会条件下，这些规范主要表现为习惯。"公"依习惯行事，其行为便具有正当性。换言之，表现为习惯的共同体规范，本身便是行为正当与否的客观标准。"公"应当依据的习惯，首先是与其身份、地位和职能有关的这部分规范，如超越于个别利益和一己好恶，维护共同体的共同利益；然后是与共同体日常生活有关的各种实体性规范，包括比如"平分"这类特定的分配原则。后来，随着"公"的称谓延伸和转变为与其身份和职能相关的人、事、物、机构、制度，共同体内的规范，不拘是形式的还是内容的，也被吸纳到名为公的范畴之中。违背共同体规范，行事不遵习惯，就是私，私为公的反面，是为不公，不公则不具正当性，故不正。作为公平和公正的公的观念缘此而产生。[57]

对古代公私观念的这一解释不乏合理因素，但毕竟是推测之词，缺乏足够的证据。更重要的是，这类推测性解释并未揭示出中国古代公私观念的某些重要特质。前引《墨子·法仪》篇谓："天之行广而无私，其施厚而不德，其明久而不衰，故圣王法之。"这句话包含了两层意思：天道公而无私；圣人则天，故以无私为大。据此，公之品格源于天，圣王治天下以公，其依据在此。对公的这种看法可谓独特[58]，但在先秦诸子中，这种看法却并非墨子所独具，而毋

---

[57] 与这里主要围绕"公平"（即公的形式的内容）所做的解释不同，沟口雄三循此思路提供的解释，主要集中在"平分"（即公的实质的内容）的概念上，参阅沟口雄三：《中国的公与私·公私》，页46—47、251—252。

[58] 沟口雄三最先注意到这一点。他认为，中国古代公之观念的独特性是和中国式的"天"观念联系在一起的。参阅沟口雄三：《中国的公与私·公私》，页47—50。

宁说是一种常识性的共见。这一共见立基于古代天之观念以及天人观念之上，后者则是中国古代思想的基础。

大体言之，上古所谓"天"，或指人格之天，或指自然之天。前者为有意志的主宰，后者则是静默不言、运行不殆的万物之覆，其相对于地，为苍天，相对于人，则是包括天地、含蕴万物的自然秩序。[59] 此两种意义上的天，都具有公（无私）的品格，而且都高于人的世界和状态，是人事的依据和模范。甚至，天（地）还被认为是万物父母，民之所由生，其地位之崇高固无疑义。[60]

古人言天命、天意，都是以天为有意志的主宰，而在古人心目中，这主宰者的形象从一开始就是公正不偏的。《尚书·咸有一德》有"非天私我有商，惟天佑于一德"的

---

[59] 参见梁启超：《先秦政治思想史》。北京：东方出版社，1996，页24。又见张岱年：《中国古典哲学概念范畴要论》。北京：中国社会科学出版社，1989，页20—22。沟口雄三认为，中国古代天的观念大体包含四种含义，即自然运行之天，主宰、根源之天，生成调和之天，道德法理之天。其中，除去天之第二义，均以天之条理性为前提，而对天的这种理解多出于道家。参见沟口雄三：《中国的思想》，赵士林译。北京：中国社会科学出版社，1995，页6。

[60] 殷周时人心目中，天的地位固极崇高，周衰之时，这种情形有所改变，因有子产"天道远，人道迩"之语，至战国，荀子更提出"制天命而用之"的主张。然而相对于此，则有墨子和董仲舒的两次天道说的"复古"运动。详见梁启超：《先秦政治思想史》，页33—35。沟口雄三认为，董仲舒的天人感应论是对春秋战国以来主宰的天观与条理的天观的统一综合。参见沟口雄三：《中国的思想》，页7。他还认为，从源于远古的天谴之天，到后来的天理之天，再到近代的公理之天，其对于包括政治社会在内的人类社会的至上性一以贯之。详见前引书，页10—17。

说法[61]，就是以公正无私的天和天命，为统治正当性的终极依据。而皇天无亲，惟德是辅，更说明天不为一家一姓所私。此类观念，至少自周人之后便根深蒂固。

天命为政权的依据，治道亦可求之于天象。《易·系辞上》："天生神物，圣人则之；天地变化，圣人效之；天垂象，见吉凶，圣人象之；河出图，洛出书，圣人则之。"天人关系如此，天道与治道关系如此，反映于诸子的论说中，便呈现为一种融合了自然与人事的独特的政治叙述。在这种叙述中，天的品格成为圣人的品格，天道成为人道和治道的楷模。孔子称赞帝尧曰："大哉尧之为君也，巍巍乎！唯天为大，唯尧则之"[62]，是把帝尧宽广无私的品德归之于天。《周书·泰誓下》赞颂文王云："惟我文考，若日月之照临，光于四方，显于西土"，则是以文王兼爱天下的博大比之于天。这后面透露出古人对天的观察和认识，而这种认识常常是借由譬喻和隐喻一类修辞手段，在哲学和政治的论述中表达出来。诸子百家之中，道家尤长于此。

在老子（约前571—前471）看来，天地不仁，天道无

---

〔61〕《商书·咸有一德》："伊尹既复政厥辟，将告归，乃陈戒于德。曰：'呜呼！天难谌，命靡常。常厥德，保厥位。厥德匪常，九有以亡。夏王弗克庸德，慢神虐民。皇天弗保，监于万方，启迪有命，眷求一德，俾作神主。惟尹躬暨汤，咸有一德，克享天心，受天明命，以有九有之师，爰革夏正。非天私我有商，惟天佑于一德；非商求于下民，惟民归于一德。德惟一，动罔不吉；德二三，动罔不凶。惟吉凶不僭在人，惟天降灾祥在德。'"此篇系古文，写成年代或较晚，说它符合周人的天命观则无疑义。

〔62〕《论语·泰伯》。

亲，而这也正是圣人处身之道，故云："天地不仁，以万物为刍狗；圣人不仁，以百姓为刍狗。"[63]老子此言的政治意味，可以在下面这样的话里看得更明白："天无私于物，地无私于物，袭此行者，谓之天子。"[64]的确，诸如"天无私覆，地无私载"[65]一类表述，与其说是对自然现象的观察和陈述，不如说是一种哲学甚至政治意见的表达。庄子（约前369—前286）谓："四时殊气，天不赐，故岁成；五官殊职，君不私，故国治；文武大人不赐，故德备；万物殊理，道不私，故无名。"[66]这里，对不同领域（自然、政治、形上）不同现象（四时、君臣、道理）看上去平列并重的判断，其实是通过古代中国人特有的思想方法内在有序地串联

---

[63]《老子》五章。《老子》七十九章"天道无亲"同此义。"不仁"之义，参见钱锺书：《管锥编》第二册。北京：中华书局，1979，页417—422。中谓："刍狗万物，乃天地无心而'不相关''不省记'，非天地忍心'异心'而不悯惜。"页419。《老子》七章又云："天长地久。天地所以能长久者，以其不自生，故能长久。是以圣人后其身而身先，外其身而身存。以其无私，故能成其私。"也是以无私为天地的品格，而以效法天地为圣人的品格。"不自生"，成玄英疏："不自营己之生也"；释德清解为"以其不自私其生"。转见陈鼓应：《老子注释及评介》。北京：中华书局，1984，页87。又，《老子》十六章论及公的含义，以及公与天、道的关系："知常容，容能公，公能全，全能天，天能道，道能久，没身不殆。""公能全，全能天"之"全"，王弼本作"王"。后人认为此"王"乃"全"之缺误。详参前引陈鼓应书，页128。本章据此改。

[64]《尸子·治天下》。

[65]《庄子·内篇·大宗师》。

[66]《庄子·杂篇·则阳》。

在一起[67]，具有鲜明的规范性色彩。居于规范顶端的是道或天道，其次是作为天道显现的自然律动，最后才是繁复无常、变动不居的人之道。天道是人道应当遵循效法的模范，行为合于天道者为圣人，体现天道的社会为治世。

事实上，作为天或天道之抽象品格的广大无私，是透过天地运行的各种具体方式向人们展现出来的。《尚书·泰誓》将文王比作"日月之照临"，《管子·牧民》亦有"如地如天，何私何亲？如月如日，唯君之节"的说法。日月行于天，为天之具象，其品格与天地一。"日月之明无私，故莫不得光"[68]，即此之例。天道见之于日月，也见之于风雨水土。管子论土之德："其德和平用均，中正无私，实辅四时。"[69]文子论水之为道："广不可极，深不可测，长极无穷，远沦无涯……大苞群生，而无私好……任天下取与，禀受万物，而无所先后，无私无公，与天地洪同，是谓至德。"[70]同

---

〔67〕 中国古代知识论的一个特点是，不但格外重视道德论、政治论、人生论等，而且把自然现象主要视为社会现象的一种相关事物来认识。在比如孔子那里，自然事物和关于自然现象的认识，都是"取辨之物"，"是借以导出政治论或道德论上某些结论的手段或工具"。侯外庐、赵纪彬、杜国庠：《中国思想通史》第一卷，页133。后来在孟子那里，这种思想倾向和方法发展成所谓比附逻辑，即以比附推论的方法打通主观世界和客观世界。参阅侯外庐、赵纪彬、杜国庠：《中国思想通史》第一卷，页399—413。

〔68〕 《管子·版法解》："日月之明无私，故莫不得光。圣人法之，以烛万民，故能审察，则无遗善，无隐奸。无遗善，无隐奸，则刑赏信必。刑赏信必，则善劝而奸止。故曰：'参于日月。'"

〔69〕 《管子·四时》。

〔70〕 《文子·道原》。《庄子·外篇·达生》亦有"从水之道而不为私焉"之语。

样，至公无私亦为风雨之德。《管子·形势解》云："风，漂物者也。风之所漂，不避贵贱美恶。雨，濡物者也。雨之所堕，不避小大强弱。风雨至公而无私，所行无常乡，人虽遇漂濡而莫之怨也。故曰：'风雨无乡而怨怒不及也。'"又其《版法解》论天心与人心："天植者，心也。天植正，则不私近亲，不孽疏远。不私近亲，不孽疏远，则无遗利，无隐治。无遗利，无隐治，则事无不举，物无遗者。欲见天心，明以风雨。故曰：'风雨无违，远近高下，各得其嗣。'"风雨为天心之表，天心为人心之正；心正则无私，无私则怨怒不及，事无不成。反之，则难以为治。[71] 这层意思，《吕氏春秋·贵公》的一段话讲得尤为透辟：

> 昔先圣王之治天下也，必先公。公则天下平矣。平得于公。尝试观于上志，有得天下者众矣，其得之以公，其失之必以偏。凡主之立也，生于公。……天下非一人之天下也，天下之天下也。阴阳之和，不长一类；甘露时雨，不私一物；万民之主，不阿一人。[72]

在上面这些论述中，天地、阴阳、四时、风雨、水土

---

〔71〕《文子·精诚》："天道无私就也，无私去也。能者有余，拙者不足。顺之者利，逆之者凶。是故以智为治者，难以持国。唯同乎大和，而持自然应者，为能有之。"

〔72〕 其下段《去私》云："天无私覆也，地无私载也，日月无私烛也，四时无私行也。行其德而万物得遂长焉。"

被抽象出同一种品性，进而被上升为天道，简言之曰公，曰中正，曰不偏，曰无私。这当然不是因为天地、阴阳、四时、风雨、水土本身如此，或原本如此呈现，而是因为人们对这些现象的认识如此。毫无疑问，这种认识极为古老，而且也确实同古人对自然现象的观察有关，但它们与其说是对自然的认知，不如说是对于世界的认识，这个世界包括人类社会在内，甚至是以人的社会为中心构筑起来的。这也许就是为什么，原本是源于早期共同体生活经验，尤其是与共同体规范相关之经验的公的观念，会成为天地、风雨、水土的属性或品德，社会观念中的规范关系会传递到自然的观念中去，属人的政治与自然的天道之间建立起一种同构的关联性。[73] 诚然，今天要厘清这一观念生成转变的各个环节恐怕已无可能，但有一点应该是清楚的：无论天或天道之公的观念如何产生，它的确立表明，作为一种规范的公的观念，从此成为一种最高德范。这在政治上就意味着，公作为普遍性原理，高于、先于和优于朝廷、国家、君主。后者虽然相对

---

[73] 沟口雄三指出："中国的公·私在由共同体的公·私整合为政治上的君·国·官对臣·家·民之间的公·私的过程中，从道家思想吸收了天的无私、不偏概念作为政治原理，而包含了公是'平分'、私是'奸邪'，即公平、公正对偏颇、奸邪这种道义上的背反·对立概念。"沟口雄三：《中国的公与私·公私》，页49。把公私概念的规范性质归因于道家对"天"的认识，这种看法恐缺少证据，也缺乏说服力。"天"并非道家所特有的概念，而且，道家崇尚自然，其关切却是人文的乃至政治的。我倾向于认为，公私概念的规范性根源于人，而非天，相反，"天道无私"乃是人间规范在天上的投射。早期思想家于此均有贡献，道家居其一焉。

于民为公，但对普遍性的公而言为私，因此也受此普遍性公的约束。[74]甚至可以说，朝廷、国家、君主之所以为公，也是因为它们在规范的意义上为公。

政权属公

上引《吕氏春秋·贵公》的一段话，除了讲天道不私，圣王大公；公然后得天下，公则天下平之外，还引人注目地喊出"天下非一人之天下也，天下之天下也"的口号。"天下之天下"一语前半所言天下，或指天下人，或者就指天下本身[75]，但无论是哪一种解释，说的都是天下非一人或一家一姓所有之意。天下这一公的属性，显然与天地以及天道之公的特性有关，甚至源于后者。只是，其重点不是作为主体主观品格的公（公平，公正），而是作为事物客观性质的共（共有，共享）。主观之公与客观之公指涉不同，却不是不相关联之二事。即以天下言之，天下既非一人所独有，故须治天下以公；中正无私所以被奉为治道，也是因为天下本公。这两个方面统一于天或天道，是作为普遍原理和最高原则的公在不同方面的显现。

公之原理如此，公的观念在现实世界中的作用如何？

---

[74] 沟口雄三对公之观念的层次有相当细致的分析和图示。详参沟口雄三：《中国的公与私·公私》，页44—69所载诸图及相关分析。

[75] 在古代思想家那里，这种表述并非没有意义。如《庄子·内篇·大宗师》即有"藏天下于天下"之说。

尤其是，天下为公，天下非一人之天下，这类说法在现实世界中究竟意味着什么？毕竟，《礼运篇》所记之天下为公只存在于传说中的唐虞之世[76]，所有文献记录者亲见亲历的，无不是天下为家的制度实践。在有史可征的历史上，公的普遍原理和私的社会现实之间存在明显的不一致，这种矛盾如何解释和调和？在天下实际上为一家一姓所领有的现实世界里，谈论天下非一人之天下有何意义？

按《礼记·礼运》的说法，天下为家之家意味着私。这种理解也符合卜辞、金文乃至《诗经》中以公族之公与大夫之家（私）对举的用法。不过，战国尤其是秦汉文献中，家与天下相连，其含义具有公私二重性。如谓"圣人耐以天下为一家、以中国为一人者"[77]，或者，"王者以天下为家"[78]，"天子以天下为家"[79]，都是把私的家，扩展为公的天下，或者，更确切地说，是把公的规范，加之于一家一姓的君王之上。正如后人所言："君人者，以天下为家，不得有所私也。"[80]这种转变从另一个方面凸显了公的天下与私的王朝（一家一姓）之间的紧张关系：正因为现实中统领天下的总是个别的家和姓（如刘、李、赵、朱之类），这种统治就必

---

〔76〕 那也只是古人的一种信念，现代历史家多不以为然，他们眼中的这段历史，实际亦甚残酷。参见柏杨：《中国人史纲》。太原：山西人民出版社，2008，页55—57。

〔77〕 《礼记·礼运》。

〔78〕 《论衡·指瑞篇》。

〔79〕 《盐铁论·散不足》。

〔80〕 《魏书》卷六〇记韩显宗语。

须在意识形态上与天下（进而天道）的公相连才具有正当性。显然，这不只是秦汉之际郡县国家建立过程中须解决的问题，而是大道既隐之后天下为家时代的典型问题。实际上，周人在获取天下，宣称天命已经从殷商转移到姬周的时候，就已开始应对这一问题，而他们所做的努力，实具有双重的重要性：一方面，周人创设了一套关于政权合法性的意识形态，并建立了一套将之礼仪化的典章制度，堪为后人模范；另一方面，经由这种尝试所创生的传统，其本身又成为后人须面对的问题之规定性的一部分。易言之，连接私家（王朝）与公家（天下），以后者为前者之合法性基础，这种要求因为周人所创设的宗教上和伦理上的天人合一传统而变得确定不移。

简单地说，周人的意识形态建立在一种上帝（天）与先王（祖）既分且合的二元结构之上：天、昊天、上帝为一般的主宰之神，先王则是周人氏族宗主的祖先神，二者分离为二，复因先王克配上帝合而为一。而先王之所以能够克配上帝，受天之命，则是因为"德"的缘故。所谓天命靡常，善则就之，恶则去之。[81] 皇天无亲，惟德是辅。[82] "德"实为天人关系的枢纽。问题是，先王之德并不能自动绵延于后世，保证其子孙不失天命。周人解决这一难题的办法，便是发展出孝的观念。

---

[81] 郑玄笺、孔颖达疏：《毛诗正义》。又，《大学》引《康诰》曰："惟命不于常，道善则得之，不善则失之矣。"同前。

[82] 《尚书·蔡仲之命》。孔疏："天之于人，无有亲疏，惟有德者则辅佑之。"孔安国传、孔颖达疏：《尚书正义》。

"所谓'追孝','以孝以享',指继序先王的德业。"[83]周人常以德孝并称，德以对天，孝以对祖，落实在典章制度上，便是郊社之礼和宗庙之制。社稷所以祀天帝，宗庙所以祀先祖。周人以文、武先王配祀天帝，宗庙与社稷也是既分且合。因此之故，郊社之礼与禘尝之义便成为治道之本。[84]

秦汉以降，古代王权的这种二重性更鲜明地反映在天子/皇帝的双重身份上：天子的权力来自天，皇帝的权力则传之于祖。前者关乎天命，后者基于血统，二者原理迥异，但都是王权正统性（合法性，正当性）之所在。汉成帝时谷永的上疏写道：

> 臣闻天生烝民，不能相治，为立王者以统理之，方制海内非为天子，列土封疆非为诸侯，皆以为民也。垂三统，列三正，去无道，开有德，不私一姓，明天下乃天下之天下，非一人之天下也。[85]

类此议论强调的是天下之公的性质，论者称之为"绝对公共性原理"或"委任统治原理"。[86]但是另一方面，基

---

〔83〕 侯外庐、赵纪彬、杜国庠：《中国思想通史》第一卷，页93。

〔84〕 有关周人宗教、伦理和政治思想的讨论，参见侯外庐、赵纪彬、杜国庠：《中国思想通史》第一卷，页80—95。

〔85〕 《汉书》卷八十五《谷永杜邺传》。

〔86〕 渡辺信一郎：《中国古代的王权与天下秩序》，北京：中华书局，2008，页130。关于古代王权的二重性，详参该书第五章《古代中国的王权和祭祀》。

于继统的正统性也经常被提出。如汉景帝与其弟梁孝王约定以帝位相传时，窦婴（？—前131）反对说："天下者，高祖天下，父子相传，此汉之约也，上何以得擅传梁王！"[87]历史上这样的议论亦非鲜见。大抵于帝位可能不遵继统而"私相授受"之际，就会有人提出这样的主张。[88]就其旨在抑制皇帝恣意专断、维护王朝继统而言，继统的原则不失为"公"，但是相对于"天下乃天下之天下"或者"天下为公"一类原则，帝位家传之私的性质无可否认。事实上，公私两种正统性原则之间的矛盾不但不容抹杀，而且蕴含了紧张和冲突。汉宣帝时，司隶校尉盖宽饶（前105—前53）批评皇帝任官未得其平，其奏疏引《韩氏易传》语，谓"五帝官天下，三王家天下。家以传子，官以传贤，若四时之运，功成者去，不得其人，则不居其位"。这段话就被人指为"意欲求禅，当大逆不道"。盖宽饶因此下狱，最终自杀。[89]

---

[87]《史记》卷一百七《魏其武安侯列传》。

[88] 参见渡边信一郎：《中国古代的王权与天下秩序》，页 130 以及页 145—146 所举数例。

[89] 事见《汉书》卷七十七《盖诸葛刘郑孙毋将何传》。对此事的分析，参阅渡边信一郎：《中国古代的王权与天下秩序》，页 130—132。又，渡边氏在讨论中引用了刘向所编《说苑·至公》记载的一则逸闻，对我们了解古人公天下的观念颇有帮助。兹引录于下："秦始皇帝既吞天下，乃召群臣而议曰：'古者五帝禅贤，三王世继，孰是？将为之。'博士七十人未对。鲍白令之对曰：'天下官，则禅贤是也；天下家，则世继是也。故五帝以天下为官，三王以天下为家。'秦始皇帝仰天而叹曰：'吾德出于五帝，吾将官天下，谁可使代我后者？'鲍白令之对曰：'陛下行桀、纣之道，欲为五帝之禅，非陛下所能行也。'秦始皇帝大怒曰：'令之前！若何以言我行桀、纣之道也？趣说之，不（转下页）

汉人调和这一矛盾的办法，亦不外乎德孝两端。德需要通过祭天的礼仪来证成和强化，孝需要借助于祭祖的宗庙祭祀来完成，这就是前面提到的郊社之礼和禘尝之义。这一古代意识形态的再制度化，据学者研究，完成于前汉末后汉初。其时，一系列模范古制的祭典礼仪被精心地建立起来。在南郊祭天的礼仪上，王朝的开创者配祀于主神皇天上帝，而主祭的皇帝本人，同时作为昊天之子和王朝创业者的子孙，以实践和展示孝道的方式，将两种权力的正当性统一于一个身体之中。[90]

上述制度自汉代确立之后，一直延续到清末，为汉以后国家的基本制度。这意味着，尽管天下为家的现实不可动摇，天下为公的观念却并不因此而失去意义。恰恰相反，正因为现实的政治说服力不足，才需要一种更具超越性的正当性理据来支持。而这种具有超越性的正当性理据的存在，同时开启了想象和创造的思想空间。这种想象和创造不仅可以被用来建立国家制度，也可以被用来评判、批评、调节、限制统治者的行为，甚至超逾和颠覆现存体制。公天下观念所具有的这种潜在特质，在中国历史的不同时期，因着种种契

（接上页）解则死。'令之对曰：'臣请说之。陛下筑台干云，宫殿五里，建千石之钟，万石之虡，妇女连百，倡优累千。兴作骊山宫室，至雍相继不绝。所以自奉者，殚天下，竭民力。偏驳自私，不能以及人。陛下所谓自营仅存之主也。何暇比德五帝，欲官天下哉？'始皇暗然无以应之，面有惭色，久之，曰：'令之之言，乃令众丑我。'遂罢谋，无禅意也。"

〔90〕参阅渡边信一郎：《中国古代的王权与天下秩序》，页140—142。

机而有不同的表现。

除却无君论一类极端主张之外，历史上的天下为公之论，大抵都以君为民设的信念为出发点，讨论王朝立政、选官、治国的基本原则。道家主张无为，儒家言仁政与王道，墨家讲兼相爱、交相利，背后都有这一假定。《吕氏春秋》追溯社会演变之迹，以为人类因合作（群）之故而力量大增；群而有君，更能增进共同福利（文明）。历史上"君道不废者，天下之利也"。然则君道何如？"置君非以阿君也，置天子非以阿天子也，置官长非以阿官长也。德衰世乱，然后天子利天下，国君利国，官长利官"，这便是政之盛衰的道理，所以要"废其非君，而立其行君道者"。[91]言及上古禅让之事，《吕氏春秋》誉为"至公"："尧有子十人，不与其子而授舜；舜有子九人，不与其子而授禹：至公也。"天下为公的道理，其实也就是君道所在。《吕氏春秋》以庖人"职业伦理"譬之："庖人调和而弗敢食，故可以为庖。若使庖人调和而食之，则不可以为庖矣。王伯之君亦然。诛暴而不私，以封天下之贤者，故可以为王伯。若使王伯之君诛暴而私之，则亦不可以为王伯矣。"[92]

与《吕氏春秋》差不多同时的文献《六韬》，亦有多处发挥公天下之义，如谓：

---

〔91〕《吕氏春秋·恃君览》。法家人物商鞅亦论及社会演进，以为立君为社会演进之道，但其社会理论最后导向隆君而抑民的立场。参见《商君书·开塞》。

〔92〕《吕氏春秋·去私》。

天下非一人之天下，乃天下之天下也。同天下之利者，则得天下；擅天下之利者，则失天下。天有时，地有财，能与人共之者，仁也。仁之所在，天下归之。免人之死，解人之难，救人之患，济人之急者，德也。德之所在，天下归之。与人同忧、同乐、同好、同恶者，义也；义之所在，天下赴之。凡人恶死而乐生，好德而归利，能生利者，道也。道之所在，天下归之。[93]

这段话除了申明天下非一人之天下之义，还从公、同、共诸义，尤其是财货、利益、忧乐、事功等方面出发，对传统的仁、义、道、德概念予以新诠，这在当时或可被视为出新之论。不过总的来说，明以前的公天下之论，重点在正君心。祖述圣人，援据经典，主要是为了模范君王，警示当世，提升君德。由宋至明，思潮渐变，公私概念已非昔日情形，公天下论说的重点也由上转下，开始以民（主要是富裕阶层）之经济和社会的利益诉求为出发点，对皇权专擅之私展开批判。[94]在这方面，明末三大思想家，黄宗羲、顾炎武、王夫之，均有值得注意的论述，其中，黄宗羲（1610—

---

〔93〕 《六韬·文韬·文师》。又其《武韬·发启》《武韬·顺启》诸篇均明言天下非一人之天下。中国历史上，言天下非一人之天下者史不绝书，此语所表达的公天下观念，在中国人心目中，始终为最重要的政治正当性观念之一。
〔94〕 参阅沟口雄三：《中国的公与私·公私》，页21。

1695）所著《明夷待访录》所论最为全面。

毫无疑问，天下大公的理念仍为黄宗羲最重要的思想武器，但其具体论述却非简单地主张"以公灭私"。因为，经历了宋明数百年间的思想激荡，"欲"，进而"私"，已非内容单一的负面概念，传统论述中公私概念之间的关系也因之而变。因此，毫不奇怪，黄宗羲的大公之论包含了对民之私的肯定：

> 有生之初，人各自私也，人各自利也，天下有公利而莫或兴之，有公害而莫或除。有人者出，不以一己之利为利，而使天下受其利，不以一己之害为害，而使天下释其害。此其人之勤劳必千万于天下之人。〔尧、舜、禹是也〕……后之为人君者不然。以为天下利害之权皆出于我，我以天下之利尽归于己，以天下之害尽归于人，亦无不可。使天下之人不敢自私，不敢自利，以我之大私为天下之大公。……然则为天下之大害者，君而已矣。向使无君，人各得自私也，人各得自利也。呜呼，岂设君之道固如是乎！〔95〕

黄宗羲关于君道的议论，显然是出于传统的公天下观念，但是他对君民公私诸观念的辨析，却隐含以满足民（人

---

〔95〕《明夷待访录·原君》。《黄宗羲全集》第一册。

或天下之人）之"自私""自利"为正当的判断。"古者以天下为主,君为客,凡君之所毕世而经营者,为天下也。"[96]天下之有君,原本是为了兴天下之公利,除天下之公害,而这不过就是要让天下之人的利益以和谐方式得到满足。如果为人君者不能以此为职志,反而利用君位谋一己私利,甚而以一己之私标榜为天下之公,则尽失君道,而无异于独夫。换言之,公仍为普遍的道德原则,只不过,公的实现包含对天下之人各己利益的满足。恰如顾炎武所言:"合天下之私以成天下之公,此所以为王政也。"[97]

君道如此,臣道亦然。在黄宗羲看来,臣"之出而仕也,为天下,非为君也;为万民,非为一姓也"[98]。臣以天下为事,则为君之师友,所以说,臣之与君,名异而实同[99],

〔96〕 《明夷待访录·原君》。《黄宗羲全集》第一册。
〔97〕 顾炎武著、黄汝成集释《日知录集释》卷三"言私其豵"条云:"而人之有私,固情之所不能免矣。故先王弗为之禁,非惟弗禁,且从而恤之。建国亲侯,胙土命氏,画井分田,合天下之私以成天下之公,此所以为王政也。至于当官之训,则曰以公灭私。然而禄足以代其耕,田足以供其祭,使之无将母之嗟、室人之谪,又所以恤其私也。此义不明久矣。世之君子必曰:有公而无私。此后代之美言,非先王之至训矣。"(石家庄:花山文艺出版社,1990)古者,《尸子·绰子》辨圣人之私曰:"圣人于大私之中也,为无私;其于大好恶之中也,为无好恶。舜曰:'南风之薰兮,可以解吾民之愠兮。'舜不歌禽兽而歌民。汤曰:'朕身有罪,无及万方;万方有罪,朕身受之。'汤不私其身而私万方。文王曰:'苟有仁人,何必周亲。'不私其亲而私万国。先王非无私也,所私者与人不同也。"
〔98〕 《明夷待访录·原臣》。
〔99〕 参《明夷待访录·原臣》。

"是官者，分身之君也"〔100〕。君臣共其职，只是名位不同。
"原夫作君之意，所以治天下也。天子不能一人而治，则设
官以治之"〔101〕，而官所以辅佐人君，以成王政。黄宗羲进一
步从贤人政治的角度阐明此义："古者不传子而传贤，其视
天子之位，去留犹夫宰相也。其后天子传子，宰相不传子。
天子之子不皆贤，尚赖宰相传贤足相补救，则天子亦不失传
贤之意。"〔102〕基于此义，他得出结论说："有明之无善治，自
高皇帝罢宰相始也。"〔103〕宰相、百官之外，天下治乱攸关的
另一重要因素是学校。一般认为，学校系养士之地，但黄宗
羲却认为，"必使治天下之具皆出于学校，而后设学校之意
始备"〔104〕。其所以如此，是因为"天子之所是未必是，天子
之所非未必非，天子亦遂不敢自为非是，而公其非是于学
校"〔105〕。按黄宗羲的设想，郡县学官，太学祭酒，均由名儒
为之。"祭酒南面讲学，天子亦就弟子之列。政友缺失，祭
酒直言无讳。"〔106〕"学官讲学，郡县官就弟子列……郡县官
政事缺失，小则纠绳，大则伐鼓号于众。"〔107〕此为学校议政
之一端。在此之外，学校也是教育之所，修身之所，裁判

---

〔100〕《明夷待访录·置相》。
〔101〕同上。
〔102〕同上。
〔103〕同上。
〔104〕《明夷待访录·学校》。
〔105〕同上。
〔106〕同上。
〔107〕同上。

之所，不但公议天下，而且颁定道德标准，革新礼俗，引领风尚，可以视为朝廷国家之外，体现和维护天下公义的另一系统。

黄宗羲的这一设想，被认为旨在"脱离旧有的皇帝一统天下的一君德治式君主主义"，建立所谓"富裕阶层分治式的君主主义"，具有"分治"性质。[108]也因为如此，以黄宗羲为代表的盛于明末的这一轮公天下议论，就突破了传统上侧重于君主个人道德的公私之论，而导入与经济上的分利诉求相对应的政治上的分治主张。这种做法实际上也超越了对人君一己私念、私心或私欲的批判，而触及君主制下的权力结构和制度安排。[109]尽管如此，这种基于公天下观念的现实政治批判，无论是其思想资源，还是其意欲达成的目标，都不曾逸出传统的架构之外。公天下思想再次突起，成为改革者甚至革命者的思想批判之具，是在清末，而那时，传统的天下为公思想已经吸纳了新的异文化因素，具有新的含义和意义。这种情形在政治上的表现便是，作为一种批判武器，公天下观念所指向的，不只是君主制之下的制度安排，而且是过去两千余年常驻不变的君主制本身。传统上天下之公与一家一姓之私的紧张再次显露，而且变得无法调和。

---

〔108〕沟口雄三：《中国的公与私·公私》，页23、162—164。

〔109〕参阅沟口雄三：《中国的公与私·公私》，页63。总的来说，沟口对明末公私思想的分析，更多强调其中蕴含的经济和社会的内容（分利），而较少注意其政治方面的思考（分治）。基本上，他把明末的这一思潮归入经济上公的表达，使之与清末公私之论的政治转向相对照。参见前书，页34。因此之故，沟口对黄宗羲的置相和学校等主张无多措意。

清末十数年，中国思想界最为活跃。思潮迭起，政论迭出，新名词、新概念充斥其中，然而，新思潮之下，旧有之天下为公理念仍在，且依然是政治论述中的支配性观念，只不过，它出现于当时人的笔下和口中，增加了一些新的内涵，也有了一些新的表达。研究者曾在当时最具影响的报刊和人物的言论中，辑出下面这些公私对应的表述，如言国与民，则有"一姓之私有／一姓之私"对"天下人之天下／天下之公"，"君主之私业"对"国者之公业"，"君主之私有"对"一国人之公产"，"君主之中国"对"中国人之中国"，"朝廷之私国"对"国民之公国"，"私家"对"公国"等。〔110〕言君与民，则有"君主之一身"对"亿兆之小己"，"一姓／一人"对"四万万堂堂大国民"，"少数人之私"对"多数人之公"，"世主一人之野心"对"全国人之思想"，"一个人专制"对"全国之人民为主"。甚而谈政府与国民也有类似表达，如"国家之一部分"对"国家之全体"，"政府之私产"对"人们所着根之基址"，"政府之私职"对"人民所共同之期向"。〔111〕从结构上看，这种论述与传统的天下

---

〔110〕参见沟口雄三：《中国的公与私·公私》，页59。并非成对出现于一处，但也是对应性的表达之例，在私的一边是"朝廷之私物""一姓之存亡""一家之私号／一族之私名""一家之私事"，公的一边则是"人民之产业""民之公产""中国人之公共中国""国民之所共有"等。同前。

〔111〕详见沟口雄三：《中国的公与私·公私》，页59。经济与社会方面的讨论，也有同样句式，如以"一人之自利"对"众人之自利"，"个人发财"对"人人发财"；"小己之自由"对"国群之自由"，"个人之自由"对"团体之自由"等。参见前引书，页60。

为公论并无不同，但是重点已经从天转移到民，而且，这里的民，也不再简单是由天所出的"生民"，而是国民、人民、中国人，是生而自由、平等、自主的"人人"。[112] 凭借此新的民人观，清末革命派的天下为公论述把公私观念中的紧张推至极致，而将矛头指向整个旧制度：君主为一人，满人为少数人；汉人为多数，国民为全体。一人统治全体，少数人统治多数人，均无正当性。由此逻辑，生出了推翻满人统治的民族革命，和毁坏君主专制的共和革命。诚如孙中山（1866—1925）所言："因不愿少数满人专制，故要民族革命；不愿君主一人专制，故要政治革命；不愿少数富人专制，故要社会革命。"[113] 这段话，简明扼要地点明了三民主义的要义，而其中最后一句，揭明了传统公的观念中的另一层含义，对于这层含义，我们至此尚未详论。

---

[112] 沟口雄三认为，了解传统的"生民"如何转变为近代的"国民"，可以由"人人"的观念入手。对此问题的详尽分析，参阅沟口雄三：《中国的公与私·公私》，页69—82。

[113] 孙中山：《三民主义与中国前途》。转引自中国科学院哲学研究所中国哲学组编：《中国大同思想资料》，北京：中华书局，1959，页92。其《实行三民主义改造新国家》更详言之曰："吾人今日欲改造新国家，当实行三民主义。何谓三民主义？即民族、民权、民生主义是也。民族主义，即世界人类各族平等，一种族绝不能为他种族所压制。如满人入主中夏垂二百六十余年，我汉族起而推翻之，是即民族革命主义也。民权主义，即人人平等，绝不能以少数人压多数人。人人有天赋之人权，不能以君主而奴隶臣民也。民生主义，即贫富均等，不能以富者压制贫者是也。"载同前书，页94。

均平之公

根据《说文》的定义，公的意思是"平分"。但是正如前面已经指出的那样，许慎关于"公"的定义的这一半，同他屡屡引用的韩非子似无直接关系。那么，公的这一层含义由何而来？

"平分"这种说法，首先让人想到与分配有关的事情。由此，人们或很自然联想到原始共同体内的分配习惯。沟口雄三就指出："均平、公平、公正的伦理观念，恐怕是共同体成员分配收获或共同纳贡时集体认可的规范性的通行观念；而统治共同体的首领也依据这种通行观念注意到了公平性。于是这种观念普及开来导致'公，平也'这种辞源论的产生，并作为理念被普遍化了。"[114]"公"之义与"平"相关，这一点应该没有问题。不过，公平之平与平分之平，二者含义并不相同。前者为规范，后者为事实。公平不等于平分，平分未必公平，且即使为公平，也只是特定条件下公平的一种表现形式。因此，直接以平分为公，显然凸显了平分作为公平之观念的重要性。

换一个角度看，在"背私为公"的意义上，平分为公，这也是没有问题的。更重要的是，含平分之义的公，同时也是天的属性，天道的品格。《吕氏春秋·去私》云："天无私覆也，地无私载也，日月无私烛也，四时无私行也。行其德

---

〔114〕沟口雄三：《中国的公与私·公私》，页 252。又参见页 47。

而万物得遂长焉。"阳光雨露，均等地洒向大地，哺育万物。尤有甚者，"天之道，其犹张弓！高者抑之，下者举之，有余者损之，不足者与之。天之道，损有余而补不足"〔115〕。这可以称作均平之道，自然界中的水，最能体现此均平之平的意象，故曰："上善若水。"〔116〕而在人间社会，符合此天之道的，恐怕就是《礼运篇》中描写的天下为公的大同世了。总之，平分虽然不一定就是公平本身，但是作为公之观念的一项重要内容，它在中国思想史上却有着特殊的重要性。

古汉语中，与平分同义，但更经常使用的字是"均"。孔子曰："丘也闻有国有家者，不患寡而患不均，不患贫而患不安。盖均无贫，和无寡，安无倾。"〔117〕在这段著名的言论里，"均"与"安""和"并列，成为致治的关键。而三者之中，"均"偏重于财（财物，财产，财富）。中国思想史上，有关"均"的言论和主张固然不限于财的方面，但是财产占有和分配问题，无疑也是"均"的主要内容。

儒家之外，墨家也有"均"的思想。墨子尚同，主张尚同乎天子，更要求尚同乎天。尚同乎天者，则"听狱不

---

〔115〕《老子》77 章。

〔116〕《老子》8 章。水之均平属性，亦被引申至法义，故《说文》言法，有"平之如水"之说。法家主张刑无等级，一断于法，也包含均等地适用法律之义，而在法家，这当然就是公。就此而言，法家之公的观念，也可以说包含平分的意思。

〔117〕《论语·季氏》。《春秋繁露·度制》作"不患贫而患不均"。《论语集注》："均，谓各得其分。"

敢不中，分财不敢不均，居处不敢怠慢"[118]，而成王者之政。他又主张"有力者疾以助人，有财者勉以分人"[119]，反对"舍余力不以相劳，腐朽余财不以相分"[120]，其中也有均的色彩。事实上，如果不是把均仅仅理解为"绝对平均主义"，而一般理解为均等、均平、平等，则均的观念几乎就是中国人构想的理想社会中不可缺少的要素。不过，比较历史上另外一些重要观念，"均"的观念值得吾人注意的一个特点是，它不只是为知识阶层所看重和使用，更常为下层民众用来表达其利益诉求，因此也成为他们凝聚社会力量，以抗争手段谋求其利益的口号。中国历史上，下层民众的集体抗争行动，往往以"均、平"相号召，其原因在此。

东汉末年张角（？—184）依托太平道起事，以"黄天太平"为理想。"太平"二字，取自道教经典《太平经》。所谓太平者，据经书解释："太者，大也，言其积大如天，无有大于天者。平者，言治太平均，凡事悉治，无复不平。"[121]太平之道，取法于天："天道无亲无疏，付归善人。……天地施化得均，尊卑大小皆如一，乃无争讼者，故可为人君父母也。夫人为道德仁者，当法此，乃得天意，不可自轻易而妄行也。"[122]《太平经》论人之六大罪，其中一项

---

〔118〕《墨子·尚同中》。《墨子》一书，"均"字数见，大都与公平之义相关。

〔119〕《墨子·尚贤下》。

〔120〕《墨子·尚同中》。

〔121〕《太平经·三合相通诀》。

〔122〕《太平经·道祐三人诀》。《太平经·六极六竟孝顺忠诀》则云："风雨者，乃是天地之忠臣也。受天命而共行气与泽，不调均，使天下不平。"

为积财亿万而不肯周穷救急，使人饥寒而死，罹此罪者，或即坐其身，或流后生。盖因其"与天为怨，与地为咎，与人为大仇，百神憎之。所以然者，此财物乃天地中和所有，以共养人也……其有不足者，悉当从其取也"〔123〕。与黄巾同时的"五斗米道"，也是以万年太平思想吸引教众，其所建立的道教政权，亦有依《太平经》教义施政的举措，如于治下设置义舍，为行路者提供免费饮食等。〔124〕

唐代农民领袖王仙芝（？—878）、黄巢（820—884），自号"天补平均大将军"和"天补均平大将军"，所率军入长安，遇贫者，"争行施遗"。〔125〕北宋王小波（？—993）、李顺（？—995）起事，以均贫富为纲领〔126〕，所至，"悉召乡里富人大姓，令具其家所有财粟，据其生齿足用之外，一切调发，大赈贫乏"〔127〕。南宋初，鼎州钟相（？—1130）起

〔123〕《太平经·六罪十治诀》。又云："所以然者，乃此中和之财物也，天地所以行仁也，以相推通周足，令人不穷。"同前。

〔124〕《三国志·魏书》"张鲁本传"记云："诸祭酒皆作义舍，如今之亭传。又置义米肉，县于义舍，行路者量腹取足；若过多，鬼道辄病之。"

〔125〕《旧唐书》卷二百下"黄巢本传"记云："时巢众累年为盗，行伍不胜其富，遇穷民于路，争行施遗。既入春明门，坊市聚观，尚让慰晓市人曰：'黄王为生灵，不似李家不恤汝辈，但各安家。'巢贼众竞投物遗人。"

〔126〕李攸《宋朝事实》卷十七："淳化四年，青城县民王小波聚徒起而为乱，谓其众曰：'吾疾贫富不均，今为汝均之。'贫民附者益众。先是，国家平孟氏之乱，成都府库之物悉载归于内府。后来任事者竞功利，于常赋外更置博买务，禁商旅不得私市布帛。蜀地土狭民稠，耕稼不足以给，由是群众起而为乱。"另，王辟之《渑水燕谈录》卷八亦有相同记述。

〔127〕沈括撰、胡道静校注：《新校正梦溪笔谈·杂志二》。香港：中华书局香港分局，1975。

事，语其徒众曰："法分贵贱贫富，非善法也。我行法，当等贵贱，均贫富。"〔128〕如此明白以均等为行动纲领，钟相乃其著例。大抵历史愈近于近世，民众对于均平的诉求愈是强烈。崛起于清代后期的太平天国，尤为集中地表达了这种观念，只不过，它的表达借取了一些外来宗教教义和语词。如洪秀全（1814—1864）所作《原道救世歌》唱道："天父上帝人人共，何得君王私自尊……普天之下皆兄弟，上帝视之皆赤子。"〔129〕洪秀全强调，万姓"皆禀上帝一元之气以生以出"〔130〕，故天下一家，所有私爱私憎，此疆彼界之分，俱为世道乖漓，人心浇薄之表。"遐想唐、虞三代之世，有无相恤，患难相救，门不闭户，道不拾遗，男女别途，举选上德。尧舜病博施，何分此土彼土；禹稷忧饥溺，何分此民彼民；汤武伐暴除残，何分此国彼国；孔孟殆车烦马，何分此邦彼邦。"〔131〕盖因皇上帝为天下凡间大共之父，则万国为一家，人皆为兄弟姐妹，"何得存此疆彼界之私，何可起尔吞我并之念"。〔132〕太平天国奉拜上帝教，似乎是以西方宗教为其号召天下的意识形态，但实际上，这种意识形态的内里，全不离天下为公的中国传统，无怪乎洪秀全的《原道醒世训》祖述三代，踵武圣贤，以《礼运篇》描写的大同世为其

---

〔128〕毕沅《续资治通鉴》卷一百七。
〔129〕中国科学院哲学研究所中国哲学组编：《中国大同思想资料》，页55。
〔130〕洪秀全：《原道觉世训》。同上书，页55。
〔131〕洪秀全：《原道醒世训》。同上书，页56。
〔132〕同上。

理想国，《原道觉世训》则以民胞物与为圣人怀抱。[133]同样，太平天国的经济思想和政策以均平为核心，亦属自然。依《天朝田亩制度》：

> 凡分田，照人口，不论男妇，算其家口多寡，人多则分多，人寡则分寡。杂以九等，如一家六人，分三人好田，分三人丑田，好丑各一半。凡天下田，天下人同耕，此处不足则迁彼处，彼处不足则迁此处；凡天下田，丰荒相通，此处荒则移彼丰处以赈此荒处，彼处荒则移此丰处以赈彼荒处。务使天下共享天父上主皇上帝大福，有田同耕，有饭同食，有衣同穿，有钱同使，无处不均匀，无人不温饱。[134]

自现实言，太平天国的经济政策或多可议之处，但自理想言，其思想渊源与社会基础之深厚固无疑义。尤其关于均田的设想，历来为改革家津津乐道。孟子（约前372—前289）以降，东汉何休（129—182），北宋张载（1020—

---

[133] 参见中国科学院哲学研究所中国哲学组编：《中国大同思想资料》，页56、55。关于太平天国教义中新旧因素的关系，参见沟口雄三：《中国的公与私·公私》，页32—33。

[134] 中国科学院哲学研究所中国哲学组编：《中国大同思想资料》，页57。沟口雄三指出："太平天国使潜在的民间思想第一次公开亮相，使这一民间思想自下层渗入到万物一体和大同的传统思想中。"民间的公平、公正观念的确透过太平天国运动得以表达，但根据本文引据的资料，这并不是历史上的第一次。毋宁说，它只是历史上一系列民间表达中最明晰、完整，也最具影响力的一次。

1077）、李觏（1009—1059），明末黄宗羲，清初颜元（1635—1704）、李塨（1659—1733）、王源（1648—1710）等，均有关于均田的具体论述。其中，颜元有"天地间田宜天地间人共享之"[135]之说，直为"凡天下田，天下人同耕"的先声。与洪秀全几乎同时的龚自珍（1792—1841）著有《平均篇》，其中写道：

> 有天下者，莫高于平之之尚也，其邃初乎！降是，安天下而已；又降是，与天下安而已；又降是，食天下而已。最上之世，君民聚醵然。三代之极其犹水……大略计之，浮不足之数相去愈远，则亡愈速；去稍近，治亦稍速。千万载治乱兴亡之数，直以是券矣。……其始不过贫富不相齐之为之尔；小不相齐，渐至大不相齐；大不相齐，即至丧天下。呜呼！此贵乎操其本源，与随其时而调剂之。[136]

龚自珍以经世之学名世，锐意革新，其方法固与洪秀全辈不同，但是这段话，却像是为轰轰烈烈的太平天国运动所做的注脚，足见均平之为社会理想的根深蒂固。这样一种社会理想，必不至随太平天国的瓦解而消亡。事实上，晚清乃至民国的政治思想、社会政策和经济纲领，无不继受了这

---

〔135〕颜元：《存治编·井田》，《颜元集》上。北京：中华书局，1987，页103。
〔136〕中国科学院哲学研究所中国哲学组编：《中国大同思想资料》，页52—53。

一思想传统。康有为所撰之《大同书》，与孙中山创发之民生主义，最能代表此一传统。

1884 年，康有为（1858—1927）撰成《礼运注》，以春秋三世说释《礼运篇》。其开篇云："大道者何？人理至公，太平世大同之道也。"继而阐释天下为公之理：

> 惟天为生人之本，人人皆天所生而直隶焉，凡隶天之下者皆公之，故不独不得立国界，以至强弱相争，并不得有家界，以至亲爱不广，且不得有身界，以至货力自为。故只有天下为公，一切皆本公理而已。公者，人人如一之谓，无贵贱之分，无贫富之等，无人种之殊，无男女之异。……此大同之道，太平之世行之，惟人人皆公，人人皆平，故能与人大同也。[137]

后出之《大同书》更详细阐明此义。其书既名"大同"，自然以泯除各种等差、界限为务，不但人为的界限被要求除去，自然的差异也在消除之列。故曰："去国界，合大地；去级界，平民族；去种界，同人类；去形界，保独立；去家界，言天民；去产界，公生业；去乱界，治太平；去类界，爱众生；去苦界，至极乐。"[138] 等差既去，则一切为公。世无私产，所有经济活动亦为公，"凡农工商之业皆

归之公"。〔139〕

　　显然，孙中山标举之民生主义不至于如此极端。然而，在以张公抑私为其基本立场这一点上，二者并无不同。孙中山在多个场合阐述民生主义，直言其"目的就是要把社会上的财源弄到平均"〔140〕，简言之，就是要使得"贫富均等"。孙中山坦承，此所谓民生主义，"在前数十年已有人行之者"，那就是前面提到的洪秀全。"洪秀全建设太平天国，所有制度，当时所谓工人为国家管理，货物为国家所有，即完全经济革命主义，亦即俄国今日之均产主义。"〔141〕由此可知，民生主义有两大渊源，一是中国固有传统，其典范为儒家大同主义；另一个是欧西社会主义学说，其代表为苏维埃主义。这两者，在孙中山看来，其实为一。"夫苏维埃主义者，即孔子之所谓大同也。"〔142〕"故民生主义，就是社会主义，又名共产主义，即是大同主义。"〔143〕总之，三民主义，"就是民有、民治、民享的意思，就是国家是人民所共有，政治是人民所共管，利益是人民所共享。照这样的说法，人民对于国家，不只是共产，什么事都是可以共的。人民对于国家要什

---

〔139〕康有为：《大同书》，页280。
〔140〕孙中山：《民生主义》，《三民主义》。北京：中国长安出版社，2011，页186。
〔141〕《实行三民主义改造新国家》，中国科学院哲学研究所中国哲学组编：《中国大同思想资料》，页94。
〔142〕孙中山：《致犬养毅书》，中国科学院哲学研究所中国哲学组编：《中国大同思想资料》，页94。
〔143〕孙中山：《民生主义》，《三民主义》，页159。

么事都是可以共，才是真正达到民生主义的目的，这就是孔子所希望的大同世界"。[144]

诚然，三民主义事实上并非社会主义，尤非共产之道，孙中山所创建的国民党，最终也没有把中国引上社会主义一途，但是中国20世纪的历史，确实是同社会主义的名号以及奉此名号推行的各种制度和政策纠结在一起的。在此过程中，尽管意识形态的修辞和日常生活的语汇均已大变，乃至于新一代人对于"天下为公"一语已经感觉陌生，但是"公"的主题不断出现，"均平"的观念也一直挥之不去，新的公私之辨或隐或现，时而激动人心，时而令人困惑。在这个世纪的不同时段，透过形态各异的话语，历史上曾经盛行的各种公私论述依稀可辨：有新的等贵贱、均贫富之论，也有新的大同式理想；有以领袖、党国为公为一的法家式主张，也有公而忘私的儒家式伦理；有类似理学的去私之论，也有类似明末有过的那种思想反动；有以革命意识形态武装的"大公无私"的豪言壮语，也有借"天下为公"观念展开的现代批判意识。而如今，中国人似乎还徘徊于公、私之间，仍在寻找一种观念的平衡，一种具有时代感的理论表达，一种不离现实又超越现实的现代意识形态。这种尝试和努力能否成功，恐怕无人可以预言，但有一点是清楚的：为公的理念，无论是政治的、社会的、伦理的，还是超越性和原理性的，它是中国人文化禀赋的一项重要内容，是中国

---

〔144〕孙中山:《民生主义》,《三民主义》,页191。

带入世界的一项精神遗产，也是它面对未来时采取的一种立场。作为一种观念，一种思想格调，一种想象自身和世界的方式，公私观念也好，为公理念也好，其本身都不能决定中国人的命运，它只是中国人思想和行动的一个条件，就此而言，未来中国的思想世界和生活世界如何，也取决于吾人如何思考和运用这一观念。

三 "民本"思想源流

民本要义

"天下"的观念,"为公"的思想,无疑都居于中国古代政治思想的核心,然而,如果要用一个观念或一种思想,来做中国政治思想基本特征的概括表达,我们多半会选择另一个概念,那就是"民本"。盖因民本的观念或思想,融合了古代政治思想中的其他重要观念,最能够表明中国古时政治思想的特质。极而言之,民本思想不独为中国古代政治理论的主流,甚且是唯一的政治理论。

民本思想之重要性如此,"民本"一词,却非古人惯用的概念。梁启超(1873—1929)氏论先秦政治思想,专辟一章论"民本的思想",并以"民本主义"为先秦(乃至中国古代)政治思想的特质之一。[1]今人以"民本"一词(或言民本思想、民本主义)概指中国古代政治思想的某种特征或传统,或由梁氏始。因此之故,我们今日讲论"民本",所宜注意的,就不是古代经籍史料中的"民本"二字,而是

---

〔1〕 参见梁启超:《先秦政治思想史》。北京:东方出版社,1996,页35—43。

这一概念所指向的一种意蕴精微、内容宏富且源远流长的政治理论和传统。

按字词求索,"民本"一词最早出自《尚书·五子之歌》的"民惟邦本"一句。古者,民与氓同义,亦可训人,故人民、民人、民氓同其义,均指治于人的普通民众。[2]"本",原意为木之干,树之根,引申为事物根本、基础之义。[3]"民惟邦本",意即民众为国家的根本,一如干之于木,根之于树。然则,民为国本,或国家以人民为根本,这种说法究竟是什么意思呢?先看"民惟邦本"所由出的《五子之歌》首段:

> 皇祖有训,民可近,不可下,民惟邦本,本固邦宁。予视天下愚夫愚妇一能胜予,一人三失,怨岂在明,不见是图。予临兆民,懔乎若朽索之驭六马,为人上者,奈何不敬?[4]

这段话,据说是夏禹的训诫,而《书经》的这一篇,正是以一个君王统治失败的故事为背景的:夏启之子太康,不理政事,耽于享乐,君德不具,致民有二心("太康尸位

---

[2]　对于人、民、氓诸字义同异更详细的考辨,参见黄金贵:《古代文化词义集类辨考》。上海:上海教育出版社,1995,页70—73。

[3]　参见上引书,页336—338。

[4]　包括《五子之歌》在内的《古文尚书》被认为是后人伪作。然而,这并不影响其中所表达的观念的真实性。本文所关注的,亦不在一些文辞首次出现的确切年代,而是其中所表达的观念的真实性及其文化意义。

以逸豫，灭厥德，黎民咸贰"），乃至失位（"太康失邦"）。于是，太康的弟弟们放歌于洛水之畔，吟咏祖训，唱出这句"民惟邦本，本固邦宁"。意谓民为国家根本，根本稳固了，国家才得安宁。故在上者须亲爱之，而不能卑下之。[5] 大禹自言普通民众都能胜过自己，故其治理天下，常怀危惧之心，就好像以腐坏的缰索驾驭六匹奔马，敢不敬慎。

《五子之歌》以"本"为喻，勘定了"民"在政治上的重要性，这无疑是经典的民本思想。但是所谓民本思想，却不能简单归结为"民为国本"一句。如果我们把"邦"（"国""天下"）理解为政治事物，把"邦""民"关系理解为政治过程，则民只是其中的一个要素，其重要性也是相对的。上引段落中，构成此政治过程，同时也是民本思想要素的，除了"民"和"邦"之外，还有特指的"皇祖"和"予"，泛指的"为人上者"。与之相关的，则有"君"之"德"，"民"之"心"。这些要素和角色各有其重要性，其相互关系与其说是固定的、单面的，不如说是辩证的、多面的。《孟子·尽心下》有云："民为贵，社稷次之，君为轻。"这类言辞无疑为民本论述中立场最鲜明者，然而，孟子并非无君论者，他也不因为主张民贵君轻，就认为民得自足、自主、自治。对他来说，民贵君轻毋宁是一套有关君道的规范理论，其内容主要是规定君王仁民爱物的种种责任。

---

[5]　古代注疏家释"下"为"失分"，所谓"失分"，乃"夺其农时，劳以横役"之谓。参见孔安国传、孔颖达疏：《尚书正义》。

实际上，民无君则不治，这种理念，就如国无民而不固、君无民而不立诸观念一般，不但都出自经义，也是先秦诸子的共识。[6]

在民、邦、君之外，古代民本思想还有一个不可缺少的要素，那就是"天"。在中国古代思想世界中，"天"的观念，无论其所指为有意识的人格神，还是非人格的抽象物，均极为重要。"天生民而立之君"[7]，是民与君皆出自天：民为天所生；君受天命，为天所立。天既生民，故矜爱之，"民之所欲，天必从之"。[8]设立君位也是为此。"《书》曰：'天降下民，作之君，作之师。'"[9]民之重要性，君之必要性，其形而上的根据在此。"天"之性质、地位如此，天人关系如此，敬天保民就不仅是君王分内的首要职责，也是其保有权位的条件。于是，作为一种规范性学说的民本思想，就提高而成为一种关乎政权的正当性理论。古时有关政权之归属、政治之目的、王道之规范、施治之原则诸基本观念，俱出于此。

---

[6] 中国古代政治思想，无论何种派别，率皆视君主制度为当然，魏晋之后无君论出，此种状况始有改变。无君论者对君主制度的攻击，也是以生民福祉为根据，不出古代人本精神范围，广义上似亦可归入民本思想。然彼究属极端之论，且缺少制度基础，无补于现世，不属本文探讨范围。关于历史上的无君论，参见萧公权：《中国政治思想史》，载刘梦溪主编，汪荣祖编校：《中国现代学术经典：萧公权卷》。石家庄：河北教育出版社，1999，页314—325、360—366等。

[7] 《左传》襄公十四年。

[8] 《周书·泰誓上》。

[9] 《孟子·梁惠王下》。此处引文中之"天降下民"，今传《周书·泰誓上》作"天佑下民"。生降、护佑、亲爱，皆天对于民之意。

今之学者论民本思想，旨趣不同，偏重不同，所论民本思想之内容与范围，也不尽相同。[10]然而，无论何种论说，但凡以民本思想为主题，总不出天人关系、君民关系之架构，而以民之根本地位为转移。本文亦准此立论，具体言之，举凡以为政权属民（"天下为公"），民为政治之目的，为政重民意、民心、民生的各种主张、议论、宣示、批评，无论其是否出于儒家，亦不论其为在朝的或在野的，目的论的或功利论的，皆得归入民本范畴。易言之，本章讨论民本思想，采取一种宽泛的立场。以下就以民本思想源流为主线，参以民心与天心、天命之继革，以及君道、民主诸题，渐次揭示古代民本思想的基本含义。

民本思想之源

中国古代民本思想，源远而流长。其原初形态或萌发于

---

[10] 金耀基认为，中国民本思想之究竟义包含以下数点：1，以人民为政治之主体；2，君之居位，须得到人民之同意；3，保障人民之生存；4，重"义利之辨"；5，守"王霸之争"；6，明"君臣之际"。（金耀基：《中国民本思想史》，台北：商务印书馆，1997，页8—13）此为民本思想较繁之界定。日人沟口雄三以为，君主以民的苦乐为第一义，而不以自己为本位；天下非为君主而存在，乃为民而存在。这两点，形成了"民本思想的双璧"。（沟口雄三：《中国前近代思想的屈折与展开》，龚颖译。北京：生活·读书·新知三联书店，2011，页348）此或为民本思想至简的界定。张分田在比较、分析多位学者的意见之后，提出了以"以民为本"为核心理念，包含"立君为民""民为国本""政在养民"三个面向的综合性定义。（张分田：《民本思想与中国古代统治思想》（上）。天津：南开大学出版社，2009，页34—39）

唐、虞，成形于殷、周，而光大于先秦诸子。迨秦皇统一宇内，郡县帝制取代封建古制，民本思想之形态亦随之改变。此一变延续至清季，终因西学东渐而再生变局，由此开启与现代民主思想接轨的历程。此种对古代民本思想发展流变的分期，略近于冯友兰氏对中国哲学史的划分。冯氏以孔子至淮南王为"子学时代"，以董仲舒至康南海为"经学时代"，以为后一时代诸哲学家表达己见，皆依傍诸子之名，且大半依经学之名发布，其所见亦多以子学时代所用术语表出，所谓以旧瓶装新酒也。[11] 古代民本思想发展，亦有类似情形，故可以借冯氏此一划分加以观察和说明。不过，民本思想之形态不独表现为冯氏目为哲学的"有系统的思想"[12]，诚非"子学"所能范围；且民本思想于理论之外，又有制度的乃至日常生活实践的表达，亦非"经学"所能概括。这意味着，梳理民本思想源流，当在冯氏二分法的基础之上，做更细致的区划。

具体言之，民本的观念和思想，滥觞于夏、商，至西周奠定其基本形态，其间，由重神到重人的一大转变颇可注意。周秦之际，私学泛滥，诸子勃兴，经此阶段，民本思想日渐丰富而系统，蔚为大观，垂为后世典范。此为民本思想之发源期。汉代，儒家学说经学化，且列于官学，成为正统意识形态，因此之故，儒学成为民本思想最重要的表达途径，此一格局延续至清而不改。虽然，汉以后之民本论说，

---

[11]　参见冯友兰：《中国哲学史》下册。北京：中华书局，1984，页492。
[12]　冯友兰：《中国哲学史》上册，页29。

三　"民本"思想源流 ｜ 143

各有其需要解决的时代问题，与传统民本学说相关联的思想文化背景及政治社会生态亦代有变化，故言民本思想之发展，则唐、宋诸代各有其特点，而明清之际的思想变动尤为剧烈。清季，西学东渐，民权观念传入，时人以生活于明末清初的大儒黄宗羲为中国的卢梭（1712—1778），期以民本思想接引民权观念于中土，助生近代民主政治，古代民本思想于焉终结。由此反观明末清初之黄、顾、王诸子，其历史地位可堪玩味。故本章以明清继替为界，视之前为民本思想的流衍，之后为民本思想的变异，清末民初为民本思想之转型期。虽然，流衍中不乏变异，变化中仍有承继，即使思想观念由前近代转入近代，也不是非此即彼，黑白分明。其微妙处容后再叙。以下略申言之。

古人相信，上古圣王皆为敬天爱民的楷模，这或者只是后世观念在历史中的投射，不足为凭。不过，由《虞夏书》诸篇记载可知，天、民诸观念发达甚早，且堪为上古政治思想中最具重要性的范畴。皋陶同禹论政，把王事看成代行天职，把知人善用、安定民心视为治理天下的要务。天命有德，并且规定了人世间各种秩序，而天的好恶和意志，又透过民心和民意表达出来，二者相通而不隔。[13]商汤率众伐

---

〔13〕"皋陶曰：'都！在知人，在安民。'禹曰：'吁！咸若时，惟帝其难之。知人则哲，能官人。安民则惠，黎民怀之……'皋陶曰：'……天工，人其代之。天叙有典，敕我五典五惇哉！天秩有礼，自我五礼有庸哉！同寅协恭和衷哉！天命有德，五服五章哉！天讨有罪，五刑五用哉！政事懋哉懋哉！天聪明，自我民聪明。天明畏，自我民明威。达于上下，敬哉有土！'"（《尚书·皋陶谟》）

桀，一面声称此举是奉天之命，不得不为，一面批评夏桀无德，尽失民心。[14] 这里，被引为意识形态支援的，就是这种天人相与的政治哲学。同样，被归之于大禹的古训："民惟邦本，本固邦宁"，也是这种政治哲学的一种表达。

然而，夏商时代的民本思想，比较周代，不过略具雏形，这种情形，除了与古代政治发展以及当时人政治经验和认知的状况有关，也与彼时的宗教观念有关。简单说来，商人最重鬼神，且商人的天（"帝""上帝"）具有宗族性。殷人相信，他们的先王先公死后上宾于天，在帝左右，为其子孙提供护佑，人王通过对其祖宗神的祭祀和求告，而获上帝降福。[15] 这种宗教的信念和局面，因为周的崛起而被深刻改变。周以西方小邦的身份，竟能一战而胜，取代强大的商，成为天下共主，这一政治上的事实，需要有宗教上的合理解释才具有正当性。这里，根本的问题是：为何一直是殷人的上帝终不再眷顾殷人子孙，而将庇佑给予弱小且地处偏远的周人？对此，周人的回答是：上帝既不属夏、殷，亦不属周。他高高在上，关心民瘼，明鉴四方，公正无私，惟有德者能得其授命，为天下王。殷之代夏，周之代殷，无不是天

---

〔14〕 "王曰：'……有夏多罪，天命殛之。……夏氏有罪，予畏上帝，不敢不正。……夏王率遏众力，率割夏邑。有众率怠弗协，曰："时日曷丧？予及汝皆亡。"夏德若兹，今朕必往。'"（《尚书·汤誓》）

〔15〕 据殷墟卜辞所见，商人上帝管理的事项包括：年成、战争、作邑及王之行动。参见陈梦家：《殷虚卜辞综述》。北京：中华书局，1955，页571。关于殷人上帝之性质，以及上帝与人王的关系等，参见前揭，页580。

命转移的结果。[16]《周书》各篇及《诗经》中，充斥有关天、上帝、天命、生民、德和王的言辞和论说。殷人敬上帝，周人对天则敬畏有加。[17]这不只是因为周得克商是源于新的天命（"周虽旧邦，其命维新"），而且是因为"天命靡常"[18]，惟德是辅。上天既可以降大命于周，也可以收回天命，另择民主，"殷鉴不远，在夏后之世"[19]。因此，要维续天命，就必须敬德（"明德恤祀"[20]），而所谓德，除了祀神，无非勤政、任贤、保民，而所有这一切，甚至包括祀神，最后都落到生民福祉上面。换言之，天命永续之道在修德，在保民，一句话，在人（"永言配命，自求多福"[21]）。"事事托命

---

[16] 有关上帝和天命的这种见解，于《诗》《书》中随处可见，如《诗经·大雅·皇矣》："皇矣上帝，临下有赫。监观四方，求民之莫。维此二国，其政不获。维彼四国，爰究爰度。上帝耆之，憎其式廓。乃眷西顾，此维与宅。"

[17] 陈梦家比较殷周天帝观念的异同，认为殷的主要观念为：上帝；帝令；宾帝；在帝左右；敬天；王与帝非父子关系。而周的主要观念为：帝；天；天令；配天；其严在上；畏天；王为天子。"其中最主要的分别，在周有天的观念而以王为天子。"陈梦家：《殷虚卜辞综述》，页581。而从哲学上看，殷、周两代天命思想的变化则远为深刻。有学者指出，商周世界观的根本区别在于，商人对"帝"或"天"的信仰并无伦理的内容在其中，周人则反之。易言之，前者的世界观属于"自然宗教"，后者的信仰则具有"伦理宗教"的品格，而天之人文性的增强，尤其是其中"敬德""保民"观念的突起，足以表明此伦理性质。详见陈来：《古代宗教与伦理：儒家思想的根源》。北京：生活·读书·新知三联书店，1996，页146—149及该书第5章。

[18] 《诗经·大雅·文王》。

[19] 《诗经·大雅·荡》。此诗历数商王纣罪孽，斥其"不明尔德"，终致"大命以倾"。

[20] 《尚书·多士》。

[21] 《诗经·大雅·文王》。

于天，而无一事舍人事而言天"[22]，这即是中国古代的人文精神。周人对殷之上帝的继承和改造，在创生一种新的宗教精神的同时，也实现了从重神到重人的转变。中国古代民本思想即植根于此。自周以降，中国古代政治思想虽历经变化，始终不离"人本"轨道，而以"民本"为其基本精神。

崇德行，重人事，其中包含天不足信的忧虑（"天不可信，我道惟宁王德延"[23]）。厉、幽之后，随着封建制度松懈，礼崩乐坏，这种忧虑更形严重。在此背景之下，民本思想又有新的发展。其中，两个方面的因素可堪注意：一方面，王纲解纽，诸侯力政，在由此而形成的新的政治格局中，民为邦本的地位更加凸显，其含义也更加丰富；另一方面，诸子勃兴，百家争鸣，带来古典思想的突破和繁荣，传统的民本观念，亦在融合新旧经验的基础上，而有系统化的构造和表达。

春秋战国时代，诸侯竞胜，大夫僭政，陪臣执国，国家间的竞争日愈激烈和残酷。在此情形之下，尽管天仍是政权

---

[22] 傅斯年总结周诰特点，谓："凡求固守天命者，在敬，在明明德，在保人民，在慎刑，在勤治，在毋忘前人艰难，在有贤辅，在远俭人，在秉遗训，在察有司；求康逸，毋酣于酒，事事托命于天，而无一事舍人事而言天，祈天永命，而以为惟德之用。"转引自许倬云：《西周史》，页107—108。关于中国古代人文精神的兴起、发展及其在政治思想上的表现，较详的论述，参见林载爵：《人的自觉——人文思想的兴起》，载邢义田主编：《中国文化源与流》。合肥：黄山书社，2012；张端穗：《天与人归——中国思想中政治权威合法性的观念》，载黄俊杰主编：《中国人的理想国》。合肥：黄山书社，2012。

[23] 《尚书·君奭》。

合法性的终极依据，观诸现实，得民与否才是关键。得民则得财，有民则有兵，民心得失，决定政治成败。春秋时人对此多有认识。大国楚觊觎小国随，两相对峙，随侯欲兴兵，季梁劝诫道："臣闻小之能敌大也，小道大淫。所谓道，忠于民而信于神也。上思利民，忠也；祝史正辞，信也。今民馁而君逞欲，祝史矫举以祭，臣不知其可也。"随侯不解，认为自己祀神甚丰，如何不能取信于神。季梁答曰："夫民，神之主也，是以圣王先成民而后致力于神。……于是乎民和而神降之福，故动则有成。今民各有心，而鬼神乏主；民饥馁也。君虽独丰，其何福之有？君姑修政，而亲兄弟之国，庶免于难。"〔24〕随侯称是。楚国无隙可乘，亦暂息征伐之念。祀神祈福乃国之大事，为人君者不敢怠慢。但照季梁的看法，民为神主，神从民意，民和，神乃降福。而且，神灵聪明正直，明察世事，不受蒙蔽。庄公三十二年，神降于虢，太史嚚则曰："虢其亡乎！吾闻之：国将兴，听于民；将亡，听于神。神，聪明正直而壹者也，依人而行。虢多凉德，其何土之能得！"〔25〕论人神关系，僖公五年虞国大臣宫之奇的一段议论尤为典型。虞国国君以为自己祀神的物品丰盛洁净，必能邀得神宠。宫之奇回答说："臣闻之，鬼神非人实亲，惟德是依。故《周书》曰：'皇天无亲，惟德是辅。'又曰：'黍稷非馨，明德惟馨。'又曰：'民不易物，惟德繄物。'如是，则非

〔24〕《左传》桓公六年。《左传》僖公十九年记司马子鱼诫宋公勿以人牲，亦谓："祭祀，以为人也。民，神之主也。用人，其谁飨之？"
〔25〕《左传》庄公三十二年。

德，民不和，神不享矣。神所冯依，将在德矣。"[26]鬼神惟德是依，而德之有无，则要看人君如何对待人民，以及人民生活是否和顺。良善之君，爱民如子，自然得到人民拥戴，神明护佑。暴虐之君，困苦其民，必不能安其位。据《左传》襄公十四年所记，卫国国君遭其国人驱逐，晋侯闻之曰："卫人出其君，不亦甚乎？"晋臣师旷（前572—前532）对曰："或者其君实甚。良君将赏善而刑淫，养民如子，盖之如天，容之如地。民奉其君，爱之如父母，仰之如日月，敬之如神明，畏之如雷霆，其可出乎？夫君，神之主也，民之望也。若困民之主，匮神乏祀，百姓绝望，社稷无主，将安用之？弗去何为？"师旷其言，完全符合汤、武革命的逻辑。而他紧接其后的一番论述，则让我们窥见与古代民本思想相配合

<hr />

〔26〕《左传》僖公五年。福祸不依于鬼神，端在君德之有无，这种观念在《左传》昭公二十年记载的一则故事里面也有清楚的表现。齐侯患疾，久不愈，遂听人言，欲诛祝史。晏子以为不可，谏曰："若有德之君，外内不废，上下无怨，动无违事，其祝史荐信，无愧心矣。是以鬼神用飨，国受其福，祝史与焉。其所以蕃祉老寿者，为信君使也，其言忠信于鬼神。其适遇淫君，外内颇邪，上下怨疾，动作辟违，从欲厌私。高台深池，撞钟舞女，斩刈民力，输掠其聚，以成其违，不恤后人。暴虐淫从，肆行非度，无所还忌，不思谤讟，不惮鬼神，神怒民痛，无悛于心。其祝史荐信，是言罪也。其盖失数美，是矫诬也。进退无辞，则虚以求媚。是以鬼神不飨其国以祸之，祝史与焉。所以夭昏孤疾者，为暴君使也。其言僭嫚于鬼神。……民人苦病，夫妇皆诅。祝有益也，诅亦有损。……虽其善祝，岂能胜亿兆人之诅？君若欲诛于祝史，修德而后可。"齐侯闻之甚悦，于是"使有司宽政，毁关，去禁，薄敛，已责"。《左传》昭公十八年所记郑国子产的名言："天道远，人道迩"，就是在这样一种精神氛围下产生的。参见林载爵：《人的自觉——人文思想的兴起》，载邢义田主编：《中国文化源与流》，页266—272。

的政制机理和制度形态:"天生民而立之君,使司牧之,勿使失性。有君而为之贰,使师保之,勿使过度。是故天子有公,诸侯有卿,卿置侧室,大夫有贰宗,士有朋友,庶人、工、商、皂、隶、牧、圉皆有亲昵,以相辅佐也。善则赏之,过则匡之,患则救之,失则革之。自王以下,各有父兄子弟,以补察其政。史为书,瞽为诗,工诵箴谏,大夫规诲,士传言,庶人谤,商旅于市,百工献艺。故《夏书》曰:'遒人以木铎徇于路。官师相规,工执艺事以谏。'正月孟春,于是乎有之,谏失常也。天之爱民甚矣。岂其使一人肆于民上,以从其淫,而弃天地之性?必不然矣。"[27]

先秦诸子继承和发扬了这种天人相与的人文主义传统,其中,儒家对民本思想的发挥尤其受后人瞩目和称道。事实上,儒家政治哲学原本不出民本范畴之外,而自其获得官方意识形态的独尊地位之后,民本思想几为儒家所垄断。然而,在儒家思想发生和发展的早期阶段,人文精神与民本思想并非儒家所独具,而毋宁是先秦诸子各派共享的资源。诸

---

[27] 师旷引据《夏书》,足见其所述渊源有自。《国语·周语上》记邵公告厉王曰:"故天子听政,使公卿至于列士献诗,瞽献曲,史献书,师箴,瞍赋,矇诵,百工谏,庶人传语,近臣尽规,亲戚补察,瞽、史教诲,耆、艾修之,而后王斟酌焉,是以事行而不悖。"尤可与此相参照。又,《洪范》九畴之七曰"明用稽疑",述及对疑难问题的决策方法,有"汝则有大疑,谋及乃心,谋及卿士,谋及庶人,谋及卜筮"之语(《尚书·洪范》)。《周礼》记小司寇之职为"掌外朝之政,以致万民而询焉。一曰询国危,二曰询国迁,三曰询立君",均反映了这一古老传统。张分田:《民本思想与中国古代统治思想》(下)述及古代民意采集制度,对此传统有综合性的论述。参阅该书页674—685。

子之间理论上的差异，与其说在于民本思想之有无，不如说是在思想风格以及基于政治偏好和效用评估对民本思想诸要素的组合、排序等方面。道家言道，崇自然，以无为求治，对儒、法思想均有影响。老子主张"圣人无心，以百姓心为心"[28]，诚为后世民本思想正宗。至所言"贵以贱为本，高以下为基"[29]，意虽抽象，理通民贵君轻之旨。墨出于儒而归于天，以为王者废立，皆出于天，其尊天事鬼、爱利万民者，天鬼赏之，立为天子，为民父母；其诟天侮鬼、贼杀万民者，天鬼罚之，使身死家灭，绝无后嗣。前者称"圣"，如尧、舜、禹、汤、文、武；后者名"暴"，如桀、纣、幽、厉。[30]先秦诸子中，墨家的天有人格、意志，乃为周人之天的复兴，其关于天、王、民关系的论述，隐含革命之旨，亦可视为西周天命观的翻版。法家尊君而崇法，以耕战立国，以权、术御臣，以刑、赏治民，其学说似与民本思想正相抵牾。[31]然而，法家理论尓未尝不具有民本思想要素。梁启

---

〔28〕《老子》二十九章。

〔29〕《老子》三十九章。《庄子·外篇·在宥》云："贱而不可不任者，物也；卑而不可不因者，民也……〔故圣人〕恃于民而不轻，因于物而不去。"亦近此意。

〔30〕《墨子·尚贤上》。墨子又有三表之论，谓"有本之者，有原之者，有用之者。于何本之？上本之于古者圣王之事。于何原之？下原察百姓耳目之实。于何用之？废以为刑政，观其中国家百姓人民之利。此所谓言有三表也。"（《墨子·非命上》）

〔31〕萧公权认为，儒家以人民为政治之本体，法家以君主为政治之本体，二者泾渭分明。（萧公权：《中国政治思想史》，页165）金耀基分中国古代政治思想为民本的、非民本的和反民本的，也是以法家为后者的代表。（参见金耀基：《中国民本思想史》，页1）

超认为，儒家所谓礼，法家所谓法，皆为自然法则演化而来之条理，其渊源出于天，"名之曰天道，公认为政治所从出而应守"。[32]在此所谓"抽象的天意政治"（梁启超语）支配之下，道高于君，法高于君，公、义高于君，实为法家学说，而在原则上无异于儒、道、墨者。法家先驱管子（约前725—前645），既云尊君，亦言重民，以为霸王之道，"以人为本。本理则国固，本乱则国危"。[33]战国时期，群雄并立，兼并无已，国不强无以立，权不专无以强，法家应时而动，将尊君重国之论推至极端。然而，若穷究根本，君的正当性仍不在其自身。慎到（约前395—前315）曰：

> 古者立天子而贵之者，非以利一人也。……故立天子以为天下，非立天下以为天子也；立国君以为国，非立国以为君也；立官长以为官，非立官以为官长也。[34]

[32] 梁启超：《先秦政治思想史》，页26。
[33] 《管子·霸言》。管子不乏重民之论，但据萧公权的看法，"《管子》书盖取法家君本位之观点以论政，而犹未完全脱离封建与宗法历史背景之影响者也"。（萧公权：《中国政治思想史》（一），页180）其言重民、爱民、顺民等，"惟一之目的在使民能为君用，非于民之本身有所爱恤"。（同上，页184）虽然，即使是功利性的爱民、重民之论，仍不失"民惟邦本，本固邦宁"之旨。
[34] 《慎子·威德》。慎子崇法而重势，但有时亦礼、法并举。如谓："法制礼籍，所以立公义也。凡立公，所以弃私也。明君动事分理由慧，定鼎（赏）分财由法，行德制中由礼。"（同前）

这段话，不啻为《吕氏春秋·贵公》"天下非一人之天下也，天下之天下也"之先声，中国民本思想之正诠。[35]

道、墨、法之外，农、兵、阴阳，乃至名家（更不用说杂家），亦不同程度染有民本思想色彩。[36] 先秦诸子，自其思想源流言之，原本交错互生，相映成辉。各家偏好、重点、方向固各不相同，但有若干基本范畴、概念乃至原则，如天、天下、道、天道、公、义、道义等，实为共享之物，至周代而粲然大备的人文精神，以及作为政治权威正当性基础的民本思想，亦是如此。然则，诸子之中，儒家于民本观念发挥尤多，也是不争的事实。

孔子好仁，重德礼，讲求仁民爱物。其所谓仁，非仅

---

〔35〕 对"法家的民本思想"的论述，详见张分田：《民本思想与中国古代统治思想》（上），页121—144。张氏视民本思想为古代统治思想的一部分，认为民本与君本并行不悖，且互为条件。由此一立场出发，张氏论先秦政治思想，无分儒、法、道、墨，皆归之于民本，且特别强调法家对民本思想的贡献。指出民本与君本的内在一致性，而非割裂二者，使之截然对立，的确接近于中国古代思想的实相，然因此而将儒、法思想等同视之，则有矫枉过正之嫌。法家思想包含有民本思想要素，此点固然不乏文献学上的证据，但若整体视之，尤其是将法家思想置于春秋战国历史大变革的背景下观察，则法家思想大异于儒家学说之处便昭然若揭。换言之，人文精神与民本思想原为先秦诸子共享的思想资源，然而爱民、利民、重民、以民为本诸说于法家思想终究为文饰与点缀。尊君卑臣抑民实为法家一贯立场及实践性格，而有效服务于其富国强兵的时代目标。不只是停留于文献，更透过历史变迁把握法家思想精要的研究，参见阎步克：《士大夫政治演生史稿》，北京：北京大学出版社，1996，页166—180、198—199；姚中秋：《国史纲目》，海口：海南出版社，2013，页178—184、189—215。

〔36〕 参见张分田：《民本思想与中国古代统治思想》（上），页145—154。

为个人德目，亦为放眼天下，博施济众的道德程序，目的是
要将个人修为扩充、推广及人，而成就一融政治与道德于一
的美好秩序。孟子秉承此意，而在性善论基础上做进一步发
挥。孟子相信，仁、义、礼、智诸德性，皆人所固有。仁心
推展，则可以为仁政。[37] 他又糅合古制，将孔子养民、教民之
义，引申铺陈，发展出一套影响深远的儒家政经理论。[38]
孟子的民本思想，不但内容丰富、完整，而且观点鲜明，颇富
论辩性。其论君主、国家、人民之关系，尤为明晰有力。如前
所述，古代民本思想根本上是一种政权甚而政治正当性理论，
而"天"与"人"则是此正当性理论必不可少的两个元素。孟

---

〔37〕　孟子论性曰："恻隐之心，人皆有之；羞恶之心，人皆有之；恭敬之心，
人皆有之；是非之心，人皆有之。恻隐之心，仁也；羞恶之心，义
也；恭敬之心，礼也；是非之心，智也。仁义礼智，非由外铄我也，
我固有之也，弗思耳矣。"（《孟子·告子上》）又曰："人皆有不忍人之
心。先王有不忍人之心，斯有不忍人之政矣。以不忍人之心，行不忍
人之政，治天下可运之掌上。"（《孟子·公孙丑上》）

〔38〕　孟子极重养民，以"民养生丧死无憾"为王道政治的基始。孟子语梁
惠王曰："不违农时，谷不可胜食也；数罟不入洿池，鱼鳖不可胜食
也；斧斤以时入山林，材木不可胜用也。谷与鱼鳖不可胜食，材木不
可胜用，是使民养生丧死无憾也。养生丧死无憾，王道之始也。五
亩之宅，树之以桑，五十者可以衣帛矣。鸡豚狗彘之畜，无失其时，
七十者可以食肉矣。百亩之田，勿夺其时，数口之家可以无饥矣。谨
庠序之教，申之以孝悌之义，颁白者不负戴于道路矣。七十者衣帛食
肉，黎民不饥不寒，然而不王者，未之有也。"（《孟子·梁惠王上》）萧
公权认为，孟子的养民之论，深切著明，为先秦所仅见。其内容主要
为裕民生、薄赋税、止征战、正经界诸项。参见萧公权：《中国政治思
想史》，页 77。不过，也有学者认为，孟子长于《诗》《书》而疏于制
度，故其王政之论简陋不堪，无法与荀子比肩。详见章太炎：《国学概
论》，页 35、223—224。

子继受了这一思想传统，而有极富个性的诠释。在一段著名的对话中，孟子以答疑方式对此问题给出了详细说明：

> 万章曰："尧以天下与舜，有诸？"孟子曰："否。天子不能以天下与人。""然则舜有天下也，孰与之？"曰："天与之。""天与之者，谆谆然命之乎？"曰："否。天不言，以行与事示之而已矣。"曰："以行与事示之者，如之何？"曰："天子能荐人于天，不能使天与之天下。诸侯能荐人于天子，不能使天子与之诸侯。大夫能荐人于诸侯，不能使诸侯与之大夫。昔者，尧荐舜于天而天受之，暴之于民而民受之。故曰：天不言，以行与事示之而已矣。""曰：敢问荐之于天而天受之，暴之于民而民受之，如何？"曰："使之主祭，而百神享之，是天受之；使之主事而事治，百姓安之，是民受之也。天与之，人与之，故曰天子不能以天下与人。舜相尧二十有八载，非人之所能为也，天也。尧崩，三年之丧毕，舜避尧之子于南河之南，天下诸侯朝觐者，不之尧之子而之舜；讼狱者，不之尧之子而之舜；讴歌者，不讴歌尧之子而讴歌舜，故曰天也。夫然后之中国，践天子位焉。而居尧之宫，逼尧之子，是篡也，非天与也。《泰誓》曰：'天视自我民视，天听自我民听。'此之谓也。"[39]

---

〔39〕《孟子·万章上》。

天子大位，得之于天（"天与"），成之于民（"人归"），故圣王亦不能以天下与人。这里，民之同意与接受（"民受之"），俨然成为禅让程序上一个不可缺少的要素和环节，[40]而天意经由民意的显现尤为关键。"天不言，以行与事示之而已。"天意既由民意显露，民心向背就成为政权得失的关键。孟子曰："桀纣之失天下也，失其民也。失其民者，失其心也。得天下有道：得其民，斯得天下矣。得其民有道：得其心，斯得民矣。得其心有道：所欲与之聚之，所恶勿施，尔也。"[41]因此，孟子主张君主乐民之乐，忧民之忧，以为"乐以天下，忧以天下，然而不王者，未之有也"。[42]此外，民意也应在国家政务决策中有所体现。《诗》云："先民有言，询于刍荛。"[43]孟子发挥此意，主张国之政务如进贤黜不肖等皆须征询于国人而后定，以民意为己意，"然后可以为民父母"。[44]

《孟子》一书，于人民、国家、君主间关系多有论述，

---

〔40〕 据《尚书》对禅让程序的梳理和分析，可参见姚中秋：《天下》第一卷上册。海口：海南出版社，2012，页139—151。

〔41〕《孟子·离娄上》。

〔42〕《孟子·梁惠王下》。当然，就政权正当性而言，无言之"天"的作用更加根本。

〔43〕《诗经·大雅·板》。

〔44〕《孟子·梁惠王下》云："左右皆曰贤，未可也；诸大夫皆曰贤，未可也；国人皆曰贤，然后察之。见贤焉，然后用之。左右皆曰不可，勿听；诸大夫皆曰不可，勿听；国人皆曰不可，然后察之。见不可焉，然后去之。左右皆曰可杀，勿听；诸大夫皆曰可杀，勿听；国人皆曰可杀，然后察之。见可杀焉，然后杀之。故曰国人杀之也。如此，然后可以为民父母。"

而以下面一段为最著名："民为贵，社稷次之，君为轻。是故得乎丘民而为天子，得乎天子为诸侯，得乎诸侯为大夫。诸侯危社稷，则变置。牺牲既成，粢盛既洁，祭祀以时，然而旱干水溢，则变置社稷。"[45]春秋战国之世，国家兴灭，君主变易，皆为人所惯见，唯有人民长在。无民则无国，无民则无君。这些是当时人所共有的经验。更重要的是，保民、安民、养民、教民，原系立君之旨，这一点，也已成为论政者共奉的信条。君对于民，负有责焉，此种责任，绝不因其位高而得豁免。在与齐宣王的一段对话中，孟子咄咄逼人的提问令后者窘态毕露。孟子谓齐宣王曰："王之臣，有托其妻子于其友，而之楚游者，比其反也，则冻馁其妻子，则如之何？"王曰："弃之。"曰："士师不能治士，则如之何？"王曰："已之。"曰："四境之内不治，则如之何？"王顾左右而言他。[46]稍后，在答齐宣王以汤（放桀）、武（王伐纣）之例提出"臣弑其君"问题时，孟子更明白表示："贼仁者谓之'贼'，贼义者谓之'残'。残贼之人，谓之'一夫'。闻诛一夫纣矣，未闻弑君也。"[47]如果说，前一例隐约表达了某种政治问责的观念，那么，在后一例中，诛伐暴君的革命论则呼之欲出。

诚然，就观念而言，上述思想皆非孟子所自创，然而，孟子在中国历史大变动的时代，不但承续此一思想传统，而

---

[45] 《孟子·尽心下》。
[46] 《孟子·梁惠王下》。
[47] 同上。

且针对社会现实予以引申、发挥，从而丰富和强化了这一思想传统。纵观民本思想史，孟子承上启下，地位最为特殊。[48]

孟子之后，最具影响力之儒者当为荀子（前313—前238）。惟荀子最尊人君，尤重礼法，持论大异于孟。虽然，荀子论政，最终仍以民为归依。彼明言："天之生民，非为君也。天之立君，以为民也。"[49]其论君道，以君为"能群者"之谓，而所谓"能群也者"，曰有"四统"，"善生养人"居其首。"四统者具而天下归之"[50]，是为王者。"四统"之外，又有"三得"。荀子云：

> 用国者，得百姓之力者富，得百姓之死者强，得百姓之誉者荣。三得者具而天下归之，三得者亡而天下去之；天下归之之谓王，天下去之之谓亡。汤、武者，循其道，行其义，兴天下同利，除天下同害，天下归之。[51]

荀子又据此逻辑驳"桀、纣有天下，汤、武篡而夺之"

〔48〕 近人萧公权认为，民贵君轻之旨，实先孟子而成立。"孟子之功不在自出心裁创设其旨，而在重张坠绪于晚周君专政暴之时。于是孟子之政治思想遂成为针对虐政之永久抗议。虽势不能见采于时君，而二千年中每值世衰国乱辄一度兴起，与老庄之无君思想互相呼应。故就其影响论，孟子之儒，不仅有异于荀，抑亦有异于孔。"（萧公权：《中国政治思想史》，页80）
〔49〕 《荀子·大略》。
〔50〕 《荀子·君道》。
〔51〕 《荀子·王霸》。

的俗说，谓"诛暴国之君若诛独夫，……汤、武非取天下也，修其道，行其义，兴天下之同利，除天下之同害，而天下归之也。桀、纣非去天下也，反禹、汤之德，乱礼义之分，禽兽之行，积其凶，全其恶，而天下去之也。天下归之之谓王，天下去之之谓亡。故桀、纣无天下而汤、武不弑君，由此效之也。汤、武者，民之父母也；桀、纣者，民之怨贼也。今世俗之为说者，以桀、纣为君而以汤、武为弑，然则是诛民之父母而师民之怨贼也，不祥莫大焉"。[52] 这段议论，不但见解与孟子无异，用语亦如出一辙。荀子之为民本思想传人，于此可证。

孟子与荀子的政治论述，在继承、发展和丰富先秦民本思想的同时，也为日后儒家在古代民本思想传统中的主导地位奠定了基础。

民本思想之流

周秦之际，不但有古典思想的勃发，而且有国家、社会的大变动，由此思想、制度与实践的激荡之中，产生了以诸子学传世的古典政治理论。诸子的政治理论，虽然风格、内容各异，彼此论辩不绝，然皆受人文精神支配，且程度不同受到古代民本思想传统的影响，涉及权威之所由来、政权之所由立，以及治道之规范性基础等政治正当性问题时，尤

---

[52]《荀子·正论》。

其如此。故此，说诸子百家于民本思想发展皆有所贡献，当非过甚之辞。秦汉以降，政治与社会生态大变，思想形态及内容亦随之改变，尤其汉代之后，儒家得享独尊，成为两千年来民本思想的正统载体，民本思想所包含的基于规范的内在紧张，以及因此造成的政治现实和儒家思想的困境，亦经由历代儒者的内在批判而表露无遗。

秦始皇兼并六国，统一宇内，称皇帝号，开创了中国历史的新纪元。新的大一统政治秩序，需要新的意识形态来整合，儒家思想满足了这一历史要求，其代表性人物，便是西汉大儒董仲舒（前179—前104）。

汉初，民生凋敝，施政尚无为，与民休息。黄老思想之外，法家余波犹在，儒生则在参与秩序重建的同时，传播文教，复兴儒学，影响力日增。儒家民本思想，亦在此过程中被重述和发挥。曾著有《过秦论》的贾谊（前200—前168）于此论述最为有力和透辟。其《新书·大政上》云：

> 闻之于政也，民无不为本也。国以为本，君以为本，吏以为本。故国以民为安危，君以民为威侮，吏以民为贵贱。此之谓民无不为本也。闻之于政也，民无不为命也。国以为命，君以为命，吏以为命，故国以民为存亡，君以民为盲明，吏以民为贤不肖。此之谓民无不为命也。闻之于政也，民无不为功也。故国以功，君以为功，吏以为功。国以民为兴坏，君以民为强弱，吏以民为能不能。此之谓民无不为功也。

闻之于政也，民无不为力也。故国以为力，君以为力，吏以为力。故夫战之胜也，民欲胜也；攻之得也，民欲得也；守之存也，民欲存也。……故夫蓄与福也，非粹在天也，又在士民也。……夫民者，万世之本也，不可欺。凡居于上位者，简士苦民者，是谓愚；敬士爱民者，是谓智。夫愚智者，士民命之也。故夫民者，大族也，民不可不畏也。故夫民者，多力而不可适也。呜呼！戒之哉！戒之哉！与民为敌者，民必胜之。

此语将民为国本之意，条分缕析，陈述明白，虽比之前人略无新意，但其系统、明晰犹有过之。更重要的是，贾谊发此宏论于汉初，不但接续和发扬了先秦以来的民本思想传统，且特别针对秦政之弊，意在正本清源，为汉代立政，其历史和现实的意味颇为重大。至董仲舒出，这一目标则基本达成。

董子所处的时代，大异于春秋战国，董子所阐发的儒学，包括其中固有的民本思想，因此也有不同于孔、孟、荀之处。简单说来，董子远承殷周天人相与观念，立基于汉代今文经学之春秋公羊学，同时吸收、融合当时流行的阴阳、五行之说，锻造出一种更具神秘色彩的政治神学。此一政治神学的核心为"天人相副"，据此观念，不但人之形体、血气、德行、好恶、喜怒、哀乐皆化之于天[53]，人间制度也渊

---

[53] 董仲舒：《春秋繁露·为人者天》。

源于天，人秩、天秩符合若契。天子受命于天，奉天行事，仁义道德，礼乐刑政，无不取象于天地，故云：

> 天者群物之祖也。故遍覆包函而无所殊，建日月风雨以和之，经阴阳寒暑以成之。故圣人法天而立道，亦溥爱而亡私，布德施仁以厚之，设谊立礼以导之。春者天之所以生也，仁者君之所以爱也；夏者天之所以长也，德者君之所以养也；霜者天之所以杀也，刑者君之所以罚也。繇此言之，天人之征，古今之道也。[54]

在这样一幅天人感应的秩序图景中，王者地位备极崇高，却又无往而不在天的监察督责之下。君王有过，天以灾异警示之，君王失道，天则夺其权位。[55]与先秦诸子直言民心、民意的重要性不同，董子的天人感应说凸显天与君的关系，民则隐而不彰。然而，这种改变与其说是对民的忽略，不如说是其立论所取的策略。盖因在当时的知识、信仰和思想氛围中，能够证成现实中既成的君王权威，同时又使之有所约束，而堪为一种合理且正当秩序之基础的终极观念，正是神秘色彩笼罩之下具有无上权威的"天"。[56]然而，

---

〔54〕《汉书》卷五十六《董仲舒传》。

〔55〕 董仲舒曰："国家将有失道之败，而天乃先出灾害以谴告之，不知自省，又出怪异以警惧之，尚不知变，而伤败乃至。以此见天心之仁爱人君而欲止其乱也。"（《汉书》卷五十六《董仲舒传》）

〔56〕 参见金耀基：《中国民本思想史》，页112—119。

在关于此尊贵威严、公正无私的天的论述当中，民本思想的脉络仍清晰可见。天有仁爱之心，天择有德之人，"天之生民，非为王也；而天立王，以为民也。故其德足以安乐民者，天予之；其恶足以贼害民者，天夺之"。[57]这种革命论调我们并不陌生，而董子的贡献，在于成功地将之织入一种新的政治哲学，使之成为与帝国时代大一统秩序相匹配的正当性理论的核心。有汉一代，灾异谴告之论充盈于朝堂，因天降灾异而下诏罪己的帝君亦不鲜见，足见天人感应观念浸淫人心之深和对现实政治影响之力。发端于先秦的孔、孟之学，经过董子的此番改造与重塑，亦进身而成为汉代正统意识形态，立于官学，风靡士林，甚而成为选官的标准、施政的依据。[58]中国历史上儒学在政治、法律和伦理方面的支配性地位，由此确立。此一格局的形成，对于古代民本思想的发展亦有重要影响。

汉末，儒学盛极而衰，至魏晋，"老""庄"复出，谈玄者众，无为乃至无君之论流行于世。适逢佛教东传，佛经的引介、研习和思考开始吸引当时最杰出的心智。然而，即使是在这一特别时期，民本思想仍不绝如缕。就思想史而言，道胜于儒的结果，与其说是道胜于天，"自然"取代

---

〔57〕 董仲舒：《春秋繁露·尧舜不擅移汤武不专杀》。

〔58〕 清人皮锡瑞言汉之经学云："前汉今文说，专明大义微言；后汉杂古文，多详章句训诂。……武、宣之间，经学大昌，家数未分，纯正不杂，故其学极精而有用。以《禹贡》治河，以《洪范》察变，以《春秋》决狱，以三百五篇当谏书，治一经得一经之益也。"见皮锡瑞：《经学历史》。北京：中华书局，1981，页89—90。

"名教"，不如说通过论证名教出于自然，合乎自然，而令二者相融合。玄学诸子如何晏（约193—249）、王弼（226—249）、郭象（约252—312）等，或以道释《易》《语》，或因儒解老、庄，其政治论述，不乏与民本思想相合之处，论者称之为玄学化的经学。[59]玄学之外，这一时期道教思想人物如葛洪（284—约364）、寇谦之（365—448）、陶弘景（456—536）等的政治思想，也都具有民本色彩。葛洪以气喻民，视治国如治身，认为"知治身，则能治国也。夫爱其民所以安其国，养其气所以全其身。民散则国亡，气竭即身死"[60]，即此之例。

此一时期，经学固然衰微，然未尝灭绝，其最可注意之发展，就在古文经学的崛起。自汉武帝设五经博士，今文经学大昌于汉。至王莽，增设古文经博士，今古文始渐趋融合。汉末，经学大师马融（79—166）、郑玄（127—200）等破除门户之囿，博采众说，遍注群经，进一步促成了今古文经学的融合，亦令古文经学的地位超逾今文经学。杜预（222—285）所撰《春秋经传集解》，以及时人辑录的《孔子家语》和孔传古文《尚书》，都出现于这一时期。这些文本的出现，不但是经学史上的大事件，在古代民本思想史上也有重要意义。后人时常征引的民本思想命题，如前引《五子之歌》里的"民惟邦本，本固邦宁"，还有《大禹谟》里的

---

〔59〕 参见张分田：《民本思想与中国古代统治思想》（上），页234—240。
〔60〕 葛洪：《抱朴子·地真》。

"德惟善政，政在养民"，《皋陶谟》里的"天明畏，自我民明威"，《泰誓》里的"民之所欲，天必从之"等，皆出自古文《尚书》。[61]

魏晋南北朝三百六十余年，儒、道、释三流并进，势力颉颃，互有消长，此一局面延续至唐，而以儒学复兴开其端。此复兴之儒学，历经玄学洗礼，一扫汉代今文经学的神秘、荒诞，而代之以天道自然观念。[62]唐初，经学大师孔颖达（574—648）受命于太宗，率众名儒考订群经，吸收汉末以来经学成绩，编订《五经正义》，从而为唐代乃至后世提供了儒家经典的标准文本，其中，就包括含有丰富民本思想的古文《尚书》。此举不但巩固了儒学的正统地位，亦有助于民本思想的传播。可以注意的是，唐代诸帝于尊崇儒术的同时，亦奉道教为国教，立玄学博士，取士增"道举"之科，并将若干道教经典钦定为真经，列为考试科目。这些道教经典所包含的民本思想亦为吾人所熟悉。如钦定为《通玄真经》的先秦典籍《文子》有云："人主之有民，犹城之有基，木之有根。根深即本固，基厚即上安。"[63]，又云："与民同欲则

---

〔61〕《孔子家语》和孔传古文《尚书》俱为伪书，但这并不意味着其中内容俱出于后人"杜撰"。实际上，它们是在辑录古人的基础上编撰而成，至于其中所表达的观念，更是源远流长。这些"伪书"之所以流传广远，且极具影响，也是因为这个缘故。关于今文经学和古文经学中的民本思想，参见张分田：《民本思想与中国古代统治思想》（上），页196—206、240—246。

〔62〕关于这一时期"天"之观念的变化，参见沟口雄三：《中国的思想》，赵士林译。北京：中国社会科学出版社，1995，页12—13。

〔63〕《文子·上义》。

和，与民同守则固，与民同念者知，得民力者富，得民誉者显"[64]，"夫忧民之忧者，民亦忧其忧，乐民之乐者，民亦乐其乐，故忧以天下，乐以天下，然而不王者，未之有也"。[65]这些论述虽托名于老子，与孟、荀王道之论如出一辙[66]，均有益于治道。实际上，自汉初贾谊，到汉末王充，西晋葛洪，再到隋末崛起的一代儒宗王通，均以调和儒、道为能事，所述政治思想，大抵以儒为体，以道为用，故为历代君臣所看重。

虽然，此一时期的民本思想，比之先秦略无新意，但这与其说是民本思想的发展沦入所谓"消沉时期"[67]，莫如说是进入一种平稳发展时期。正如汉代贾谊、董仲舒辈阐述其民本思想，极尽改造适应之能事，自有其创造性，唐、宋诸儒阐发其民本思想，亦有其需要因应的时代问题。从政制发展角度看，由秦汉经魏晋至隋唐，七八百年间，后人名为中华帝制的大一统秩序次第发展而日臻完善，典章制度灿然大备，为之提供正当性理据和施政指导的民本思想，也已经融入王朝的政治实践，在经学化、官学化、权威化、标准化和制度化之外，更表现为圆熟的政治论述，转为论政、议政、施政的日常话语，贯穿朝野。故太宗著《帝范》以教太子，武后

---

〔64〕《文子·微明》。

〔65〕《文子·精诚》。

〔66〕 关于《五经义》及钦定道家经典中的民本思想，参见张分田：《民本思想与中国古代统治思想》（上），页 270—277。

〔67〕 金耀基即以汉代为民本思想的"停滞时期"，以唐宋为其"消沉时期"。这种分法过于强调民本思想与古代君主专制体制不相容的一面，似有"现代中心主义"之嫌。参见氏所著：《中国民本思想史》。

撰《臣轨》以训百官，而一部垂为后世帝王典范的《贞观政要》，几乎可以被视为民本思想主题的教科书。了解和说明这一时期民本思想的特点，还可以一代名臣陆贽（754—805）为例。陆贽辅佐德宗于危难之时，其奏议涉及治道诸多方面，所陈义理虽不出儒家政治理论之外，其于民本思想体会之真确，陈义之畅达淋漓，皆足观览。古来帝王领有天下，无不以"奉天承运"为其统治正当性的根据，然而，依据民本思想传统，天意难明，惟民是视，天命最终落实于民心：天因民而降之福，民所归者天命之，民所叛者天讨之[68]，所谓"帝以天为制，天以民为心，民之所欲，天必从之"。[69]因此，人君只有修德不懈，勤政爱民，才能维持天命于不坠。惟修德不易，明君难求，现实中天与人的双重正当性每每裂为两端，互为虚实：昏庸者（多为君主）动辄言天、命，而不理人事，甚而将人祸归诸天意；贤明者（多为人臣）则以天命有德的道理，反复陈明，期冀规范君主，谋民福祉。这种天命与人事的论说既为古代民本思想的精髓，也是历史上不断陈说、反复出现的主题。辅佐德宗的陆贽也有这方面的议论：

> 陛下方以兴衰诿之天命，亦过矣。《书》曰："天视自我人视，天听自我人听。"则天所视听，皆因于人，非人事外自有天命也。纣之辞曰："我生不有命在

---

〔68〕 此即"天聪明，自我民聪明。天明畏，自我民明威"之意。参见孔安国传、孔颖达疏：《尚书正义·皋陶谟》。

〔69〕 王符：《潜夫论·遏利》。

天？"此舍人事，推天命，必不可之理也。《易》曰：
"自天祐之。"仲尼以谓："祐者助也。天之所助者顺
也，人之所助者信也。履信思乎顺，是以祐之。"《易》
论天人祐助之际，必先履行，而吉凶之报象焉。此天
命在人，盖昭昭矣。人事治而天降乱，未之有也；人
事乱而天降康，亦未之有也。[70]

---

〔70〕 欧阳修、宋祁：《新唐书》卷一百五十七《陆贽传》。陆贽之文见于其
《论两河及淮西利害状》，兹引录于下，以见其风格："圣旨又以家国兴
衰，皆有天命，今遇此厄运，应不由人者。臣志性介劣，学识庸浅，
凡是占算秘术，都不涉其源流，至于兴衰大端，则尝闻诸典籍。《书》
曰：'天视自我人视，天听自我人听。'又曰：'德惟一，动罔不吉；德
二三，动罔不凶。惟吉凶不僭在人，惟天降灾祥在德。'又曰：'天难
忱，命靡常；常厥德，保厥位；厥德靡常，九有以亡。'此则天所视
听，皆因于人，天降灾祥，皆考其德。非于人事之外，别有天命也。
故祖伊责纣之辞曰：'我生不有命在天。'武王数纣之罪曰：'吾有命，
罔惩其侮。'此又舍人事而推天命，必不可之理也。《易》曰：'自天祐
之，吉无不利。'仲尼以为：'祐者助也。天之所助者，顺也；人之所
助者，信也。履信思乎顺，又以尚贤，是以自天祐之，吉无不利。'又
曰：'危者，安其位者也；亡者，保其存者也；乱者，有其理者也。故
君子安而不忘危，存而不忘亡，理而不忘乱，是以身安而国家可保。'
又曰：'视履考祥。'又曰：'吉凶者，得失之象也。'夫《易》之为书，
穷变知化，其于性命，可谓研精。及乎论天人祐助之由，辩安危理乱
之故，必本于履行得失，而吉凶之报象焉。此乃天命由人，其义明矣。
《春秋传》曰：'祸福无门，唯人所召。'又曰：'人受天地之中以生，
所谓命也。是以有动作威仪礼义之则以定命，能者养之以福，不能者
败以取祸。'《礼记》引诗而释之曰：《大雅》云："殷之未丧师，克配
上帝，仪监于殷，骏命不易。"言得众则得国，失众则失国也。'又引
《书》而释之曰：《康诰》云："惟命不于常。"言善则得之，不善则失
之。'此则圣哲之意，六经会通，皆为祸福由人，不言盛衰有命。盖人
事著于下，而天命降于上，是以事有得失，而命有吉凶，天人之间，
影响相准。《诗》《书》已后，史传相承，理乱废兴，大略可记。人事
理而天命降乱者，未之有也；人事乱而天命降康者，亦未之（转下页）

然则，政事千头万绪，人君由何处入手，方为妥善，又如何举措，才能奏效？对于此类问题，儒家的答案无非要求君主以公灭私、选贤与能诸项，陆贽的回答亦不出此范围。在其弹奏佞臣裴延龄的奏章中，陆贽吁德宗戒小人、去私意云：

　　　　夫君天下者，必以天下之心为心，而不私其心；以天下之耳目为耳目，而不私其耳目。故能通天下之志，尽天下之情。夫以天下之心为心，则我之好恶，乃天下之好恶也。是以恶者无谬，好者不邪，安在私托腹心，以售其侧媚也。以天下之耳目为耳目，则天下之聪明，皆我之聪明也。是以明无不鉴，聪无不闻，安在偏寄耳目，以招其蔽惑也。夫布腹心而用耳目，舜与纣俱用之矣。舜之意务求己之过，以与天下同欲，而无所偏私。由是天下臣庶，莫不归心，忠谠既闻，玄德逾迈。故《虞书》云："臣作朕股肱耳目。"又云："明四目，达四聪。"言广大也。纣之意务求人之过，以与天下违欲，而溺于偏私。由是天下臣庶，莫不离心，险诐既行，昏

　　（接上页）有也。六经之教既如彼，历代明验又如此，尚恐其中有可疑者，臣请复以近事证之。自顷征讨颇频，刑网稍密，物力竭耗，人心惊疑，如居风涛，汹汹靡定。上自朝列，下达烝黎，日夕族党聚谋，咸忧必有变故。旋属泾原叛卒，果如众庶所虞。京师之人，动逾亿计，固非悉知算术，皆晓占书，则明致寇之由，未必尽关天命。伏惟陛下鉴既往之深失，建将来之令图，拯宗社阽危，刷亿兆愤耻，在于审察时变，博询人谋，王化聿修，天祐自至。恐不宜推引厄运，谓为当然，挠追咎之诚，沮惟新之望。"（《全唐文》卷四百六十七《陆贽》〔八〕）

德弥炽。故《商书》云："崇信奸回。"《大雅》云："流言以对，寇攘式内。"言邪僻也。与天下同欲者，谓之圣帝；与天下违欲者，谓之独夫。[71]

君天下者，以天下之心为心，以天下之好恶为好恶。此为古代治道的基本原则，并非陆子所发明。然而，要能将类此抽象原则有针对性地植入具体的政治情境，晓明其理，光大其义，则非善言治道、特具才学与胆识者而不能。陆贽独能如此，故宋儒苏轼（1037—1101）等七子进呈陆贽奏议文集于当朝，谓贽"才本王佐，学为帝师。论深切于事情，言不离于道德。智如子房，而文则过，辩如贾谊，而术不疏。上以格君心之非，下以通天下之志"[72]。

〔71〕《全唐文》卷四百六十六《陆贽》（七）《论裴延龄奸蠹书》。又其《奉天论奏当今所切务状》云："臣谓当今急务，在于审察群情。若群情之所甚欲者，陛下先行之；群情之所甚恶者，陛下先去之。欲恶与天下同，而天下不归者，自古及今，未之有也。夫理乱之本，系于人心，况乎当变故动摇之时，在危疑向背之际。人之所归则植，人之所去则倾，陛下安可不审察群情，同其欲恶，使亿兆归趣，以靖邦家乎？"（《全唐文》卷四百六十八《陆贽》〔九〕）

〔72〕《东坡全集》卷六十四《乞校正陆贽奏议上进札子》。朱熹认为，陆贽学粹，乃过于贾："史以陆宣公比贾谊。谊才高似宣公，宣公谙练多，学更纯粹。大抵汉去战国近，故人才多是不粹。"又云："陆宣公奏议极好看。这人极会议论，事理委曲说尽，更无渗漏。虽至小底事，被他处置得亦无不尽。如后面所说二税之弊，极佳。"（黎靖德编：《朱子语类》卷一百三十六《历代三》。北京：中华书局，1988）足见陆贽亦颇受宋代理学家推重。关于此点，又可参见余英时：《朱熹的历史世界——宋代士大夫政治文化的研究》（上）。北京：生活·读书·新知三联书店，2004，页170。

又述其文章精妙："夫六经三史、诸子百家，非无可观，皆足为治。但圣言幽远，末学支离，譬如山海之崇深，难以一二而推择。如贽之论，开卷了然。聚古今之精英，实治乱之龟鉴。"[73]《四库总目提要》评陆宣公《翰苑集》则云："论谏数十百篇，讥陈时病，皆本仁义，炳炳如丹青，而惜德宗之不能尽用。故《新唐书》例不录排偶之作，独取贽文十余篇，以为后世法。司马光作《资治通鉴》，尤重贽议论，采奏疏三十九篇。其后苏轼亦乞以贽文校正进读。盖其文虽多出于一时匡救规切之语，而于古今来政治得失之故，无不深切著明，有足为万世龟鉴者。"以此观之，陆贽在政治思想史上的地位，不在创发和开源，而在阐发、运用和特定政治语境下对思想的转换。后者涉及的不只是理解和领悟，而且是体认和践行。无此，则儒家义理、民本思想将尽失生机，无以传世。[74]

宋代，理学勃兴，儒学复开出一新格局。此中一重要变化，即孟子地位上升。儒家道统意识，自韩愈（768—824）而成立，至宋儒则牢不可破。[75]韩愈以孟子为道统传

---

[73] 《东坡全集》卷六十四《乞校正陆贽议上进札子》。

[74] 徐复观认为，中国的政治思想一直是在矛盾曲折中表现，让人不易有确当明白的把握，但是陆贽对于此点，却比许多古人发掘得更深，表达得也更清楚。换言之，透过陆氏的思想，可以对中国的治道有更深切的了解。参见徐复观：《中国的治道》，载《学术与政治之间》。台北：学生书局，1985，页101—126。

[75] 关于道学、道统诸观念在宋代的发展，尤其是朱熹在其中所扮演的角色，详参余英时：《朱熹的历史世界——宋代士大夫政治文化的研究》（上），页7—35。

人，认为"求观圣人之道，必自孟子始"[76]。朱子注《四书》，《孟子》乃其一。《四书》并列于《五经》，成为科举考试科目，《孟子》亦为天下士子诵读和研习。经典章句，朝堂议政，引用孟学蔚为风气。[77]此一变化有助于民本思想的传播，自不待言。惟宋儒言治道，亦如唐人，要在注解六经，阐发古义，而于诠解运用之中，不乏胜义，民本之义亦因此而发扬光大。

论者认为，宋代理学家上承孔孟，着力于发掘儒家所谓性命之学，其言政治，大抵"以仁道为政治之根本，而以正心诚意为治术之先图"。[78]此固为先秦儒学正宗，但是比之理学在哲学思想上的划时代贡献，其政治思想"仍因袭旧说，无多创见"。[79]进而言之，"宋代政治思想之重心，不在理学，而在与理学相反抗之功利思想"。[80]然而，据今人对宋代士大夫政治文化的研究，道学或理学并非单纯的形而上思想，能够自成系统，毋宁说，它是宋代儒学整体动向的一部分或一阶段，其根本目标是为了重建人间秩序。[81]故而，

---

〔76〕《全唐文》卷五百五十五《韩愈》（九），《送王秀才序》。

〔77〕参见张分田：《民本思想与中国古代统治思想》（上），页300—305。

〔78〕萧公权：《中国政治思想史》，页424。

〔79〕萧公权：《中国政治思想史》，页427。又谓："理学得佛学之助，蔚为中国空前未有之哲学系统，而其对中国政治思想之贡献则极细微。各家之哲学思想固多新颖分歧之点，其政论大旨则不外搬演《大学》《中庸》之正心诚意，孟子之尊王黜霸与乎一治一乱诸陈说而已。"页379。

〔80〕萧公权：《中国政治思想史》，页379。

〔81〕参见余英时：《朱熹的历史世界——宋代士大夫政治文化的研究》（上），页183。

北宋改革家，所谓功利一派的代表性人物王安石（1021—1086），也是宋代最早接续孔、孟旧统的儒者，内圣外王的首倡者。[82] 反过来，理学诸子也不是专讲性、命、理、气，空言道德，而同时也是汲汲于治道、参与时政的践道者。至于理学家与其批评者所争之事，如朱子（1130—1200）与陈亮（1143—1194）之间的王霸之辩，亦非狭隘的门派意气之争，而关系到"势"与"道"何者为尊的大问题。着眼于此，我们倒可以说，陈亮尊君而重势，迹近于法家，朱子期以"道"抑"势"，更合乎儒家传统。[83] 实际上，朱子区分"道统"与"道学"，正是为了提高和确立"道"的精神权威，而使君王有所约束，这不啻是在新的政治条件下对儒家义理的发展。[84] 如果说，宋代儒者如李觏（1009—1059）、陈亮、叶适（1150—1223）等倡言功利，其实未离儒家民本思想传统[85]，则理学诸子言道德性命，是把民本思想置于理学架构之中，而予以新的发展。前述"道学"和"道统"观念的发展，即为一例。更令人惊异的

---

〔82〕 关于王安石及其新学与道学的关系，参见余英时：《朱熹的历史世界——宋代士大夫政治文化的研究》（上），页36—64。

〔83〕 关于朱子与陈亮王霸之辩的分析，参见余英时：《朱熹的历史世界——宋代士大夫政治文化的研究》（上），页19—28。又参见束景南：《朱子大传》，福州：福建教育出版社，1992，页562—578。

〔84〕 余英时指出："朱熹一方面运用上古'道统'的示范作用以约束后世的'骄君'，另一方面则凭借孔子以下'道学'的精神权威以提高士大夫的政治地位。"见余英时：《朱熹的历史世界——宋代士大夫政治文化的研究》（上），页35。

〔85〕 萧公权颇强调此点。参见氏所著：《中国政治思想史》，页382—400。

例子，是程颐（1033—1107）借其《易传》所表达的对于君、民关系的看法。在《比》卦爻辞"不宁方来，上下应也"条下，程氏写道：

> 人之生，不能保其安宁，方且来求附比。民不能自保，故戴君以求宁；君不能独立，故保民以为安。不宁而来比者，上下相应也。以圣人之公言之，固至诚求天下之比，以安民也。以后王之私言之，不求下民之附，则危亡至矣。故上下之志，必相应也。[86]

余英时先生指出，这篇君主起源论虽然是从孟子"保民而王"和"民为贵"的观念中引出，却省略了"天"的环节，只强调人为保其安宁的"上下相应"，颇近于洛克（1632—1704）式的社会契约论，极值得重视。[87]同样值得注意的，还有理学诸子对于民的看法。儒家对于民的看法一向为二重的。一方面，民为神主，民贵君轻，天与人归，保民而王，皆肯定民在政治中的极端重要性。但是另一方面，

---

〔86〕 程颐：《伊川易传》卷一，钦定四库全书本。前人亦有类似言论，如《后汉书》卷五十七，《杜栾刘李谢列传》载刘陶语："帝非人不立，人非帝不宁。夫天之与帝，帝之与人，犹头之与足，相须而行也。"所不同者，刘说偏重于君民一体之义，程说似更突出君民关系中二者相约的一面。

〔87〕 参见余英时：《朱熹的历史世界——宋代士大夫政治文化的研究》（上），页167—168。

"民者，瞑也"〔88〕。天生民而立之君，养之，教之，制之，用之。民显然不足以为自主、自立的政治主体。〔89〕而此两端之间调和性的论述，见之于陆贽，亦见于理学诸子。陆贽劝上慎守诚信之道，谓："所谓众庶者，至愚而神。盖以蚩蚩之徒，或昏或鄙，此其似于愚也。然而上之得失靡不辨，上之好恶靡不知，上之所秘靡不传，上之所为靡不效，此其类于神也。"〔90〕理学诸子发挥此论，或以利之有无定其智愚，如谓："民虽至愚无知，惟于私己然后昏而不明，至于事不干碍处则自是公明。大抵众所向者必是理也。"〔91〕或以民之分合见其昏明，如谓："夫民，合而听之则圣，散而听之则愚。合而听之，则大同之中，有个秉彝在前，是是非非，无不当

---

〔88〕 董仲舒：《春秋繁露·深察名号》。关于民之以瞑为号，董子又解释云："民之号，取之瞑也，使性而已善，则何故以瞑为号？……性有似目，目卧幽而瞑，待觉而后见，当其未觉，可谓有见质，而不可谓见。今万民之性，有其质而未能觉，譬如瞑者待觉，教之然后善。当其未觉，可谓有善质，而不可谓善，与目之瞑而觉，一概之比也。"

〔89〕 即使明言民贵君轻的孟子，也不认为民具有自主和自治的能力。诚如萧公权所说："孟子贵民，不过由民享以达于民有，民治之原则与制度皆为其所未闻。故在孟子之思想中民意仅能作被动之表现，治权专操于'劳心'之阶级。暴君必待天吏而后可诛，则人民除取不亲上死长之消极抵抗之外，并无以革命倾暴政之权利。"（萧公权：《中国政治思想史》，页81）

〔90〕 《全唐文》卷四百六十八《陆贽》（九）《奉天请数对群臣兼许令论事状》。

〔91〕 《张载集》，页256—257。此段讲《书》所言之天人关系，释云："大抵天道不可得而见，惟占之于民，人所悦则天必悦之，所恶则天必恶之，只为人心至公也，至众也。……故欲知天者，占之于人可也。"（同前）

理，故圣。散而听之，则各任私意，是非颠倒，故愚。盖公义在，私欲必不能胜也。"[92]这些看法都认为，离散之民易受私意蒙蔽，故愚，聚合之民却表现出超越个别之私的公明或理，故民心向背能够体现天意。也是出于这种认识，程颐在论述君民关系时，就直接把民心背离归咎于君主的失德或失道，其注《易》之《姤》卦"九四，包无鱼，起凶"有云：

> 居上位而失其下，下之离，由己之失德也。四之失者，不中正也。以不中正而失其民，所以凶也……义当有咎，不能保其下，由失道也。岂有上不失道而下离者乎？姤之道，君臣、民主、夫妇、朋友皆在焉。四以下暌，故主民而言。为上而下离，必有凶变。起者，将生之谓。民心既离，难将作矣。[93]

在此之外，理学诸子在君臣关系和君道问题上的看法，远承孟子，针对现实，而出之以理学，颇具时代性，也非

---

〔92〕 程颢、程颐：《程氏遗书》卷二十三《伊川先生语九》。陆九渊有同样说法："夫民，合而听之则神，离而听之则愚。"余英时先生认为，这三条语录意思基本一致，可以代表两宋理学家的共识，而且，它们很可能都是由前引陆贽的议论里来的。详参余英时：《朱熹的历史世界——宋代士大夫政治文化的研究》（上），页169—170。
〔93〕 程颐：《伊川易传》卷三。下句《象》曰："无鱼之凶，远民也"，伊川注云："下之离，由己致之。远民者，己远之也，为上者有以使之离也。"（同前）

常值得注意。如张载（1020—1077）《西铭》以"大君"为"吾父母宗子"，以"大臣"为"宗子之家相"，乃意在以宗法关系削减君主绝对权威，缩短君臣之间不可逾越的距离[94]；程颐注《易》，以君道本于天，秉大公之心，与天下大同，是以理学特有的视角，打通内圣—外王之途[95]；而他强调"君臣不相遇，则政治不兴"[96]，以为德君贤臣遇，共成其功，则天下被其泽，直接表达了宋代士大夫欲与君主共治天下的主体意识，这种强调"君臣同治"而非"君为臣纲"的立场，被认为是"对于传统儒家政治思想的重大修改"。[97]正是出于此种政治主体意识，理学家设想的有德之君，便是

---

[94] 余英时指出："如果君主只是'宗子'，臣民都变成了'旁亲兄弟'，君相之间也比照着'宗子'与'家相'的关系重作安顿，则'三纲'中的第一'纲'——君臣——必将发生根本性质的变化。"见余英时：《朱熹的历史世界——宋代士大夫政治文化的研究》（上），页156。详尽的分析，参见同书，页142—157。

[95] 参见余英时：《朱熹的历史世界——宋代士大夫政治文化的研究》（上），页158—159。

[96] 程颐：《伊川易传》卷三《姤》卦。又其注"九五，以杞包瓜，含章，有陨自天"有云："九五，下亦无应，非有遇也，然得遇之道，故终必有遇。夫上下之遇，由相求也。杞，高木而叶大。处高体大，而可以包物者，杞也。美实之在下者，瓜也。美而居下者，侧微之贤之象也。九五尊居君位，而下求贤才，以至高而求至下，犹以杞叶而包瓜，能自降屈如此；又其内蕴中正之德，充实章美，人君如是，则无有不遇所求者也。虽屈己求贤，若其德不正，贤者不屑也，故必含蓄章美，内积至诚，则有陨自天矣，犹云自天而降，言必得之也。自古人君至诚降屈，以中正之道，求天下之贤，未有不遇者也。高宗感于梦寐，文王遇于渔钓，皆由是道也。"（同上）此卦乾上巽下，乃遇之象。故程注申言君民之遇，君臣之遇。

[97] 余英时：《朱熹的历史世界——宋代士大夫政治文化的研究》（上），页161。

一个任贤与能、无为而治的"虚君"。[98]

以上诸例表明，理学非仅为一套关于宇宙本根的哲学思想，甚至也不只是关乎修身的所谓内圣之学，它还是一套旨在建立一理想的政治与社会秩序的理论，其核心为治道。宋理宗时，理学家真德秀（1178—1235）以所撰《大学衍义》进呈，颇获上赏识。真德秀秉承朱子"正君心"[99]之旨，以《大学》为"君天下者之律令格例也，本之则必治，违之则必乱"[100]，融合经典、史事与诸子之论，撰成此书，以明内圣外王之道。理宗称誉此书"本诸圣贤之学，以明帝王之治，据其以往之迹，以待方来之事。虑周乎天下，忧及乎后世。君人轨范莫备于斯"[101]，并令德秀进讲其书。元、明、清历代帝君对《大学衍义》一书亦甚推崇，并先后将该书译成蒙、满文字，刊布天下。在此现象之后支撑起这一格局的，正是宋代的理学，尤其是完成于朱子之手的《四书》体系。如前所述，宋以前，《孟子》非经，《四书》无其名，尊孟及重视《大学》《中庸》，始自韩愈、李翱，倡导于

----

〔98〕 详参余英时：《朱熹的历史世界——宋代士大夫政治文化的研究》（上），页157—183。关于此问题的一般性讨论，参见该书通论诸篇，尤其"绪说"以及第三章"同治天下"，第四章"君权与相权之间"。

〔99〕 朱子云："天下之务莫大于恤民，而恤民之本，在人君正心术以立纪纲。"（《宋史》卷四百二十九《道学三·朱熹》）又云："天下事有大根本，有小根本，正君心是大本。"（《朱子语类》卷一百八《论治道》）

〔100〕 真德秀：《〈大学衍义〉序》。真德秀：《大学衍义》，朱人求校点。上海：华东师范大学出版社，2010。

〔101〕 转引自朱人求：《点校说明——〈大学衍义〉的思想及其影响》，载真德秀：《大学衍义》，页12。

二程，而完成于朱子。而自其《四书章句集注》出，《四书》乃有替代《五经》之势。元代，取士以朱子所注《四书》为标准。此后，朱注《四书》便成为教育和取士的标准文本，此一崇高地位，终于明、清两代而不改。儒家经义，包括与治道有关的各种观念，亦缘此流行于世。就民本思想发展而言，也许可以说，理学在这段历史上的地位，堪比董仲舒的春秋公羊学在汉代的地位。

民本思想之变

关于中国传统的治道，近人徐复观有一段深刻的分析：

中国的政治思想，除法家外，都可说是民本主义，即认定民是政治的主体。但中国几千年来的实际政治，却是专制政治。政治权力的根源，系来自君而非来自人民；于是在事实上，君才是真正的政治主体。因此，中国圣贤，一追溯到政治的根本问题，便首先不能不把作为"权原"的人君加以合理的安顿；而中国过去所谈的治道，归根到底便是君道。这等于今日的民主政治，"权原"在民，所以今日一谈到治道，归根到底，即是民意。可是，在中国过去，政治中存有一个基本的矛盾问题。政治的理念，民才是主体；而政治的现实，则君又是主体。这种二重的主体性，便是无可调和［的］对立。对立程度表现的大小，即形成历史上的治乱兴衰。于是中国的政治思想，总是想解消人君在政治中的主体性，以凸显出天下的主体性，因而解消上述的对立。……所以儒家道家，认为人君之成其为人君，不在其才智之增加，而在将其才智转化为一种德量，才智在德量中作自我的否定，好恶也在德量中作自我的否定，使其才智与好恶不致与政治权力相结合，以构成强大的支配欲。并因此凸显出天下的才智与好恶，以天下的才智来满足天下的好恶，这即是"以天下治天下"，而人君自己，乃客观化于天下的才智与天下的好恶之中，更无自己本身的才智与好恶，人君自身，遂处于一种"无为的状态"，亦即是非主体性底状态。人君无为，人臣乃能有为，亦即天下乃能有为。这才是真正的治道。[102]

治道的逻辑如此，故由民本观念生发的种种说辞、议论和批评，在历史上便蔚为主流，不绝如缕，且随时势而更替，缘思潮而变化。此种观念，一方面被用来证明政权的正当性；另一方面也被用来规范帝王，测度政治的优劣。大抵盛世言民本者，对于治道较为乐观自信，至于叔世，则言者多怀悲观愤懑情绪，乃至激为无君之论，如东晋之鲍敬言，晚唐之无能子。宋代理学家上承孟子，严王霸之辨，以为三代以下，王道不行，即如汉祖唐宗，亦不过"假仁借义以行

─────────────────────

〔102〕徐复观：《学术与政治之间》。台北：学生书局，1985，页104—105。

其私"[103]，可谓发自民本思想传统的对政治现实极严厉的批评。理学家们的这种看法，在表明其历史评判的同时，也凸显了作为正统正当性理论的民本思想内里所包含的规范性紧张。而在宋儒以后，因为时势变迁，这种紧张变得日益深刻，终于在明代引发一场思想批判运动，至明末清初，黄宗羲、顾炎武（1613—1682）、王夫之（1619—1692）诸儒出，这场思想批判运动也达到其高潮。

中国历史上，政治组织由部族、部族联盟而国家，国家制度由封建而郡县，政治权力乃有逐渐集中之势。此种集权，主要反映于两个方面：一方面，是相对于地方分权的中央集权；另一方面，则是相对于官僚之治的君主专权。宋代，此种集权已经发展至相当程度，因此而产生的弊害也屡遭诟病。宋代士大夫欲与君主共治天下，实际上就是要降低君臣"悬绝"的程度。[104]而在治术的层面，无论讲求功利的陈亮、叶适，还是坚执道德的理学诸子，或称道汉唐，或颂扬三代，都对中央集权有所批评。[105]虽然，由元而明，此种集权却愈演愈烈，尤其明太祖诛功臣、废宰相之后，中央集权尤其是皇帝专权更发展至前所未有的程度。[106]传统

---

〔103〕《晦庵先生朱文公文集》卷三十六《答陈同甫》，转引自束景南：《朱子大传》，页570。

〔104〕参见余英时：《朱熹的历史世界——宋代士大夫政治文化的研究》（上），页20—21。关于宋代皇权与相权关系之转变，又参见钱穆：《中国历代政治得失》。北京：生活·读书·新知三联书店，2004，页74—80。

〔105〕参见萧公权：《中国政治思想史》，页395、399—400、427—429。

〔106〕参见钱穆：《中国历代政治得失》，页102—103。

治道固有的矛盾，即人君个人的才智好恶，一言以蔽之，人君之私欲，与天下的好恶或曰天下之公的对立与冲突，因此而更形严重和突出。[107]"加以科举'八股'，败坏人才。理学末流，束缚思想"[108]，遂激起思想上的激烈反动，此一思想上的运动，既有对传统民本理念的坚执和阐发，也有对业已僵化的思想积习的猛烈批判。此两种思想潮流相反而相成，共同影响于明末清初诸儒的思想，融会其中，创为民本思想的新章。

明代儒者鼓吹民本思想，前有刘基（1311—1375）、方孝孺（1357—1402）等，后有吕坤（1536—1618）以及东林党人士，可谓前赴后继，代代相承，始终不离儒家重民、爱民、保民、民贵君轻之大体，惟其民本论述因时代思潮而变化，故不止于继述前人，亦有所创发。如明初方孝孺论君民关系，颇重"君职"。在他看来，生民之初，未尝有君，惟智愚相悬，贫富相殊，纷争不止，不能自决，"故立君师以治，使得于天厚者不自专其用，薄者亦有所仰以容其身，然后天地之意得，圣人之用行，而政教之说起"。[109]君职重要如此，为人君者，自然受民尊崇，奉养无缺。然而，这只是

---

〔107〕萧公权指出明代专制政治四大弊端，曰吏事之弊、兵制之弊、开矿之弊、田赋之弊。参见萧公权：《中国政治思想史》，页500—501。沟口雄三对明代思想的解读，也是以这些问题为主要社会背景。参见氏所著：《中国前近代思想的屈折与展开》，页293—365，

〔108〕萧公权：《中国政治思想史》，页473。

〔109〕《方孝孺集》卷一《体仁》。方孝孺关于君主起源有两种说法：《体仁》谓立君以济自然之不平，《君职》则谓立君以决生民之纷争。

民之情，而非天之意。"天之意以为位乎民上者，当养斯民，德高众人者，当辅众人之不至，固其职宜然耳，奚可以为功哉？"[110] 换言之，君位以君职而尊贵，履行君职为君主之义务，未足夸耀。所可叹者，后世之君，只知民职在乎奉上，不知君职在乎养民，于民一味求索责罚，于己则怠而不修，全不思其职责所在。方氏质问道：

> 夫天之立君者何也？亦以不能自安其生而明其性，故使君治之也。民之奉乎君者何也？亦以不能自治与自明，而有资乎君也。如使立君而无益于民，则于君也何取哉？自公卿大夫至于百执事，莫不有职，而不能修其职，小则削，大则诛。君之职重于公卿大夫、百执事远矣，怠而不自修，又从侵乱之，虽诛削之典莫之加，其曷不畏乎天邪？受命于天者君也，受命于君者臣也。臣不供其职，则君以为不臣，君不修其职，天其谓之何？其以为宜然而祐之耶？抑将怒而殛绝之耶？奚为而弗思也！[111]

方氏君职之说固然承自孟子，而其陈义之"畅晓切实"则过之。[112] 此外，方氏又承《周礼》遗意，构拟了一套乡族治理制度，设想于传统的官治之外，通过宗族和乡里实现

---

[110]《方孝孺集》卷三《君职》。
[111] 同上。
[112] 参见萧公权：《中国政治思想史》，尤其页447—449。

民的自养和自治。这种乡族制度虽与近代民主制下的地方自治并非一物，却是传统将养民、教民要务只委诸君王之思想的突破。实际上，南宋以来，士大夫中对于专制集权的批评声不绝于耳，有关分权的思考和议论不断，而且出现了像《吕氏公约》那种以德业相劝、过失相规、礼俗相交、患难相恤为主要目的的乡民自治规划。方氏的构想较公约更进一步，将乡族自治范围扩展于政教事务。着眼于古代民本思想前后的发展，这种尝试和努力的意义不容忽视。[113]

同样是阐扬贵民之旨，生当晚明的吕坤呈现出的又是一种风貌。其中的原因，除去个人经验、见识和判断上的差异，更有时代思潮变化的影响。吕坤为注重实践的儒者，其论政，既言尊君，又言重民，惟以重民为目的，尊君为手段。[114]其言民本，似不出传统范围。如云："天之生民，非为君也；天之立君，以为民也。奈何以我病百姓？夫为君之道，无他，因天地自然之利而为民开导撙节之，因人生固有之性而为民倡率裁制之。足其同欲，去其同恶，凡以安定之使无失所，而后天立君之意终矣。岂其使一人肆于民上而剥天下以自奉哉？"[115]这类民本说辞是人们所熟悉的，然而，其中对"自然之利""固有之性""足其同欲"的强调已然透露出新的时代意蕴。吕坤又云："世间万物皆有所欲，其欲亦是天理人情，天下万世公共之心。每怜万物有多少不得其

---

[113] 详参萧公权：《中国政治思想史》，页449—452。
[114] 关于吕坤的政治思想，详参萧公权：《中国政治思想史》，页461—466。
[115] 吕坤：《呻吟语》卷五"治道"。

184 | 为政

欲处，有余者，盈溢于所欲之外而死；不足者，奔走于所欲之内而死，二者均俱生之道也。"[116] 这是颇具晚明味道的说法。宋儒主张"存天理，灭人欲"，吕坤却说"欲亦是天理人情"，这种转变意义重大，须放在对程朱理学的批判和超越的思想背景下来理解。

明代大儒王阳明（1472—1528）不满理学的僵化，主张心即是理，重致良知，强调知行合一，创为心学，引发了一场颠覆和超越宋学式既定不变的外在之理的精神运动。[117] 然而，这场运动的主旨与其说是要否定天理，不如说是要改造天理，把天理重新安顿在人的良知上面。为此，对人性之"性"的重新认识就变得非常重要。在此过程中，不但出现了对"欲"以及"欲"与"理"的关系的重新界定，而且出现了对"私"的重新认识。也是出于王学，且与吕坤同时代的李贽（1527—1602）就说："夫私者，人之心也。人必有私而后其心乃见，若无私则无心矣。……此自然之理，必至之符，非可以架空臆说也。然则为无私之说者，皆画饼之谈，观场之见……不足采也。"[118] 他又批评当世之言政、刑、德、礼者未得礼意，乃以"条约之密"，使民"就吾之条理"，"是欲强天下使从己，驱天下使从礼"，而"不知礼为人心之所同然，

---

〔116〕吕坤：《呻吟语》卷五"治道"。

〔117〕着眼于阳明学的行动特征，沟口雄三认为，阳明学更像一种"精神运动"。参见氏所著：《中国前近代思想的屈折与展开》，页252。关于阳明学与程朱理学的关系，以及阳明学在中国近代思想史上的位置，该书有深入而精到的分析。

〔118〕李贽：《藏书》卷三十二"德业儒臣后论"。北京：中华书局，1974。

本是一个千变万化活泼泼之理"。"好恶从民之欲，而不以己之欲，是之谓'礼'。"若执此真正之"礼"，则"天下之民，各遂其生，各获其所愿者，不格心归化者，未之有也"。[119]这里，"理"和"欲"的关系被重新界定，并且被颠倒过来了。一边是万民千变万化的自然之欲（心、生、愿），一面是朝廷欲强而齐之的"政教""条理"。"夫天下至大也，物之不齐，又物之情也"[120]，故以"吾之条理""政教"强使之齐，无乃违"物之情"，徒劳且缺乏正当性。相反，满足众民的欲求，使各遂其生，各得所愿，民心自然来归。在李贽看来，此种令万民格心归化的不齐之齐，才是真正符合礼的秩序。诚然，李贽性情狂狷，行事不羁，语出惊世骇俗，故不容于当世。即使当时极具批判精神的东林党人士，包括其思想上之集大成者黄宗羲等，对李贽也持激烈批评的态度。然而，后者实际上也都浸淫于同一思潮之中，实为其精神上的同道和承继者。[121]故此，明末清初之黄、顾、王诸儒皆明言私的正当。顾炎武云："人之有私，固情之所不能免矣。故先王弗为之禁，非惟弗禁，且从而恤之。建国亲侯，胙土命氏，画井分田，合天下之私以成天下之公，此所以为王政也。"[122]

〔119〕李贽：《道古录》卷上第十五章，载张建业主编：《李贽文集》第7卷。北京：社会科学文献出版社，2000。

〔120〕同上。

〔121〕关于李贽与东林派思想上的龃龉和关联，参见沟口雄三：《中国前近代思想的屈折与展开》，页293—343。

〔122〕顾炎武著、黄汝成集释：《日知录集释》卷三"言私其豵"。石家庄：花山文艺出版社，1990。

彼又辨析"以公灭私"之官训云："至于当官之训，则曰以公灭私。然而禄足以代其耕，田足以供其祭，使之无将母之嗟，室人之谪，又所以恤其私也。此义不明久矣。世之君子必曰：有公而无私。此后代之美言，非先王之至训矣。"〔123〕王船山论理、欲关系，则云："理尽则合人之欲，欲推即合天之理。于此可见：人欲之各得，即天理之大同。"〔124〕黄宗羲更将公私之辨，视作君民关系的根本。他认为，"有生之初，人各自私也，人各自利也"。古之人君，勤勤恳恳，以利天下，故天下之人，得其利而释其害，此立君之意。后之为人君者则反其道而行之，"以为天下利害之权皆出于我，我以天下之利尽归于己，以天下之害尽归于人，亦无不可。使天下之人不敢自私，不敢自利，以我之大私为天下之大公"，如此，则全违立君之意。"向使无君，人各得自私也，人各得自利也。"〔125〕故肯定和满足天下人的私和利，实为治道的起点，君职之所在，立君正当性之所本。

黄宗羲对专制君主的批判，显然也是在君职的观念上展开的。君王权位既被还原为一种公职，君、臣也就处于同一位置，共受制于天下之法。黄氏论臣道有云："缘夫天下之大，非一人之所能治，而分治之以群工。故我之出而仕

〔123〕顾炎武著、黄汝成集释：《日知录集释》卷三"言私其豵"。
〔124〕王夫之：《读四书大全说》卷四。
〔125〕黄宗羲：《明夷待访录·原君》，载《黄宗羲全集》第一册。杭州：浙江古籍出版社，1985。

也，为天下，非为君也。为万民，非为一姓也。"〔126〕他又将治天下比喻为"曳大木"，而将君与臣喻为"共曳木之人"，"前者唱邪，后者唱许"〔127〕，名虽有异，职实相同。在强调宰相一职的重要性时，他进一步申明此义："原夫作君之意，所以治天下也。天下不能一人而治，则设官以治之。是官者分身之君也。"〔128〕他又引孟子答周室班爵禄之语，力言君臣同类，而以后世君臣悬绝之观念为非。〔129〕在他看来，世俗以为君臣之义无所逃于天地之间者，不过是小儒的陈腐之见。

除了主张"置相"的重要，黄宗羲最重视"学校"。而黄氏所谓学校，不再只是传统的养士之所，更是培育人才、健全舆论、议论朝政、督察政事的场所。故学校之设，意在"使朝廷之上，闾阎之细，渐摩濡染，莫不有《诗》《书》宽大之气。天子之所是未必是，天子之所非未必非。天子亦遂

---

〔126〕黄宗羲：《明夷待访录·原臣》。
〔127〕同上。
〔128〕黄宗羲：《明夷待访录·置相》。
〔129〕黄氏谓："孟子云：天子一位，公一位，侯一位，伯一位，子、男同一位，凡五等也。君一位，卿一位，大夫一位，上士一位，中士一位，下士一位，凡六等。盖自外而言之，天子之去公，犹公、侯、伯、子、男之递相去。自内而言之，君之去卿，犹卿、大夫、士之递相去，非独至于天子，遂截然无等级也。"（《明夷待访录》）顾炎武亦有类似议论，如谓："天子与公侯伯子男一也，而非绝世之贵。"（《日知录》卷七"周室班爵禄"）这是先秦儒家的立场。孔子云："所谓大臣者，以道事君，不可则止。"（《论语·先进》）又云："君使臣以礼，臣事君以忠。"（《论语·八佾》）孟子论君臣关系之相对性更加直白："君之视臣如手足，则臣视君如腹心；君之视臣如犬马，则臣视君如国人；君之视臣如土芥，则臣视君如寇仇。"（《孟子·离娄下》）

不敢自为非是，而公其非是于学校"〔130〕，最终仍是以规范君主、实现大公为旨归。而这一点，无疑是中国古代民本思想——更不用说孟子以来儒家政治思想——的基本指向。惟不应忽略的是，黄宗羲辈在将此一思想传统发扬光大之际，也导入了若干新鲜的思想因素，前述对"人各得自私也，人各得自利也"之民的肯定，以及在此基础上对君民关系的重新界定，便是明末清初民本思想发展上极可注意之点。

日人沟口雄三认为，传统的民本思想虽强调人君须以天下的好恶为其好恶，但是民之欲求的满足与否，终究取决于人君，因此，民也只能把希望寄托于君主的仁德之上。至黄宗羲则不然。他主张和代表的具有自私自利性质的民，不但是"自觉的主体性存在"，而且在有"私"这一点上，又是"和皇帝相抗衡的实势的、俨然的客体性存在"。〔131〕正是"基于这种主体性兼客体性自觉，他提出来皇帝也（与民）并贯于天下之法、强化宰相的职能、培育担任天下之是非的人才等主张"。〔132〕进一步说，黄宗羲在其名篇《明夷待访录》中提出的，是一种"分治"或者"分权"的政治主张：以相权分皇帝之权，以学校分官府之权，以地方（方镇）分中央之权。〔133〕于是，治道的重点开始从传统的"格君心之非"，

---

〔130〕 黄宗羲：《明夷待访录·学校》
〔131〕 沟口雄三：《中国前近代思想的屈折与展开》，页351。
〔132〕 同上。
〔133〕 参见沟口雄三：《中国前近代思想的屈折与展开》，页53—64；《中国的公与私·公私》，页162—171。

转移至君臣关系和机构设置。人君修为和为政态度的道德问题，也就变成为权力结构的再造问题。[134]尽管新的民本论述仍然是在君主制度的框架之内，其推陈出新而不同于传统之处也是显而易见的。[135]

明末清初见于黄、顾、王诸儒的思想突进，无疑为民本思想史上的一大高潮。然而此后二百余年，其说沉寂无闻，这部分是因为，清廷以笼络与压制并用，于收买人心、催抑士气方面颇见效用[136]；部分亦是因为，当初激发东林派人士奋起抗争的特定政治、经济和社会弊害，在满人治下有所改变和缓解。[137]虽然，作为传统的政治正当性理论，民为国本

---

〔134〕参见沟口雄三：《中国的公与私·公私》，页115；《中国前近代思想的屈折与展开》，页348—358。

〔135〕近人关于黄宗羲思想的认识和评价分歧甚大。清末革命派人士梁启超、陈天华等对黄氏极为推崇，誉之为中国的卢梭，民权主义的先驱者。后来的马克思主义思想史家沿袭此说，将之纳入"近代民主思想"的范畴。参见侯外庐：《中国思想通史》第5卷，北京：人民出版社，1980，页155—165。更多的事例，见杨庆球：《民主与民本：洛克与黄宗羲的政治及宗教思想》。香港：三联书店香港有限公司，2005，页39。与之相反，萧公权一方面肯定黄氏"贵民之古义，不啻是向专制天下之制度作正面之攻击"，同时又指出，黄氏"虽反对专制而未能冲破君主政体之范围。故其思想实仍蹈袭孟子之故辙，未足以语于真正之思变"。（萧公权：《中国政治思想史》，页512）沟口雄三对黄氏的观察和评价则在此二者之间，而更切近于研究对象，其论说也更细致可信。详氏所著《中国前近代思想的屈折与展开》"下论"第二章《明夷待访录》的历史地位"。此外，李泽厚对于黄宗羲的认识和评价似乎是在侯外庐与沟口氏之间。详氏所著《中国古代思想史论》。北京：人民出版社，1985，页280—283。

〔136〕参见萧公权：《中国政治思想史》，页552—554。

〔137〕沟口雄三：《中国前近代思想的屈折与展开》，页352—364。

之说，乃至民贵君轻之论，终清一朝，不绝于朝野。如吕留良（1629—1683）论君臣之义，直言"君臣以义合，合则为君臣，不合则可去。……只为后世封建废为郡县，天下统于一君，遂但有进退，而无去就。赢秦无道，创为尊君卑臣之礼，上下相隔悬绝，并进退亦制于君，而无所逃，而千古君臣之义，为之一变"。[138]这段话讲君臣以义合，直承孟子，反对君臣上下悬绝，则兼续宋儒及明末诸儒对君尊臣卑的批评，文中提及"封建"，更延续了前述有关分权的思考和主张。

封建古制，久已不存，然而封建之观念，在古代政治理论上始终不减其重要性。尤其宋代以降，专制集权之弊愈益显明，有识之士多以"封建"为参照，与现实折中调和，构想其具有分权性质的制度。南宋之陈亮、叶适乃其例，承《周礼》遗意设计乡族自治的吕大钧（约1029—1080）、方孝孺亦属其类，明末清初的黄宗羲、顾炎武，亦屡言封建，折中于封建与郡县之间。前者主张复行唐代方镇之制，后者则主张"寓封建之意于郡县之中"[139]，二者皆着眼于专制集权之弊，而欲参以封建之意，行分权之制。大概就是看到这一点，雍正皇帝怒斥吕留良等云："大凡叛逆之人，如吕留良、曾静、陆生楠之流，皆以宜复封建为言。"[140]不过，这并不意

---

〔138〕《吕晚邨先生四书讲义》卷三七，转引自沟口雄三：《中国的公与私·公私》，页165。

〔139〕参见沟口雄三：《中国的公与私·公私》，页164。

〔140〕《东华录》，转引自沟口雄三：《中国的公与私·公私》，页164—165。沟口雄三认为，雍正皇帝"嗅出了"吕留良等人的封建论中的分权意味。（同前，页166）

味着作为民本论规范乃至批评对象的君主如雍正，会在民本思想之外援引一套别样理论来维护其正当性。相反，他们用以主张其统治正当性的，只能是传统的民本思想。盖因民本思想不但是中国古代唯一的政治正当性理论，而且也是与君主制度下的等级秩序完美融合的政治理论。因此，毫不奇怪，雍正在力驳反清言论时，会大谈"皇天无亲，惟德是辅"，以及民心向背之理；康熙、乾隆更屡屡引据孟子，发挥民贵君轻之义。[141]在这些有关治道的主流论述中，民本思想中固有的规范性紧张，被有效地控制在君主专制的大一统秩序内，故而，始于秦汉的国家体制与纲常秩序得以维持不辍。然而，晚清之世，西学东来，思潮激荡，民本思想中的规范性紧张再度爆发。与之前不同的是，这一次，源于西方的民主、民权诸观念被引入，并被接续于中国固有的民本思想之上，由此，不但产生了对传统的重新诠释，也导致了传统思想的变异和转换。此一变异和转换，不仅在程度上远逾前代，更因思想的视界和实质内容突破了旧有格局，而催生出中国思想的新局面。

民本思想之转型

　　无论传统的民本思想，还是西方的民主观念、民权学

---

〔141〕雍正在处理曾静案时颁布的《详示君臣大义谕》最为典型（参见上海书店编：《清代文字狱档》。上海：上海书店，2007，页568—572）。清代诸帝的民本言论，参见张分田：《民本思想与中国古代统治思想》（上），页360—366。

说，处理的根本上都是政治正当性问题，且二者都把"民"置于关注和讨论的中心。因此，晚清时人将二者相提并论，由民本而论民权，可以说是事出自然，理有必至。惟因论者立场、主张及认识不同，其论述亦有所不同。主导公车上书和戊戌变法、曾为士林领袖的康有为，托古改制，以公羊学的"三世"说，融合当时流行的进化观念，描绘出一幅人类社会由据乱世向升平世、最终朝向太平世演进的统一图景，而将民本、民权、民主诸理念一并纳入其中。昔齐宣王问贤于孟子，孟子有"左右皆曰贤，未可也；诸大夫皆曰贤，未可也；国人皆曰贤，然后察之，见贤焉，然后用之"〔142〕等语，康有为解为"孟子特明升平授民权、开议院之制"〔143〕，认为其说创自孔子，而孟子述之，即今之立宪体，君民共主之法。他又将孟子"民为贵，社稷次之，君为轻"一段名言申论如下：

> 此孟子立民主之制，太平法也。盖国之为国，聚民而成之，天生民而利乐之。民聚则谋公共安全之事，故一切礼乐政法皆以为民也。但民事众多，不能人人自为公共之事，必公举人任之。所谓君者，代众民任此公共保全安乐之事。为众民之所公举，即为众民之所公用。民者如店肆之东人，君者乃聘雇之司理人耳。

---

〔142〕《孟子·梁惠王下》
〔143〕康有为：《孟子微》卷一。北京：中华书局，1987，页20。

民为主而君为客，民为主而君为仆，故民贵而君贱易明也。众民所归，乃举为民主，如美、法之总统。然总统得任群官，群官得任庶僚，所谓"得乎丘民为天子，得乎天子为诸侯，得乎诸侯为大夫"也。今法、美、瑞士及南美各国皆行之，近于大同之世，天下为公，选贤与能也。孟子已早发明之。[144]

康氏这段话，看上去不过祖述古人，阐释经典，其实是将新义灌注于旧说。立君之道，民贵君轻、民主君客诸说，无疑均为传统的民本思想。然而契约之义，代理之说，则不尽出自中土。[145] 又民主君仆之说，已较民主君客之义更进一步，而民贵君贱之语，实距民贵君轻之义远甚。这其中的差异，表明了新旧思想的不同。这种不同，在追随康氏变法维新、最终以身殉道的谭嗣同那里变得更为触目。身为康氏私淑弟子，谭嗣同的思想自然深受康氏影响，惟其性情激烈决绝，思想极具锋芒，故其专制主义批判，将传统民本思想中的紧张显露无遗。其名言有如："二千年来之政，秦政也，皆大盗也。二千年来之学，荀学也，皆乡愿也。惟大盗利用乡愿，惟乡愿工媚大盗。二者交相资，而罔不托之于

---

〔144〕康有为：《孟子微》卷一。页20。

〔145〕以公司喻国家，以股东、司事譬国民、政府，乃是清末颇为常见的做法。沟口雄三曾就中日两国同时期同类比喻的不同含义做了很有意思的比较。详氏所著《中国的公与私·公私》，页160—161。

孔。"〔146〕又谓:"君统盛而唐、虞后无可观之政矣,孔教亡而三代下无可读之书矣!"〔147〕其聊可"当于孔教者",不过黄梨洲之《明夷待访录》与王船山之遗书而已。〔148〕谭氏承黄宗羲余绪,大力标举民本君末之义:

> 生民之初,本无所谓君臣,则皆民也。民不能相治,亦不暇治,于是共举一民为君。夫曰共举之,则非君择民,而民择君也;夫曰共举之,则其分际又非甚远于民,而不下侪于民也;夫曰共举之,则因有民而后有君。君,末也;民,本也。天下无有因末而累及本者,亦岂可因君而累及民哉?夫曰共举之,则且必可共废之。君也者,为民办事者也;臣也者,助办民事者也。赋税之取于民,所以为办民事之资也。如此而事犹不办,事不办而易其人,亦天下之通义也。〔149〕

民本君末之语,固然可以视为民主君客、民主君仆乃至民贵君贱的另一种表达,然而由谭氏道出,则更具激进意味。因为谭氏攻之不遗余力的,不独为专制制度,而且包括支撑此种制度的文化和社会规范——纲常名教。谭氏以为,

---

〔146〕谭嗣同:《仁学》二十九。北京:华夏出版社,2002。
〔147〕谭嗣同:《仁学》三十一。
〔148〕在谭嗣同看来,顾炎武虽与黄、王齐名,"而名实相反、得失背驰",盖因其出于程、朱,而程、朱又远宗荀子,"君统而已,岂足骂哉!"(参同上书)
〔149〕同上。

俗学陋行敬为天命、畏为国宪的名教之名，"由人创造，上以制其下，而不能不奉之，则数千年来，三纲五伦之惨祸烈毒，由是酷焉矣。君以名桎臣，官以名轭民，父以名压子，夫以名困妻，兄弟朋友各挟一名以相抗拒，而仁尚有少存焉者得乎？"[150]"三纲"之中，他更对君臣一纲痛加挞伐，谓"二千年来君臣一伦，尤为黑暗否塞，无复人理，沿及今兹，方愈剧矣。夫彼君主犹是耳目手足，非有两头四目，而智力出于人人也，亦果何所恃以虐四万万之众哉？则赖乎早有三纲五伦字样，能制人之身者，兼能制人之心"。[151]清末，革命思潮涌动，传统之改朝换代的革命论，最终演成废除君主制度的共和运动。对于此一转变，谭嗣同的《仁学》无疑提供了重要的精神和思想资源。[152]

民本及民权诸观念、话语，为晚清变法和社会转型必不可少的思想背景，故关心和参与时务者，不论改良派、革命派，无不热衷其说。康、谭诸说不过其中较具影响者。而刘师培（1884—1919）所作《中国民约精义》，或可视为晚清对中国民本思想最有系统的整理和表达。是书辑录古今民本思想言论凡百八十余条，并比照法人卢梭所撰《民约论》，求其同，辨其异，品评高下，发为议论，其中颇多胜义。如刘氏于《尚书》摘录"民为邦本，本固邦宁"等七条，其条下案语云：

---

〔150〕谭嗣同：《仁学》八。
〔151〕谭嗣同：《仁学》三十。
〔152〕参见《仁学》评注者吴海兰的"《仁学》评价"一文。载同上书。

案三代之时为君民共主之时代，故《尚书》所载，以民为国家之主体，以君为国家之客体。盖国家之建立，由国民凝结而成。赵太后谓："不有民，何有君？"是君为民立，在战国之时且知之，而谓古圣独不知乎？《民约论》之言曰："所谓政府者，非使人民奔走于政府之下，而使政府奔走于人民之中者也。"（卷三第二章）是则民也者，君之主也；君也者，民之役也。吾尝谓：中国君权之伸，非一朝一夕之故。上古之时，一国之政悉操于民，故"民为邦本"之言载于禹训。夏、殷以来，一国之权为君民所分有，故君民之间有直接之关系，所谓"后非民罔使，民非后罔事"也。降及周初，民权益弱，欲伸民权，不得不取以天统君之说，所谓"天视自我民视，天听自我民听"者也。故观《尚书》一经，可以觇君权专制之进化。然而君权益伸，民权益屈。予读书至此，未尝不叹吾民之罹厄也！虽然，《尚书》非主专制之书也。"奄有四海，惟辟作威"等语，不过一人之私言耳，岂可以是概《尚书》哉？观孔子删《书》，以尧、舜二典居首，与《春秋》以隐公居首若出一辙，所以贵人君之让国而无私一国、私天下之心也。人君不以天下、一国自私，故为国家之客体。后世以降，人民称朝廷为国家，以君为国家之主体，以民为国家之客体，扬民贼之波，煽独夫之焰，而暴君之祸遂以大成，君民共主之世遂一变而为君权专制之世

矣。夫岂《尚书》之旨哉！〔153〕

这段案语以君权与民权之消长为线索，勾画三代及其前后民本思想演变之迹，斑斑可考，不啻为一段民权史观的民本思想微史。对历史的这种解读，承续了古典民本思想及其后续的传统，同时加入了近代西方民主主义的视角，在当时既具针对性，亦具代表性。前述康有为、谭嗣同诸人的民本论述亦属此类。惟前者融中西古今制度、义理于一，失于笼统，后者立论偏于极端，分析不足，不若刘师培此书，长于说理，精于比较，情感蕴于叙述，议论止于辨析。故其引申古义，品评人物、思想，给人较多思考空间。兹再举二例。

朱子云："天下者，天下之天下，非一人之私有也。"（《孟子·万章》篇注）又云："天下之治，固必出于一人，而天下之事，则有非一人所能独任者。"（《语录》）刘氏引《民约论》卷一第九章诸段评曰：君主乃国民委以治国责任之人，故其所持公权非所固有，"后世以降，人民误认朝廷为国家，则所谓天下者，一姓之天下已耳。宜朱子之力斥其非也！"然而，朱子"天下之治出一人，天下之事必分任"之说，与卢氏所谓"主权之体可分，主权之用不可分"（卷二第二章），实貌合而神离。"主权者，集一国之权而成者也，非人君一人所私有。若朱子所言，则是以治天下望君主

---

〔153〕刘师培：《中国民约精义》第一篇"上古·《书》"。木刻本，宁武南氏校印。

一人矣。此其所与卢氏不同者也。"〔154〕刘氏又录《大学》"民之所好好之，民之所恶恶之，此之谓民之父母"，及"是故财聚则民散，财散则民聚"两句，而加案语云：

> 案《大学》十章，最重理财。天下为天下之天下，则天下之财亦为人民共有之财。《民约论》不云乎："当国家创立之时，一国人民各罄其权利财产，一纳诸国家而不靳。盖各人散其所有，不免为暴横者所觊觎，集之于一则安固无失，虽有黠者亦无所施其技。或有以国家公同之权利视为君主私箧之所存，是大谬也。"（卷一第九章）由卢氏之言观之，则国家者，集国人财产而成者也；君主者，为国人保持财产者也。……君主既为人民尽义务，人民即当与君主以权利，此君主所以有财也。然人君所有之财，与国家公同之财究当区之为二。观《周礼》一书，于天子之用财皆有一定之制；……而太西立法之邦于天子之财皆有一定之岁俸，且以君主之私财别于一国公财之外，其杜渐防微不亦深哉！中国之君主则不然，不以天下为天下之天下，而以天下为一己之天下；不以天下之利归天下，而以天下之利奉一人。自汉高祖"吾之产业孰与仲多"一言，俨然以天下为一己之私产。至于王莽遂有"以天下之田为王田"之说矣。敲扑天下之骨髓，离散天

---

〔154〕刘师培：《中国民约精义》第二篇"中古·朱子"。

下之子女，而犹饰经文一二语以自饰，曰"普天之下，莫非王土"，曰"奄有四海为天下君"，以遂其一己之私欲。此三代以后天下所以无真公私也。……《大学》一书虽知财散民聚之义（与有若所言"百姓足，君孰与不足"同义），然君本无财，何待于散？民以天下之利属之君，君以共同之财散之民，是财本人民所固有也。若《大学》所言于人君之散财以为异日得民之本，是明明认财用为君主之私矣。既认财用为君主之私产，而犹望其散财于民，岂可得哉？故《大学》所言不知民约之义者也。然使人君公好恶于民，亦未始非裁抑君权之一法，此其所以得孔门之传与？[155]

以《民约论》为准据，论列民本古义，辨其异同，评其得失。这种做法在今人看来，难免有"西方中心主义"之讥。不过，在一个不仅学习西方技术，而且欲通过制度乃至文化移植来实现社会转型的时代，这种做法的正当性几乎不言自明。辨析中国民本思想与西方民权思想异同，固然有助于人们了解不同文化与社会，然而当日论者的兴趣，与其说是解释和理解，不如说是规范和改造。故其动辄指陈古人"不知""不明"民约之义，今人或以为"强加"，时人则视为当然。正是此种实践性冲动，最终将传统的民本思想引申、发挥，改造为中国的民权思想。

---

〔155〕刘师培：《中国民约精义》第一篇"上古·《礼记》"。

所谓中国的民权思想，即是带有中国固有思想印记的民权思想，确切地说，就是立基于西方民主思想，同时吸收了若干民本思想成分而形成的民权思想。然而，中国民权思想中，哪些内容或特征是民本的，哪些属于西方民主思想，二者的融合形成了怎样的形态，这些问题不易索解。论者如康有为，视现代西方政制为孟子早已发明之物，不辨其异，故无助于认识产生于不同文明的思想和制度。刘师培以卢梭《民约论》为据，论列古今，既求其所同，又见所不及，约略揭示出传统民本思想与西方民主学说的异同。只是，刘氏仍以宣传革命为主旨，论列虽广，却少学理性的提炼与总结。关于此一问题，最具启发性的看法或出于孙中山（1866—1925）先生。孙中山不但缔造了中华民国，而且创建了三民主义，而据他本人的说法，三民主义既通西方的民主主义，同时也包含了民本思想。他在发表于民国十年的一段讲词中解释说，三民主义乃是集合古今中外的学说，而在政治上所得的结晶品，其意思与美国总统林肯的名句 "Government of the people, by the people, and for the people" ——他译之为民有、民治、民享——相通。具体言之，林肯所主张的民有、民治和民享主义，就是他所主张的民族、民权和民生主义。[156] 据此说法，则三民主义即是中国的民主主义。那么，什么是三民主义的中国思想渊源？什

〔156〕参见孙中山：《五权宪法》，载孙中山：《三民主义》。北京：中国长安出版社，2011，页 227。

么又是其中取自西方民主思想，而为中国民本思想所无的呢？就在孙氏发表上述讲词的翌年，梁启超完成了一部以先秦政治思想为范围的讲义，凑巧的是，他在该讲义的序论中也以林肯的这句名言，与中国传统政治思想相比照。他写道：

> 我国学说，于 of，for 之义，盖详哉言之，独于 by 义则概乎未之有闻。[157] 申言之，则国为人民公共之国，为人民共同利益故乃有政治。此二义者，我先民见之甚明，信之甚笃。惟一切政治当由人民施行，则我先民非惟未尝研究其方法，抑似并未承认此理论，夫徒言民为邦本，政在养民，而政之所从出，其权力乃在人民以外。此种无参政权的民本主义，为效几何？我国政治论之最大缺点，毋乃在是。……要之，我国有力之政治理想，乃欲在君主统治之下，行民本主义之精神。此理想虽不能完全实现，然影响于国民意识者既已甚深。故虽累经专制摧残，而精神不能磨灭。[158]

这段话，直探中国传统政治思想根本，同时也清楚地揭示出民本思想与西方民主主义二者间的分际。据此，民主思想所有，而民本思想所无者，即林肯所谓"民治"，孙中

---

[157] 梁氏取译言为：政为民政，政以为民，政由民出。虽不若孙译简洁，其义则同。参见梁启超：《先秦政治思想史》，页5。
[158] 同上。

山所谓"民权"。[159]自然，这是对民权的一种狭义理解，即把民权仅仅理解为人民直接参与治理的政治权利。然而，近代兴起的民主主义，除了凸显人民主权的观念，也强调自由、平等诸权利，并将之推及经济和社会等诸多领域。因此，广义上，无论林肯所谓民有与民享，还是孙中山所谓民族与民生，都未尝不可以目之为民权。我们检视中国的民权思想，辨析其中的中国思想渊源，自然也可以采取这样的立场。

当代学者沟口雄三在其中国思想史的研究中，把"中

---

〔159〕孙中山云："以人民管理政事，便叫做民权。"又云："民权便是人民去管理政治。"（氏所著《三民主义》，页71、131）这是孙氏关于民权最简明的定义了。着眼于民治之有无，孙氏甚至直截了当地指出："中国人民的民权思想都是由欧美传进来的，所以我们近来实行革命，改良政治，都是仿效欧美。"（同前，页123）不过，他同时又说，中国古代的大同理想，民贵君轻之说，天视自我民视的观念等，其实就是民权思想，故曰："民权的议论，在几十年以前，就老早有了，不过当时只见之于言论，没有形之于事实。"（同前，页78）这样把民本思想等同于民权观念，并非没有问题。上引梁启超关于民本主义的分析业已揭明此点。后之学者论之更详。萧公权写道："先秦以来之政论家，发扬'民为邦本'之学说者虽不乏人，然以近代之语述之，彼等大体只知'民享''民有'而未知'民治'之政治。且孟子一派虽以'得乎丘民为天子'以及'一夫'可诛之说阐明'民有'之精义，然既无民治之说以申之，则有体无用，二千年中，亦只传为原则上之空谈。况孟子以后之人，多半仅传民享之观念。不知民有，何况民治。人民虽为政治之目的，而君主永为政治之主体。民本者未实现之理论，而专制为不可否认之事实。……故古代之民本思想，乃不完全之民权思想，其去近代民主政治之观念，实有若干距离。"（萧公权：《中国政治思想史参考资料绪论》，《中国政治思想史》"附录"，页797）而在沟口雄三看来，民族、民权、民生三者之中，民权一项最少中国特色。（参见氏所著《中国的公与私·公私》，页81—82）

国的民权思想"分析为四,即"作为反君权的民权","作为地方分权的民权","作为国民权的民权",和"作为生民权的民权",并尝试从这四个不同侧面入手,梳理和揭示古今思想的递嬗与变异。[160] 根据沟口氏的研究,清末的反君权和主张地方分权这两种思潮,均可追溯至明末清初,且二者互为补充。前者不单是传统改朝换代的革命思想的产物,也是愈演愈烈的地方分权趋势的产物。意味深长的是,作为地方分权的民权思想,以及地方分权的实践本身,最后都没有延续下来,而是很快终结于国民国家的构造过程中,后者则与中国民权观念的另外两种属性,即国民性和生民性有关。然而,"国民"与"生民"又是分属于不同时代的范畴,二者关系同样复杂。生民的观念可以说是中国古代关于民的观念的核心和基础。民为天所生,是为天民,或曰生民。民之欲求源于天,民之好恶出于天,故满足民之欲求,与民同其好恶,就成为人君的第一要务。古代君王的统治正当性虽渊源于天,最后却落实于民。所谓"天视自我民视,天听自我民听",实为天治主义与民本主义的结合。[161] 虽然,从近代国民国家的角度看,生民的观念不但不足为凭,甚而是有害的。因为传统上,与生民相联系的观念,与其说是国家,不

---

[160] 参见沟口雄三:《中国的民权思想》,本文下面的讨论主要根据此文和沟口氏的另一篇文章《中国的"公"·"私"》展开。二文均载沟口雄三:《中国的公与私·公私》。

[161] 天治主义与民本主义之说出于梁启超,详见氏著:《先秦政治思想史》,页35—36。

如说是天下。正唯如此，民可以不关心国家的命运，而顾自享受其"一盘散沙"的"自由"。国民观念的提出，正是要改变旧有之民（作新民），转化其认同，把散漫无所约束的天民或生民，改造成新的政治共同体的一分子——国民。国民构成国家，拥有主权，可以自主选择其政治制度和政府形式。显然，就如国家观念一样，国民的观念也是来自近代欧洲。然而，就在国民观念被成功地植入中国社会的时候，生民的观念也并不是简单消失了，而是渗透到新的国民观念之中，并以这种形式保留下来。这种转变和联系在语词上的表现，可以由清末政论中流行的"人人"一词中见出。"人人"本为历史上旧有之词，但其清末的用法，却起到沟通新旧的作用。首先，"人人"具有公、多数、生存、均等与生民观念相关的意蕴。其次，"人人"即"每个人"之谓，故能与"自由""自治""自主"等词连用，从而具有旧有之"生民"或"民"所没有的新意。再次，"人人"虽含"个人"之意，但又不仅仅等于"个人"，而是包容且超越了"个人"的带有总体性特征的概念，因而具有在原理上、道义上排除个私的性质。[162]总之，体现为"人人"的国民的概念，既包含了与传统生民观念有关的共同性和总体性，又包含了与现代公民概念有关的自主性，因而是十足的中国式的。[163]清末革命家陈天华（1875—1905）说："吾侪求总体之自由者

---

〔162〕详见沟口雄三：《中国的公与私·公私》，页69—72。
〔163〕参见同上书，页70—81。

也，非求个人之自由者也。以个体之自由解共和，毫厘而千里也。共和者亦为多数人计，而不得不限制少数人之自由。"[164] 这是一种团体的自由观，这种自由观就建立在克服了生民的散漫性，同时又保留了其中具有公的特质的多数性的国民观上。这个具有总体性和为公的国民，不但在面对"朝廷之私国"时具有无可置疑的道德优越性，就是对于构成国民整体的个体之私，也同样居于价值上的优位。因此，孙中山在标举国民党的经济政策和理想时，很自然就区分了"个人"和"人人"："以发财论，则人人皆欲之……但常人则欲个人发财，我党则欲人人发财而已。……如君欲真发财，必人人发财，乃可达真发财目的。"[165]

最后，还可以就作为生民权的民权敷陈数语。

生民出之于天，"生民"一词因此总是保有某种原初性质，如无君无臣的平等状态，还有应当得到同等满足的对衣食（生存）的基本需求。这种原初性质同样被认为与天有关，其在价值的层面称为"公"，在社会实践层面则表现为"均"。康有为有云："人人皆天所生而直隶焉。凡隶天之下者皆公之。……公者人人如一之谓，无贵贱之分，无贫富之等，无人种之殊，无男女之异。……人人皆教养于公产，不

---

〔164〕陈天华：《论中国宜改创民主政体》，转引自沟口雄三：《中国的公与私·公私》，页176。

〔165〕孙中山：《党员应协同军队来奋斗》，转引自沟口雄三：《中国的公与私·公私》，页71。孙中山的这段论述，被沟口称之为"团体的自由"的经济版。（同前，页77）

恃私产……惟人人皆公，人人皆平，故能与人大同也。"[166]
这可视为对生民概念所包含的公和均之理念的完满表达。不过，在历史上，均的概念更多用在经济方面，到了近代，孙中山更大张其目，将之改造为三民主义的一脉：民生主义。意味深长的是，民生主义当时也被理解为社会主义。孙中山的一位追随者写道："民生主义（Socialism），日人一名社会主义。……民生主义之发达，何以故？曰以救正贫富不均，而图最大多数之幸福。……抑民生主义之滥觞于中国，盖远在……三代井田之制。……所谓国家民生主义之纲领为何？则土地问题是也，括而言之，平均地权也。"[167]比较历史上各种"均"的主张，这种立场显然更为激进，因为它不但是反王朝的，而且是反地主阶级的，然而，持这种激进立场的新的政治主体——国民——却也是由作为天民的生民转化而来的。[168]正是生民所固有的公和均的特质，不断否定等级秩序，同时抑制个人之私，而导向某种具有社会主义色彩的制度实践。清末的革命派人士已经开始区分富民的自由和贫民的自由，指民权实为富人之权的自利主义，而把至公无私的美誉给予社会主义。表面上看，这种马克思式的论述是舶来的，但是实际上，它渊源于中国固有的思想传统，或至少

〔166〕康有为：《礼运注》。北京：中华书局，1987。
〔167〕冯自由：《民生主义与中国政治革命之前途》，转引自沟口雄三：《中国的公与私·公私》，页179。
〔168〕参见沟口雄三：《中国的公与私·公私》，页180—184。

是同这种思想传统完全融合的。[169]着眼于这种传统在中国现当代社会变迁中的影响，沟口雄三指出：

> 中国的生民权在它的发展方向上，没有从原理上去确立私有财产权，反而倾向于压抑它，但是另一方面，它又以一种与此为反比例的方式，朝着均贫富的经济平等方向发展，这一生民权由此创立了民生主义这种独特的主义；而它在政治上，成为否定资产阶级自由的无产阶级专政的意识形态所由产生的传统土壤。[170]

论者以为，民本思想终结于孙中山，三民主义开启了中国民主主义的新时代。[171]某种意义上说，确实如此。但是，正如孙中山先生自己所承认的那样，三民主义本身就是集古今中外学说而成的结晶品，这意味着，中国的民主理论和民主实践，必定有其自己的逻辑、形态和表现方式。事实上，民本与民主，二者不同但相通，既可以互相支持，也可能相互冲突。而在现实中，二者结合的形态实际上相当复杂。回顾百年来的历史，更正确的说法也许是：在这片古老的土地上，民主的时代已经到来，而民本的时代尚未过去。

---

〔169〕详参沟口雄三：《中国的公与私·公私》，页 185—186。
〔170〕沟口雄三：《中国的公与私·公私》，页 187。
〔171〕金耀基引谢扶雅、萧公权诸说，视三民主义为数千年民本思想之完成。参见金耀基：《中国民本思想史》，页 181—182。

四 "家国"的谱系

　　"家国"一词见诸史乘，大约始自汉代。据《史记·周本纪》，武王举兵伐纣，誓师于牧野，谴责商王纣失德，其誓辞中就有"昏弃其家国"一语。有意思的是，司马迁转述的武王誓辞所由出的《尚书·牧誓》，有"昏弃"之语，而无"家国"之辞。[1]事实上，"家国"一词，不见于《诗》《书》《易》《礼》诸经，亦不见于先秦诸子书，但观汉、晋以降之经、史、子、集，则屡见不鲜。尤其晋以后，君臣朝堂论政，学士释经著史，文人抒情咏怀，或云"家国"，或以"家与国"并举，或连言"家国天下"，蔚为风气。[2]据

---

〔1〕　试比较这两段文字。《尚书正义》卷十一《牧誓》："王曰：'古人有言曰："牝鸡无晨。牝鸡之晨，惟家之索。"今商王受惟妇言是用，昏弃厥肆祀弗答，昏弃厥遗王父母弟不迪，乃惟四方之多罪逋逃，是崇是长，是信是使，是以为大夫卿士。俾暴虐于百姓，以奸宄于商邑。今予发惟恭行天之罚。'"《史记》卷四《周本纪》："王曰：'古人有言："牝鸡无晨。牝鸡之晨，惟家之索。"今殷王纣维妇人言是用，自弃其先祖肆祀不答，昏弃其家国，遗其王父母弟不用，乃维四方之多罪逋逃是崇是长，是信是使，俾暴虐于百姓，以奸轨于商国。今予发维共行天之罚。'"

〔2〕　"家国"一词，《晋书》以降多见。唐以后，诗人抒怀亦喜言"家国"。宋明儒尤其明儒则屡言"家国天下"。这方面事例甚多，不赘举。

此推想，说"家国"一词系汉人所发明，而流行于后世者，大体不差。虽然，若立足于思想观念，而非专注于特定字词，则"家国"之说实非史迁自撰，而是渊源有自。伊尹训太甲，有谓"立爱惟亲，立敬惟长，始于家邦，终于四海"[3]；诸侯颂平王，则云"君子万年，保其家邦"[4]。《大雅·思齐》诗中还有歌颂文王的名句："刑于寡妻，至于兄弟，以御于家邦。"古汉语中，邦、国互训，"家邦"即"家国"[5]，且"家""国"互通其义，"家国"即"国家"，后者则屡现于《尚书》《周礼》诸经[6]，亦可证"家国"词虽新而义甚古，"家国"之观念，其来有自。

"国家"一词，最为现代人所熟悉。然而，今人习焉不察的"国家"二字，与古人所谓"国家"，字同而义异。其最著者，是今之"国""家"分系不同范畴：国乃政治共同体，家则为血缘团体，二者不同，且两不相涉。故现代所谓"国家"，辄与"民族""主权""国民""社会"诸概念相关联。仍称"国家"，无非语言之约定俗成，不复有"家"之

---

〔3〕 《尚书正义》卷八《伊训》。

〔4〕 《诗经·小雅·瞻彼洛矣》。

〔5〕 许慎：《说文·囗部》："国，邦也。"汉唐经学家均以"家国"释"家邦"，参见孔安国传、孔颖达疏：《尚书正义》卷八《伊训》；郑玄笺、孔颖达疏：《诗经》卷十六《思齐》；郑玄注、孔颖达疏：《礼记正义》卷三十四《大传》等。

〔6〕 "国家"一词屡见于《易》《书》《周礼》《礼记》《左传》《孟子》等书，其频率明显较"家邦""家国"更高，尤其《礼记》一书，不但屡言"国家"，还常连言"天下国家"。《孟子·离娄上》谓："人有恒言，皆曰'天下国家'。"可见孟子时这种用法已经相当流行。

义，因此也不可能转称"家国""家邦"。这意味着，古人以"家国"或"国家"所指称的古代国家，有其特殊形态，而诸如"家国"这样的观念，适足表明古代中国人特有的国家观念和国家意识。

"家"与"国"

考诸字源，"家""国"二字各有其渊源，其基本义不相同。"家"的本义为居所。《说文·宀部》："家，居也。"指众人居住之所[7]，而引申为共居或有亲缘关系之人，谓家室、家人、家族等。"国"之字面义与家无关。《说文·囗部》："国，邦也。从囗从或。"金文中，"或"多用作地域、疆域之域，今人则据甲骨文"或"解为执戈守护疆土、保卫人口。[8]这两层意思不同，但都与早期国家有关，而"国"作为古代国家的通称，殆无疑义。不过，"国"字的出现和流行较晚。《论语》论及国家，"邦"字47见，"国"字10

---

[7]　段玉裁认为，"家"之篆体本义为豕之居，引申为人之居，盖因豢豕生子恒多，"故人居聚处借用其字"。（段玉裁：《说文解字注》。上海：上海古籍出版社，1988，页337"家"注）这种解释似更具人类学意义上的真实性。我们不妨在此基础上进一步发挥想象力。事实上，人畜共生，同处一室，岂非初民社会"家"的生动意象？

[8]　段注："戈部曰：或，邦也。古或、国同用。"（段玉裁：《说文解字注》"国"注）有关"或""或""国"诸字义的考辨，参阅黄金贵：《古代文化词义集类辨考》。页7；平势隆郎：《从城市国家到中华》，周洁译。桂林：广西师范大学出版社，2014，页400。

见。[9]古文，邦亦言封，邦、封同用。[10]"邦"之训"国"，应该与封建制度有直接关系。[11]而"家"与"国"，也在封建关系中建立起一种联系。周代制度，诸侯称国，大夫称家，"国""家"在同一系列，二者名位高下不同、权力大小有差，其为封建单位则一。[12]东周以后，大夫干政，强势卿大夫不但把持国政，甚且瓜分公室，兼并国家，"家"变为"国"。[13]故家、国连言，谓"家国""国家"，既可指封建政治体（专指），亦指古代国家（泛指）。

然则，大夫称"家"，所由何来？若大夫之"家"，同时具有政治性（"国"），则诸侯之"国"，是否亦具亲族性（"家"）？《说文》段注："《释宫》：'牖户之间谓之扆，其内谓之家。'引申之，天子、诸侯曰国，大夫曰家。"[14]据此，大夫乃天子、诸侯之"内"，故曰"家"。然而，如果把家理解为一种血缘群体，则天子、诸侯之"国"，未尝不具有"家"的含义，甚至天子、诸侯、大夫、士，亦可被视为一家。古语，王室、王朝亦称"王家"，诸侯

---

〔9〕　参见杨伯峻：《论语译注》，页246、273。"邦"字另一见释为"封"。
　　　 北京：中华书局，1982，页247。
〔10〕 参见段玉裁：《说文解字注》，页283"邦"注、页277"国"注。
〔11〕 参见黄金贵：《古代文化词义集类辨考》，页5—6。
〔12〕 郑玄谓："邦国，于云：'国，天子诸侯所理也。邦，疆国之境。'"（郑
　　　 玄注、贾公彦疏：《周礼注疏》卷二）是邦、国泛称时亦指天子之国。
〔13〕 关于东周以后诸侯（国）、大夫（家）地位、关系之变化，参见范文澜
　　　 《中国通史》第一册。北京：人民出版社，1979，页105—107、124—129。
〔14〕 段玉裁：《说文解字注》，页337"家"注。

之家（族）、国则名"公家""公室"。[15]易言之，古之"家""国"一也，故泛称"家国""国家"。这里，现代国家观上被截然分隔开（至少在规范意义上）的两个要素：政治性与亲族性，以自然的方式融合在一起，构成一种特定的国家形态。"家国"之说，就是这种特定国家形态的观念表达。

亲族群的政治性，或政治集团的亲族性，固非中国古代社会所专有的特征，却是最能表明中国古代国家性质的一项特征。[16]一般认为，古代国家的形成，乃由于生产技术的进步所促成，而产生血缘关系让位于地缘关系之结果。然而，中国古史学者却发现，中国早期国家的出现，与其说肇始于生产技术的革命，不如说因"社会组织领域之内的革命"[17]有以致成。此"社会组织"方面的"革

---

[15] "王家"一词屡见于《周书》，多指周之王室、国家。"公家"犹"公室"，春秋战国时指诸侯国，以及国君一脉。其例尤多见于《左传》。不过，比较"公室"一词，"公家"用例甚少，且其所指有时也包括天子之家。《礼记·王制》有谓"公家不畜刑人"，孔颖达疏为"天子诸侯之家不畜刑人也"（郑玄注、孔颖达疏：《礼记正义》），即此之例。春秋时期，概念上与"公室"关系密切的还有"公族"，详细研究，参见朱凤瀚：《商周家族形态研究》。天津：天津古籍出版社，1990，页468—485。

[16] 参见张光直：《中国青铜时代》。北京：生活·读书·新知三联书店，1983，页303。

[17] 张光直：《中国青铜时代》，页22。学者们注意及强调之点不同，其用以指称这一时期国家形态的概念也不尽同，如张光直谓为"王国"（同前书，页34）；谢维扬称之为"早期国家"（谢维扬：《中国早期国家》。杭州：浙江人民出版社，1995）；日人平势隆郎名之为"城市国家"（平势隆郎：《从城市国家到中华》）；思想史家萧公权则称之为"封建天下"（萧公权：《中国政治思想史》）。

命"，简单说就是：部落转变为氏族（进而宗族），氏族扩展其组织，变化其联结，完善其制度，而成为一个政治上能够有效控制和治理广阔地域和人民的家国共同体。[18] 从历史上看，此一过程相当漫长，从传说中的夏，到有文字可以稽考的商、周，古代国家逐步发展出一套复杂精微的观念、组织和制度系统，其核心即在宗族的团结方式，以及与此密切配合的政权形式。近人王国维（1877—1927）认为，"中国政治与文化之变革，莫剧于殷、周之际"。盖因周人确立了"立子立嫡"之制，"由是而生宗法及丧服之制，并由是而有封建子弟之制，君天子臣诸侯之制"。此类创制，加以祭法上的"庙数之制"，婚姻上的"同姓不婚之制"，"皆周之所以纲纪天下"者。[19] 之所以如此，乃因

> 立子之制，而君位定；有封建子弟之制，而异姓之势弱，天子之位尊；有嫡庶之制，于是有宗法、有服术，而自国以至天下合为一家；有卿、大夫不世之制，则贤才得以进；有同姓不婚之制，而男女之别严。

---

[18] 许倬云在《西周史》一书中指出："分封制下的诸侯，一方面保持宗族族群的性格，另一方面也势须发展地缘单位的政治性格。"而至少在周初，"诸侯封建'封人'的性格强于'封土'的性格"（页150），"这种以亲族血缘为基础的宗族组织，超越了地缘性群体"（页161），所谓家国（国家），"家指人众，国指疆土"，"封国由家族分化演变而来"（页162），殆无可疑。

[19] 王国维：《殷周制度论》，载《观堂集林》卷十。北京：中华书局，1984。

且异姓之国，非宗法之所能统者，以婚媾甥舅之谊通之。于是天下之国，大都王之兄弟甥舅；而诸国之间，亦皆有兄弟甥舅之亲；周人一统之策实存于是。[20]

王氏描述的这种宗法与封建的结合，辅之以异姓联姻之法，为周代国家提供了基本的制度架构，而成就了有周一代的辉煌业绩。此点为史家所共认，亦不乏考古学和文献学上的证据。[21]不过，据晚近人类学家的看法，王氏所强调的周代制度特征，尤其是昭穆、宗法与封建三项，若着眼于中国早期国家（"三代"）的共同性，实为中国古代社会的三个关键制度，在中国青铜时代大部分时期居于中心位置。[22]在一项关于中国考古学上的聚落形态——城邑的研究中，张光直指出：

中国古代的父系氏族实际上是由许多由系谱上说真正有血缘关系的宗族组成的；这些宗族经过一定的世代后分枝成为大宗与小宗，各据它们距宗族远祖的系谱上的距离而具有大大小小的政治与经济上的权力。当宗族分枝之际，族长率领族人去建立新的有土墙的城邑，而这个城邑与一定的土地和生产资源相结合。

---

〔20〕 王国维：《殷周制度论》。
〔21〕 关于西周封建制度，详参许倬云：《西周史》，页142—176；范文澜：《中国通史》第一册，页75—76。
〔22〕 详参张光直：《中国青铜时代》，页18—21、32—34。

从规范上说，各级宗族之间的分层关系与各个宗邑的分层关系应该是一致的。[23]

此种亲族群的政治性，或曰政治集团的亲族性，或者如张氏认为的那样，始于新石器时期，而承续、发展于三代，为中国早期国家的一般特征。[24]有一点可以肯定，那就是，在继起于殷商的周代，此种国家形态发展到一种完备的程度，堪为经典，其表现于制度曰"礼"，表现于观念曰"德"。

礼的起源极为古老，举凡初民习俗、社会规范、国家制度，均可以礼言之。周礼承自殷礼，殷礼传自夏礼，三代之礼一脉相承，代有损益。[25]上引王国维所言，即周礼之荦荦大者，传为周公制作。"德"之观念，出现于殷、周之际，而为周人大力发扬，进而发展为中国历史上最重要之思想，影响至为深远。有学者认为，周初，周公曾以德说礼，对礼有所改造。周代文献中，德与礼含义相通，均指正当规范之

---

[23] 张光直：《中国青铜时代》，页110。古代城邑是政治性的（"国"），建造城邑的行为也是政治性的。古代，"邑""国"先后被用作国都之称。详参黄金贵：《古代文化词义集类辨考》，页10—15。

[24] 参见张光直：《中国青铜时代》，页299—305。学者对商、周及春秋家族形态演变的比较研究，大体上印证了张光直及上引许倬云的看法，参见朱凤瀚：《商周家族形态研究》，页622—629。

[25] 孔子曰："殷因于夏礼，所损益，可知也；周因于殷礼，所损益，可知也。"（《论语·为政》）今人说法固不相同，但都是将三代制度视为一前后相继的传统。关于古代礼之性质、演变等，参阅本书《"礼法"探原》。

行为，惟礼重其表，德重其里。[26]德、礼俱出于天而系于人，为世间统治者保守天命的关键。故古代国家的性质，不独为政治的、宗法的，同时也是道德的。诚如王国维所言：

> 古之所谓国家者，非徒政治之枢机，亦道德之枢机也。使天子、诸侯、大夫、士各奉其制度典礼，以亲亲、尊尊、贤贤，明男女之别于上，而民风化于下，此之谓"治"；反是，则谓之"乱"。是故天子、诸侯、卿、大夫、士者，民之表也；制度典礼者，道德之器也。周人为政之精髓实存于经。[27]

古之德治、礼治，即本于此。

伦理与政治

西周礼乐文明、宗法秩序，经历春秋、战国之世而日渐瓦解。"礼乐征伐自天子出"的一统局面，一变而为"礼乐征伐自诸侯出"，再变而为"陪臣执国命"[28]的乱局。国家兼并，争战不已。传统的城市国家为新兴的领土国家所替

---

[26] 杨向奎：《宗周社会与礼乐文明》。北京：人民出版社，1992，页331—334。余英时接受了这一看法，更进一步以孔子的以仁说礼与之相对照、阐释。详参氏所著《论天人之际：中国古代思想起源试探》。北京：中华书局，2014，页28—29、82—98、205—211。

[27] 王国维：《殷周制度论》。

[28] 《论语·季氏》。

代。从本章的视角看，这也意味着，建基于宗法和封建制度之上的"家国"体制最终解体。当时，对于这一不可阻挡的历史巨变，有各种不同的思想上的回应。其中，以儒、法名世的两种思想派别对当时和后世的国家建设影响最巨，而它们所展现的政治理念则迥然不同。[29]

　　生活于春秋末年的孔子，以三代尤其西周为模范，力图通过恢复古代礼制，重建良好的社会生活与政治秩序。虽然，其政治与社会理想，并非某种机械的复古主义，毋宁说，他是通过吸收并改造古制精义，而造就一种更具合理性也更具普遍意义的政治哲学。孔子之"仁"的观念，以及他对"仁"与"礼"关系的阐述，堪为此种创造性贡献的典范。具体言之，孔子汲取和改造周人"德"的观念，创为"仁"的思想，而且，仿效他所推崇的古圣贤周公之以德说礼，孔子以仁说礼，实现了古代思想的一大突破。[30]《论语》一书，"礼"字74见，"仁"字百余见，其中，用以表示道德标准之义的"德"字105见。[31]孔子对"仁"的说明，因语境不同而变化，然均不离"德"之一义。可以说，

─────────────

[29]　对于先秦政治思想诸流派的简要介绍，参见萧公权：《中国政治思想史》，页17—38。

[30]　孔子论仁及礼在中国古代思想史上的重要性早已成学者共识，余英时在其新著中更视之为轴心突破的标志。详参余英时：《论天人之际：中国古代思想起源试探》，页95—99。

[31]　参见杨伯峻：《论语译注》，页221、311。与此相对照，春秋时人言"礼"远过于讲"仁"。仍据杨伯峻统计，《左传》一书，"礼"字469见，"仁"仅33见。同前书，页16。

仁表现为各种不同的德目，仁又是所有德目的总名，"统摄诸德"[32]，贯通于个人、家庭、社会、国家所有领域。同时，仁有其适当的表达形式，那就是礼。礼为仁之表，仁为礼之意；礼为仁之具，仁为礼之本。二者相辅相成，不可分离。[33]

从观念史的角度看，"仁"系由"德"发展而来，但又不同于"德"。盖因周人之"德"与王朝相连，孔子的"仁"则存在于个体内心；集体性的"德"为"天"所制约，存乎一心的"仁"则主要出于个人意志。[34]如此，"仁"之为德，就摆脱了与古代特定阶级和制度的外在联系，而变成一个普遍化的和富于生机的道德理念，一个可以将全社会所有角色都纳入其中的道德理想。值得注意的是，仁之观念虽然存在于内，居于个人道德修为的核心，却不只是个人的德性。子贡问仁，孔子回答说："夫仁者，己欲立而立人，己欲达而达人。能近取譬，可谓仁之方也已。"[35]自政治思想的角度观之，仁之为德，同时具有社会的和政治的含义。恰如政治史家萧公权所指出：

[32] 蔡元培语，转引自余英时：《论天人之际：中国古代思想起源试探》，页89。

[33] 参见张端穗：《仁与礼——道德自主与社会制约》，载黄俊杰主编：《中国人的宇宙观》。合肥：黄山书社，2012。余英时：《论天人之际：中国古代思想起源试探》，页86—95、205—6。

[34] 参见余英时：《论天人之际：中国古代思想起源试探》，页82—85、97—98。又，关于孔子之前即春秋前半段"德"之观念的发展，参见前书，页212—223。

[35] 《论语·雍也》。

全部之社会及政治生活，自孔子视之，实为表现仁行之场地。仁者先培养其主观之仁心，复按其能力所逮由近及远以推广其客观之仁行。始于在家之孝弟，终于博施济众，天下归仁。《大学》所谓"身修而后家齐，家齐而后国治，国治而后天下平"者，正足以说明仁心仁行发展扩充之程序。故就修养言，仁为私人道德。就实践言，仁又为社会伦理与政治原则。孔子言仁，实已冶道德、人伦、政治于一炉，致人、己、家、国于一贯。[36]

孔子论政，辄打通家、国。曾有人问孔子为何不参与政治，孔子反问道："《书》云：'孝乎惟孝，友于兄弟，施于有政。'是亦为政，奚其为为政？"[37]孝、友之为德，均出之于家，但在孔子眼中，却具有政治上的含义。消极地看，"其为人也孝弟，而好犯上者，鲜矣；不好犯上，而好作乱者，未之有也"。[38]积极地看，"君子务本，本立而道生。孝弟也者，其为仁之本与"！[39]修身行仁，就是政治。故曰："苟正其身矣，于从政乎何有？不能正其身，如正人何？"[40]仁者在位，则可言仁政。三代家国体制行将崩解，

[36] 萧公权：《中国政治思想史》，页53。
[37] 《论语·为政》。
[38] 《论语·学而》。
[39] 同上。
[40] 《论语·子路》。

无可挽回，孔子通过其毕生努力，却构筑了一种新的融家、国于一的政治哲学，这种新的政治哲学更具抽象意味，且面向未来。

与孔子用力的方向相反对，法家诸子对即将逝去的旧时代无所留恋。他们顺应时势，为新兴王权张目，勠力变法，厉行耕战，以为富国强兵之策，而彼据以达成其政治目标的工具，曰法。法出礼后，法自礼出，惟经过法家诸子改造和重塑之法，仅存礼之威，而不复有礼之德。[41]且礼有三义，曰亲亲，曰尊尊，曰贤贤，法家则独取其一，推尊尊之义至其极端[42]，尊君抑臣，尊官抑民，严上下之等。不过，法家所尊之君，未必圣人；法家之圣君，必为抱法守一之主。而法家崇尚之法，实为一套非人格化的制度，理性而公正，一视同仁。"法之所加，智者弗能辞，勇者弗敢争。刑过不避大臣，赏善不遗匹夫。"[43]至于儒者所称道者，如诗书礼乐仁义道德之类，在法家看来，均为过时之物，言之无益于治，反徒生祸乱。[44]进而言之，儒家仁学引为依据的人性善信念，在法家眼中，无异于海市蜃楼。法家对人性的看法，现实而冷酷。韩非子（前280—前233）以民间有"产男则相贺，产女则杀之"习俗，断言父母子女之间亦无非自

〔41〕　参见杨向奎：《宗周社会与礼乐文明》，页 275、279。
〔42〕　阎步克于此论述甚详。详参氏所著：《士大夫政治演生史稿》，尤其第三至第六章。北京：北京大学出版社，1996。
〔43〕　《韩非子·有度》。
〔44〕　这方面，商鞅、韩非等论之甚详。参见本书《"礼法"探原》。

私计算之心，父母待子女如此，"而况无父子之泽乎！"[45] 故亲情不可倚，亲亲之道不可以为国。治国靠的是法术势力，厚赏重罚。是家、国为二事，政治与道德无关。不独如是，推孝悌于国家，非但不能为功，甚且有害于治。韩非子曾讲述两则故事，明白地指出此点：

> 楚之有直躬，其父窃羊而谒之吏，令尹曰："杀之。"以为直于君而曲于父，报而罪之。以是观之，夫君之直臣，父之暴子也。鲁人从君战，三战三北，仲尼问其故，对曰："吾有老父，身死，莫之养也。"仲尼以为孝，举而上之。以是观之，夫父之孝子，君之背臣也。故令尹诛而楚奸不上闻，仲尼赏而鲁民易降北。[46]

如此，则家与国竟成对立之势。商鞅（前395—前338）变法，"令民为什伍，而相牧司连坐。不告奸者腰斩，告奸者与斩敌首同赏，匿奸者与降敌同罚。民有二男以上不分异者，倍其赋"。[47] 将原有之家庭结构、社会组

---

〔45〕《韩非子·六反》。

〔46〕《韩非子·五蠹》。《吕氏春秋·仲冬纪》所记略异于此："楚有直躬者，其父窃羊而谒之上。上执而将诛之。直躬者请代之。将诛矣，告吏曰：'父窃羊而谒之，不亦信乎？父诛而代之，不亦孝乎？信且孝而诛之，国将有不诛者乎？'荆王闻之，乃不诛也。孔子闻之曰：'异哉！直躬之为信也。一父而载取名焉。'故直躬之信不若无信。"这段记载更富戏剧性，所引孔子的评论尤其耐人寻味。更多关于儒家孝道的讨论，详下。

〔47〕《史记》卷六十八《商君列传》。

织完全打破，且斩断传统共同体内部的社会与情感纽带，以期动员和控制一切社会资源，使之服从于构造领土国家的政治目标。事实上，法家缔造之国，乃是国君通过官僚行政系统，借助于文书律令，对"编户齐民"制度下的"黔首""众庶"实施全面统制的新型政治体。此种依法而治的新型国家，不但能够因应战国时代深刻变化的社会条件，而且也是当时严酷的生存竞争中的不二选择，实有不得不然之势。而旧的亲亲与尊尊并重的家国体制，以及与之相配合的德礼之治，也因此不可避免地衰落，而成为历史陈迹了。

商鞅变法百余年后，秦国凭借其井然而高效的军国体制，攻灭六国，一统天下，最终完成了从封建国家到郡县国家的历史性转变。秦王嬴政登大位，称皇帝号，"海内为郡县，法令由一统"[48]，从此奠定中央集权的大一统国家的制度基础。虽然，对于此后二千年绵延不绝的大一统国家体制而言，秦制尚非完善。秦帝国15年而亡，其中的教训可谓深刻。汉承秦制，然而，此种承继并非照搬，相反，汉代国家体制的确立和完善，是在对秦制深刻反省乃至激烈批判的过程中完成的。此种反省与批判，自思想史层面看，主要是儒、法思想的激荡与融合。

如前所述，法家为国，单凭法术势力，厚赏重罚；儒家论政，则最重德礼仁义，孝悌忠信。秦国主宗法术，刻薄

---

〔48〕《史记》卷六《秦始皇本纪》。

寡恩，刚毅狠戾。其驱策人民，"犹群羊聚猪"。[49]这种"不仁"之治，在儒者看来，徒令家庭解体，伦理荡然，人而不人。汉初儒生对秦政的批评，就直指其对家庭伦理和社会风俗的破坏。如谓：

> 商君遗礼义，弃仁恩，并心于进取，行之二岁，秦俗日败。故秦人家富子壮则出分，家贫子壮则出赘。借父耰锄，虑有德色；母取箕帚，立而谇语。抱哺其子，与公并倨；妇姑不相说，则反唇而相稽。其慈子耆利，不同禽兽者亡几耳。[50]

问题还在于，对家庭伦理和社会风俗的破坏，其灾难性后果不只是道德上的，同时也是政治上的。秦行虎狼之政，不讲廉愧，贱视仁义，虽成进取之业，取得天下，然旋即失之。这一鲜活的历史事例不啻是一个有力的反证。说到底，政治与道德本为一事，国家与社会无法分离。建立良好的社会风俗和道德，必能成就健全的政治秩序。更不用说，在儒者心目中，政治的目的原本是为了造就一良善的社会秩序，提升人民的道德能力。而这一切，首先养成于家庭。自然，此所谓"家"，不过是普通的"五口之家""八口之家"，

---

〔49〕 语出《太平御览》卷八十六《皇王部》"始皇帝条"："桓谭《新语》：'秦始皇见周室失统，自以当保有九州，见万民碌碌，犹群羊聚猪，皆可以竿而驱之。'"

〔50〕 《汉书》卷四十八《贾谊传》。

而非孟子所谓的"千乘之家""百乘之家"。战国以后，以封建－宗法制度联结家、国的国家体制业已瓦解，王国维所说的那种"以尊尊、亲亲二义，上治祖祢，下治子孙，旁治昆弟"[51]的家国之治也已成过去。在这样一个时代，重新打通和联结家、国，融合家庭伦理、社会风俗与政治原则于一，需要一种新的道德哲学和政治哲学。我们看到，这正是孔、孟诸子经由对既有传统的诠释和改造所完成的一项伟大事业。

根据儒家政治哲学，事君与事父，事长与事兄，使下与使弟，居官与居家，同出一道。故曰："夫道者，行之于父，则行之于君矣；行之于兄，则行之于长矣；行之于弟，则行之于下矣；行之于身，则行之于友矣；行之于子，则行之于民矣；行之于家，则行之于官矣。"[52]编纂于西汉的儒家经书《礼记》，系统阐述了儒家政教思想，其中，载诸《大学》的一段文字尤为经典：

> 古之欲明明德于天下者，先治其国。欲治其国者，先齐其家。欲齐其家者，先修其身。……身修而后家齐，家齐而后国治，国治而后天下平。自天子以至于庶人，壹是皆以修身为本。

何以齐家与治国同其性质，家齐而后国治？原因仍在政

---

〔51〕 王国维：《殷周制度论》。
〔52〕 贾谊：《新书·大政下》。

治的伦理性。所谓"君子不出家而成教于国"，盖因"孝者，所以事君也；弟者，所以事长也；慈者，所以使众也"。是故，"一家仁，一国兴仁；一家让，一国兴让；一人贪戾，一国作乱"。"尧、舜率天下以仁，而民从之。桀、纣率天下以暴，而民从之"[53]，即其著例。也是在西汉，武帝独尊儒术，立五经于学官，启用儒生。从此，儒家思想和人物大举进入政治领域，儒家学说成为王朝正统性的依据，儒家经义被用来决疑断案，解决复杂的政治和法律问题，儒家的社会和政治理念开始转化为国家政策，儒家伦理纲常化（即所谓"三纲""五常""六纪"），为现实的社会与政治秩序提供基本架构。在此过程中，春秋战国以来日益分离、破碎的政教传统，逐渐被整合于新的基础之上；秦所创立的国家体制，则被重新纳入亲亲、尊尊、贤贤的君 – 亲 – 师三位一体的传统之中。[54] 最终，一种适应于秦以后历史条件的新的家国体制形成了。汉代王朝标榜以孝治天下，就是这种国家体制完成的一个标志。

孝道：家国的道德 – 政治哲学

《说文解字·老部》释孝为"善事父母者"。孝的本义固如此，然而，孝作为一种伦理的观念，在古代中国人意识和生活中的根本性意义却远不止此。而要了解此一观念的重要

---

〔53〕 《礼记·大学》。
〔54〕 大体言之，这种更高层面上的综合完成于东汉。参见阎步克：《士大夫政治演生史稿》第十章。

性及其发展，仍需回到西周，回到孔子。

孝字不见于卜辞，但在金文及西周文献中就屡见不鲜，如谓"显孝于申"（《克鼎》）、"祖孝先王"（《宗周钟》）、"於乎皇考，永世克孝"[55]、"永言孝思，孝思维则"[56]，等等，可见此观念若非周人发明，也一定是他们所看重和尊崇的。[57]事实上，在周人的宗教和伦理意识中，孝的观念极为重要，其重要性或不在"德"的观念之下。周人常以德、孝并举，"德以对天，孝以对祖"。[58]先王以德配天，受天命而有天下。后来者承继祖先德业（孝），故能继续享有天命，保有天下。这便是孝的意义所在，这即是德与孝关系之所系。诚如学者所言，周人在宗教观念上的敬天，在伦理观念上延长而为敬德；在宗教观念上的尊祖，在伦理观念上延长而为宗孝，乃是"以祖为宗，以孝为本"。先祖克配上帝，是宗教的天人合一，敬德与孝思，则令"先天的"天人合一，延长为"后天的"天人合一。[59]通过实践孝行，先王德业被完满地继承卜来，存续于后世。如此，我们便不难理解，何以孝不只是一种德行，甚至也不只是最重要的一种德行，而且还是诸德之德。[60]

---

[55] 《诗经·周颂·闵予小子》。

[56] 《诗经·大雅·下武》。

[57] 学者认为，孝的观念肇始于殷人。参见曾昭旭：《骨肉相亲志业相承——孝道观念的发展》，载黄俊杰：《中国人的宇宙观》。

[58] 侯外庐、赵纪彬、杜国庠：《中国思想通史》第一卷，页92。

[59] 参同上书，页94。

[60] 关于德、孝诸观念在西周的发展，参见上引书，页87—95。杨向奎认为，西周正统思潮影响于后世最大者，即在孝道的提出。参阅杨向奎：《宗周社会与礼乐文明》，页214—216。

孝之为德，亦如西周之"德"的观念本身，主要为集体性的、贵族性的和向外的。同样，也是在孔子手中，它才被改造成为一个具有内在价值的普遍性的伦理概念。《论语》中，"孝"字17见，都是在敬爱父母的意义上被使用的。换言之，孔子把孝改造成一个人人皆可以践行的具有自足性的基本德目，而其所以为基本，又是因为在儒家哲学中，它是对父母子女这一最重要的家庭关系的规范，是培养一切善德的起点，也是良好的社会与政治秩序的基础。孔门以孝悌为仁之本，更推孝于政治，正是基于这一认识。[61]

孔子之后，孔门弟子将孝的观念进一步发挥，使之成为一个无所不包的道德概念。曾子云："居处不庄，非孝也。事君不忠，非孝也。莅官不敬，非孝也。朋友不信，非孝也。战陈无勇，非孝也。"[62]成书于战国时期的《孝经》更就孝道观念做系统阐述："夫孝，天之经也，地之义也，民之行也。天地之经，而民是则之。则天之明，因地之利，以顺天下。"[63]以言修身，"人之行，莫大于孝"[64]。天子、诸侯、卿大夫、士及庶人，名位各不相同，行孝方式有异，然则一以孝道为本。以言政治，孝为德教之本。昔者明王以孝治天

————————

〔61〕 有学者基于这一认识而相信孝道成立于孔子。参见曾昭旭：《骨肉相亲志业相承——孝道观念的发展》，载黄俊杰：《中国人的宇宙观》，合肥：黄山书社，2012。

〔62〕《礼记·祭义》。

〔63〕《孝经·三才章》。

〔64〕《孝经·圣治章》。

下，"天下和平，灾害不生，祸乱不作"[65]。盖因"明王事父孝，故事天明；事母孝，故事地察；长幼顺，故上下治。天地明察，神明彰矣。……孝悌之至，通于神明，光于四海，无所不通"[66]。故圣王以德教加于百姓，"教以孝，所以敬天下之为人父者也。教以悌，所以敬天下之为人兄者也。教以臣，所以敬天下之为人君者也"[67]。不从其教者，则加之以刑罚。"五刑之属三千，而罪莫大于不孝。要君者无上，非圣人者无法，非孝者无亲。此大乱之道也。"[68]

汉代独尊儒术，儒家所尊崇的孝道因此也得彰显，而这意味着不只是孝之观念的传播，思想的实践，也是孝道的政治化、法律化、制度化。文帝除肉刑，事起于民女缇萦代父受刑之举，文帝悯其情，而以肉刑具而奸不止归咎于己"德之薄而教不明"，并引《诗》"恺弟君子，民之父母"句云："今人有过，教未施而刑已加焉，或欲改行为善，而道亡繇至，朕甚怜之。夫刑至断支体，刻肌肤，终身不息，何其刑之痛而不德也！岂为民父母之意哉！"[69]宣帝申父子相为隐之令，其诏书曰："父子之亲，夫妇之道，天性也。虽有患祸，犹蒙死而存之。诚爱结于心，仁厚之至也，岂能违之哉！自今子首匿父母、妻匿夫、孙匿大父母，皆勿坐。其

[65] 《孝经·孝治章》。
[66] 《孝经·感应章》。
[67] 《孝经·广至德章》。
[68] 《孝经·五刑章》。
[69] 《汉书》卷二十三《刑法志》。

父母匿子、夫匿妻、大父母匿孙，罪殊死，皆上请廷尉以闻。"[70]这两件中国法律史上的大事，都与孝道有关。[71]汉代历朝大力表彰民间孝行，旌表孝子，选官则有举孝廉之制，甚至帝君谥号也要标以"孝"字，足见其对于孝道的尊崇。说汉代开启了中国历代王朝"以孝治天下"传统之先河，当非过甚其辞。

以孝道为治道，是假定家与国通，礼与法合，齐家与治国并非二事。《孝经·开宗明义》即云："夫孝，始于事亲，中于事君，终于立身。"《广扬名》更明指忠、孝不隔，同出一理："君子之事亲孝，故忠可移于君。事兄悌，故顺可移于长。居家理，故治可移于官。是以行成于内，而名立于后世矣。"俗谓"忠臣出于孝子之家"，也是持这种观点的。虽然，古人也有"忠孝不能两全"之慨。毕竟，由事亲而事君，移孝亲为忠君，中间有一个转化环节，而这种转化并不总是通畅无碍的。事实上，"以孝治天下"的伦理政治原则一旦付诸实施，就可能面临现实的困境，这种困境不但来自实践，也来自理论。汉以后不绝于史的孝子复仇案件，以及朝廷上下和民间舆论围绕这类事件展开的论辩，就展现了这种难以摆脱的困境，从而让我们一窥家国一体之国家形态的特殊构造。

一般而言，血属复仇现象为早期人类社会所共见，而

---

〔70〕《汉书》卷八《宣帝纪》。

〔71〕 关于容隐、代刑的制度化及其与孝道的联系，参见瞿同祖：《中国法律与中国社会》。北京：中华书局，1981，页56—62。

逐渐消弭于国家权力及意识发达之后，惟在中国社会，复仇与儒家伦理观念相联系，其消长自有特殊轨迹。大体言之，儒家之复仇观念以五伦为其范围，据亲疏等差而分责任轻重。五伦之中，父母子女关系最重，父仇产生的责任也最为重大。据儒家经义，父之仇不共戴天[72]，报父之仇因此成为彰显孝行的善举，而受到社会的鼓励和推崇。只是，在社会生活日益复杂，国家组织逐渐完备之后，这种伦理上的要求与基于公共权力的社会秩序之间的内在冲突，也会越来越凸显。

据《周礼》，周时国家典制完备，秋官司寇司掌刑狱，对杀、伤等罪辜执行刑罚。不过与此同时，《周礼》又设"朝士""调人"诸职，管理和调节报仇事宜，并有限制复仇的"辟地"制度，其立场，是在认许报仇的同时，而对之予以限制。[73]此类记述能否切实表明周时社会情态，或有疑问。孟子云："吾今而后知杀人亲之重也。杀人之父，人亦杀其父；杀人之兄，人亦杀其兄。然则非自杀之也，一间耳。"[74]据此推测，至少在战国时代，社会上报仇风习颇盛。不过，在回答什么人可以［合法地］杀"杀人者"之问时，他明确

---

[72] 《礼记·曲礼》："父之仇弗与共戴天，兄弟之仇不反兵，交游之仇不同国。"《礼记·檀弓》论之更详，杨鸿烈称之为儒家鼓励复仇三大原则。参见杨鸿烈：《中国法律思想史》。北京：中国政法大学出版社，2004，页200。更详细的梳理，参见牧野巽：《汉代的复仇》，载《中国法制史考证》丙编第一卷《通代先秦汉卷》。北京：中国社会科学出版社，2003。

[73] 对《周礼》相关制度的详细讨论，参见牧野巽：《汉代的复仇》。

[74] 《孟子·尽心下》。

说："为士师，则可以杀之。"[75]可见当时人公共权力的意识也已经相当明确。[76]

秦以"公法"立国，严"私斗"之禁，其不容复仇的立场自不待言。汉承秦制，既而以儒术为之缘饰，故而在复仇问题上陷入一种矛盾境地。即一方面试图维护"公法"的权威，垄断武力的使用，故禁止私人复仇；另一方面又要推崇孝道，表彰孝行，故不得不曲法以伸情，减轻或免除复仇者的法律责任，甚而有将复仇者举为孝廉者。[77]汉代有关孝子复仇的记载不绝于史，其中，后汉赵娥的故事就颇具代表性。据《后汉书·列女传》记载，酒泉女赵娥，历十余年得报父仇，"因诣县自首。曰：'父仇已报，请就刑戮。'禄福长尹嘉义之，解印绶欲与俱亡。娥不肯去，曰：'怨塞身死，妾之明分；结罪理狱，君之常理。何敢苟生，以枉公法！'后遇赦得免。州郡表其闾。太常张奂嘉叹，以束帛礼之"。[78]

〔75〕 《孟子·公孙丑下》。
〔76〕 孟子更将此种意识投射到唐虞之世。据《孟子·尽心上》，桃应问他："舜为天子，皋陶为士，瞽瞍杀人，则如之何？"孟子答曰："执之而已矣。"又问："然则舜不禁与？"回答说："夫舜恶得而禁之？夫有所受之也。"接下来的对话更是意味深长："然则舜如之何？"曰："舜视弃天下犹弃敝蹝也。窃负而逃，遵海滨而处，终身䜣然，乐而忘天下。"在合法的公共权力面前，作为天下第一大孝子的舜帝以窃父而逃的方式来尽其孝的义务，却终究不能避免忠于职守（忠的原初含义）同孝之间的矛盾。
〔77〕 参见牧野巽所举数例。牧野巽：《汉代的复仇》，页446—447。关于汉代的复仇，牧野巽其文讨论较详。历朝情况概览，参见瞿同祖：《中国法律与中国社会》，页69—85；杨鸿烈：《中国法律思想史》，页199—211。
〔78〕 关于赵娥案，皇甫谧《列女传》记载尤详。转见瞿同祖：《中国法律与中国社会》，页76—77、80—81。

汉以后，魏晋南北朝历朝历代均有禁止复仇的法令，这可以表明，国法禁止复仇的基本立场固然已经确立，但民间复仇的风习仍未绝迹。造成这种情形的原因，恐怕主要还不是国家公权力尚不能有效维持公共秩序，而是因为，在尊崇孝道的家国体制支配下，法律本身难免其暧昧性质。历代处断复仇案时莫衷一是的态度，尤其是当时人就此类问题展开的论辩，最能表明礼与法、情与理、家与国之间这种微妙的紧张关系。

　　唐武后时，下邽人徐元庆父爽为县尉赵师韫所杀，后元庆手刃师韫，自囚诣官。上欲赦死，左拾遗陈子昂议曰："元庆报父仇，束身归罪，虽古烈士何以加？然杀人者死，画一之制也，法不可二，元庆宜伏辜。《传》曰：'父仇不同天。'劝人之教也。教之不苟，元庆宜赦。"[79]然则，元庆究竟当赦？当戮？子昂的建议是："宜正国之典，置之以刑，然后旌闾墓可也。"子昂此议欲照顾两面，但在礼部员外郎柳宗元看来，这种做法不可接受："旌与诛，不得并也。诛其可旌，兹谓滥，黩刑甚矣；旌其可诛，兹谓僭，坏礼甚矣。"他又引《春秋公羊传》"父不受诛，子复仇可也"的原则，谓"礼之所谓仇者，冤抑沈痛而号无告也，非谓抵罪触法，陷于大戮，而曰彼杀之我乃杀之，不议曲直，暴寡胁弱而已"。若师韫挟私怨杀爽，而有司不与闻，则元庆报父仇，"执事者宜有惭色，将谢之不暇，而又何诛焉？"否则，"仇天子之法，而戕

〔79〕《新唐书》卷一百九十五《列传第一百二十·孝友》。

奉法之吏，是悖骜而凌上也。执而诛之，所以正邦典，而又何旌焉？"〔80〕柳宗元的看法固然首尾一致，但他既然不反对孝子复仇，就是承认在国法之外另有一种判断，另有一种实现正义的方式，而要在繁复多变的现实情态中调和礼、法，终究是一件难事。宪宗时，富平人梁悦报杀父之仇，诣县请罪。诏曰："在礼父仇不同天，而法杀人必死。礼、法，王教大端也，二说异焉。下尚书省议。"职方员外郎韩愈推求其理，以为复仇之名虽同，而其事各异，故杀之与赦不可一例，最好制定这样的规则："有复父仇者，事发，具其事下尚书省，集议以闻，酌处之。"〔81〕一事一议，临时论处，不失为一种应对难题的办法，但仍无法解决原则问题。

玄宗时一对少年兄弟报父仇案，也在朝廷引发激烈争论。其时，中书令张九龄等以报仇者为孝烈，主张法外施恩。侍中裴耀卿等则坚持依律处断，不予宽贷。玄宗站在后者一边，但是面对朝野舆论，亦觉须告示说明。其敕令中有云："近闻士庶，颇有喧词，矜其为父复仇，或言本罪冤滥。但国家设法，事在经久，盖以济人，期于止杀。各申为子之志，谁非徇孝之夫，展转相继，相杀何限！辄缘作士，法在必行；曾参杀人，亦不可恕。"〔82〕该案既经圣

---

〔80〕《新唐书》卷一百九十五《列传第一百二十·孝友》。

〔81〕同上。

〔82〕《旧唐书》卷一百八十八《列传第一百三十八·孝友》。宋人胡寅、明人丘浚对此案均有批评。丘浚《大学衍义补》还就"复雠之义"做了系统的讨论。详参丘浚：《大学衍义补》卷一百十《明复雠之义》。北京：京华出版社，1999。

裁，遂无改变余地，但是社会上对此兄弟二人的同情却不会因此而改变。据同书所载，"瑝、琇既死，士庶咸伤愍之，为作哀诔，榜于衢路。市人敛钱，于死所造义井，并葬瑝、琇于北邙。又恐万顷家人发之，并作疑冢数所。其为时人所伤如此"。体制如此，风尚如此，无怪乎新、旧唐书《孝友列传》所载复仇案，大部分都是以皇帝的宽贷和原宥结束的。

复仇一事，既为儒家经义所许，在奉儒术为正统的家国体制中，便天然地具有正当性。然而，国家既然是一种公共权力，要履行其职能，又不能不垄断合法的武力，而禁止私人报仇。这种困境，不见于严家、国、公、私之分的法家，却是标榜以孝治天下的王朝无法避免的。因此之故，自汉洎清，乃至民国，二千年间，民间复仇之事，可以说无代无之，而纠结于复仇案中的礼、法之争，情、理之辩，也一直没有止歇。[83]

家国的公与私

从法家的立场看，家与国的问题其实是公私问题，而明辨公私是治乱的关键。管子以为，圣君治下，"不知亲疏远近贵贱美恶，以度量断之。……是以官无私论，士无私

---

[83] 清律关于复仇的规定，以及清人关于复仇问题的议论，参见瞿同祖：《中国法律与中国社会》，页73—75；杨鸿烈：《中国法律思想史》，页209—210。

议，民无私说，皆虚其匈以听其上"。韩非子亦于此意反复申说，如谓："明主之道，必明于公私之分，明法制，去私恩。"[84] 他们在着力于分别公、私的时候，都强调法的公共性质，以法为公，而将公、私之间的对立转换成公法与私行的对立。故云："圣君任法而不任智，任数而不任说，任公而不任私。"[85] "夫立法令者以废私也，法令行而私道废矣。私者，所以乱法也。"[86] 因此，"智者有私词，贤者有私意。上有私惠，下有私欲，圣智成群，造言作辞"[87]，便意味着法的失败，乱世将至。法家的政法理论固然偏于一端，但其突出和尊崇的国君、国法之公共性质，却是秦以后国家组织的基本特征，不但为中国历代王朝所继受，实际也成为普通民众日常意识的一部分。历史上实施复仇的男男女女，并非不知国法为公，报仇是私。赵娥报父仇之后，诣县自首，甘愿受死，守尉纵之不去，明白说："怨塞身死，妾之明分；结罪理狱，君之常理。何敢苟生，以枉公法！"[88] 其实，复仇

---

〔84〕《韩非子·饰邪》。

〔85〕《管子·任法》。

〔86〕《韩非子·诡使》。

〔87〕 同上。

〔88〕《后汉书》卷八十四《列女传》。这样的例子很多，如东汉人郅恽代友报父仇，诣县自首，令欲纵之，恽曰："为友报仇，吏之私也。奉法不阿，君之义也。亏君以生，非臣节也。"遂自就狱。事见《后汉书》卷二十九《申屠刚鲍永郅恽列传第十九》。又如《后汉书》卷六十四《吴延史庐赵列传第四十五》记载，有人道遇醉客辱其母而杀之，后被执，祐以其"白日杀人，赦若非义，刑若不忍"，而左右为难，其人则曰："国家制法，囚身犯之。明府虽加哀矜，恩无所施。"

案中孝义与国法的纠结和冲突，正源于国家具有公共职能这一事实，进而也是源于家国体制中儒家联通家、国的政治观。虽然，儒家并不是要泯灭公私界限，更不是不讲公私，相反，公私范畴在儒家学说中具有重要意义，而且这种意义不单是道德的，也是政治的。抑有进者，在儒家的公私论说中，"家"也是明确被置于私的范畴之中的。只不过，与法家的国家主义的公私观不同，儒家论公私，采取的是一种天下主义的立场。

儒家政治理想，有大同、小康之分。大同之世，天下为公，"故人不独亲其亲，不独子其子，使老有所终，壮有所用，幼有所长，矜寡孤独废疾者皆有所养"。小康之世，天下为家，"各亲其亲，各子其子，货力为己"。[89]"家"与"公"对，"家"即是"私"，且"家"在"公"之后，"私"在"公"之下。

儒家这种公私论述兼具政治的、社会的和心理的含义，其政治的含义集中于政权的公共属性，而不只是政府的公共职能。所谓"天下非一人之天下也，天下之天下也"。[90]根据传统的说法，唐虞之世，帝位传贤不传子，是为"天下为公"。而禹、汤、文、武、成王、周公，三代皆传位于子，此即"天下为家"。由此产生的一个问题是，如果天下非一人之天下，以一家而治天下，其正当性何来？三代家天下，

---

〔89〕《礼记·礼运》。
〔90〕《吕氏春秋集释》卷第一《孟春纪》。

其正当性皆源出于"天"。殷人以上帝为其专有之庇护神，周人继承了殷人的上帝观念，而加以改造，使成为"惟德是辅"的"天"。周人先王以德配天，因此得到"天命"，代替商成为天下共主。周之后人则通过敬天孝祖、敬德保民，继续保有天下。这便是西周礼乐制度的精神。孔子以郊社之礼（祭天）和禘尝之义（孝祖）为治国的大道，道理即在于此。

春秋战国，古代礼乐文明崩坏，封建天下瓦解。继起的秦、汉国家，不但需要重建秩序，更需要重建统治的正当性。这种正当性的构建，在实质的层面上，除了继承传统的天命、民德诸要素，更加入和突出了孝道和天下为公的意识。就此而言，对汉以后历代王朝来说，获取统治正当性意味着，超越一家一姓之私，而达于天下之公。[91] 如此，则"家"亦可具有至"公"的属性。《礼记·礼运》有云："故圣人耐以天下为一家，以中国为一人者，非意之也，必知其情，辟于其义，明于其利，达于其患，然后能为之。"据此，圣人以天下为一家。汉人谓"王者以天下为家"[92]，"天子以天下为家"[93]，传达的都是这一观念。后世云"公家""天家"[94]者，直指帝家、国家、朝廷，其根源亦在此。然而，后之帝君未必圣，打天下者未必王。号曰天子、以"家"治

---

〔91〕 对此问题，日人渡边信一郎有精到的研究，详参氏所著《中国古代的王权与天下秩序》，北京：中华书局，2008，页6—9、27—30、128—142。

〔92〕 《论衡·指瑞篇》。

〔93〕 《盐铁论·散不足》。

〔94〕 "公家"一词，多见于汉以后经学。"天家"之说则多见于晋以后史乘。

"国"者，很可能是以天下之名，遂其一人一家之私。因此，对于无论开国者还是其继任者，统治的正当性都是一个需要被不断证立的主题。尽管自东汉以降，历代王朝都循守一套大体相同的观念和礼仪向世人昭示其统治的正当性，但是正当性问题本身所具有的规范性质，也使得家与国（天下）、公与私诸要素之间的紧张关系始终暴露于批评者的视野之中。尤其当社会危机来临之际，这种紧张有可能加剧甚而断裂，而成为改朝换代的契机。也是出于这种忧患意识，历来围绕家国、公私关系的诫勉、谏言、政论、评骘，史不绝书。明末清初，饱受家国之痛的黄宗羲（1610—1695）对"君"的思考和批评，把"家"、"国"（天下）、公、私之间这种潜在的紧张、冲突乃至对立揭示得淋漓尽致。在他看来，古之君王不以一己之利害为利害，而必欲天下受其利而释其害。后之为人君者则不然。彼"以为天下利害之权皆出于我，我以天下之利尽归于己，以天下之害尽归于人，亦无不可"。结果是令"天下之人不敢自私，不敢自利，以我之大私为天下之大公"。久之视为当然，"视天下为莫大之产业，传之子孙，享受无穷"。[95]《史记·高祖本纪》记云："未央宫成。高祖大朝诸侯群臣，置酒未央前殿。高祖奉玉卮，起为太上皇寿，曰：'始大人常以臣无赖，不能治产业，不如仲力。今某之业所就孰与仲多？'"其以攘夺天下为逐利

---

〔95〕 黄宗羲：《明夷待访录·原君》，《黄宗羲全集》第一册。杭州：浙江古籍出版社，1985。

之途，昭然于言辞。黄氏引据此典，而为之痛切剖析：

> 古者以天下为主，君为客，凡君之所毕生经营者，为天下也。今也以君为主，天下为客，凡天下之无地而得安宁者，为君也。是以其未得之也，屠毒天下之肝脑，离散天下之子女，以博我一人之产业，曾不惨然！曰"我固为子孙创业也"。其既得之也，敲剥天下之骨髓，离散天下之子女，以奉我一人之淫乐，视为当然，曰"此我产业之花息也"。然则为天下之大害者，君而已矣。[96]

一姓之私与天下之公对立如此，其统治的正当性即荡然无存。黄宗羲此番议论，无疑为历来君主政治批判最深刻透辟者。虽然，此一批判仍是在家国体制内部展开，即运用传统的正当性论证，重申君臣之道，完善取士之法，发挥学校、清议之功效，从制度上规范一姓之私，使不悖于天下之公。[97]着眼于这一点，我们很容易发现，清末流行的政治批判，尽管仍使用"家""国""天下""君""民""公""私"等语汇，其性质已经改变。其时，政治论辩的重点不再是如何弥合一家之私与天下之公之间的裂隙，消除其紧张，而是直接对"家天下"的正当

---

[96] 黄宗羲：《明夷待访录·原君》，《黄宗羲全集》第一册。

[97] 另参见同书《原臣》《原法》《学校》《取士》诸篇，其他制度如田制、军事、央地关系等，参见其他各篇。

性提出质疑，并对支持这种国家形态的孝的意识形态和政治哲学提出批判。[98]于是，远承殷周而重建于汉代的这种伦理的政治秩序，我们名之为家国体制的国家形态，开始陷入前所未有的合法性危机。

民国：家国的终结

传统所谓国家，与朝廷同义。顾炎武尝区别"国"与"天下"之不同，谓"易姓改号，谓之亡国；仁义充塞，而至于率兽食人，人将相食，谓之亡天下。……保国者，其君其臣，肉食者谋之。保天下者，匹夫之贱，与有责焉耳矣"。[99]后世流行一时的救亡口号"国家兴亡，匹夫有责"显然源出于此。不过，这种借取是表面上的，后者所谓"国家"，既非顾氏所谓"国"，亦非其所谓"天下"，毋宁说，它是由对传统之"国家"和"天下"观念的批判与超越而来。

视国家为朝廷，系之于一家一姓，原本是家国体制题中应有之义。但是在中西交通日益深入，西方各种政治思想、文化观念和社会思潮大量涌入和传播的清末，这种国家观念开始变得不可接受。光绪二十六年（1900），张之洞

---

〔98〕 从明末到清末，公私概念下皇权批判的转变，详参沟口雄三：《中国的公与私·公私》，页62—64。

〔99〕 顾炎武著、黄汝成集释：《日知录集释》卷之十三"正始"条。石家庄：花山文艺出版社，1990年版。

（1837—1909）作《劝戒上海国会及出洋学生文》，力宣忠君爱国之义。时人沈翔云（1888—1913）公开作复，指张文百谬，皆出于一，即"不知国家为何物，不知国家与朝廷之区别"。[100] 根据他的定义，所谓国家，"即人们集合之区域，以达共同之志愿，居一定之疆土，组织一定之政治，而有独立之主权者也。……由此观之，国家之土地、疆域、庶务、政治、主权，何一非本于吾民，故曰国家者，民众之国家也，非一人之私产也"。至于朝廷，则"指君主于国家中所占之地位而言，属于一姓也"。[101] 故国家与朝廷实为二事。国之强弱不决于朝廷之强弱，且世上有无朝廷而有国家者，有无国家而有朝廷者。至中国之人，以国家为朝廷私物，视国家兴亡为朝廷私务。"于是国家之土地听朝廷之割让，国家之庶务听朝廷之荒废，国家之疆域听朝廷之淆乱，国家之政治听朝廷之败坏，国家之主权听朝廷之放弃。甚至朝廷败亡为异族人所据有，吾国人亦遂安然奉之为朝廷，且奉之为国家，而觍然号于人曰，吾中华也。……故今日而忍中国之亡也则已，如不忍中国之亡，必自辨朝廷与国家之区别始。"[102] 此种区分国家与朝廷，以国家属于全民，朝廷不过一姓之私的看法，在当时极为流行，这一改变表明，传统的

---

〔100〕沈翔云：《复张之洞书》，载张枏、王忍之编：《辛亥革命前十年间时论选集》第一卷下册，页 770。

〔101〕同上书，页 771。

〔102〕同上书，页 772。在清末改良派和革命派方面，这种意见极具代表性。详参沟口雄三：《中国的公与私·公私》，页 58—61。

家国观念开始为现代的民国观念所取代。而这种改变的另一面，则是传统天下观念的式微。

前引沈翔云文论及国人不以异族统治为意，而曰吾中华者，即隐寓对"天下"观念的批判之意。当时人相信，中国之所以积弱，不敌列强，是因为中国人缺乏国家观念。而国家观念之付诸阙然，除了前述以朝廷为国家这一原因外，也是中国人特有的"天下"观念有以致之。古之所谓天下，在大部分情况下即指王朝统治下的国家，惟其仍非清末时贤所欲建立的现代国家。且"天下"所具有那种无远弗届的意味，又令它较一般所谓"国家"更少确定性。进而言之，"天下"之公共性质，冲淡了国家与种族、疆域之间的关联，令基于民族和地域的国家认同不易建立。"天下为公"，惟有德者取之。故异族入主中原，亦可以据此证立其统治的正当性。这些，在接受了近代西方思潮，想要建立现代民族国家的革新者看来，均为谬误且有害之观念。[103] 如此，我们在清末政治论述中便看到这样一种饶有趣味的观念变迁：一方面，传统上与朝廷同义的国家概念被重新定义，国家属于民

---

[103] 在这方面，梁启超（1873—1929）的观点即颇具代表性。参见梁启超：《新民说》，宋志明选注。沈阳：辽宁人民出版社，1994，页22—28。由公私观念入手对天下观念的批判，参阅佚名：《公私篇》，载张枬、王忍之编：《辛亥革命前十年间时论选集》第一卷下册。相关分析，参见沟口雄三：《中国的公与私·公私》，页37—38、173—174。又，关于晚清国家观念的演变，还可以参阅金观涛、刘青峰：《从"天下"、"万国"到"世界"》，载氏著《观念史研究：中国现代重要政治术语的形成》。

之全体，民为主权者；一姓之君，如若保留，也只能是国家的一个部分。另一方面，传统的天下观念因为有碍于民族国家之建立而被批判和弃置，但与此同时，作为"天下"之属性的"公"依然保有其崇高地位，而转移于国家和作为主权者的国民，并赋予后者无可置疑的统治正当性。于是，传统家国体制内的一家一姓之私对天下之公，便转化为现代国家架构中一族一姓之私对国民全体或国家之公，而在此转变的过程中，本身属私的一姓一族，最终将无可挽回地失去其统治者地位。它最后的命运，或者是被改造后重新安置于新的国民国家内部，或者是被逐出这个即将建立的新国家，彻底地成为历史。而无论是哪一种结局，家与国之间过去那种融合无间的结构性关联，都会被完全斩断。

如前所述，名为家国的国家形态，表现于体制，是基于族姓统治的家天下；表现于意识形态，则是以忠孝为核心的所谓纲常名教。因此，要变传统的家国体制为现代国家制度，就不但要打破家天下的格局，区分国家与朝廷为二，而且要解除纲常名教对国民的约束，让国民摆脱父权和皇权，最终让"国"脱离"家"而独立，确立国家在政治上和道德上的自主地位。

参与变法维新、身为"戊戌六君子"之一的谭嗣同，以释氏和耶教的平等主义释孔，著为《仁学》，对君主专制制度，以及维护此种制度的纲常名教，抨击之不遗余力。在他看来，"仁之乱也，则于其名"。盖因"名者，由人创造，上以制其下，而不能不奉之，则数千年来，三纲五伦之惨祸烈毒，由是酷焉已。君以名桎臣，官以名轭民，父以名压子，夫以名困妻，兄弟朋友各挟一名以相抗拒，而仁尚有少存焉者得乎？"[104]尤其忠孝之名，专以责臣子，欲杀欲夺，权在君父，臣子不敢言，亦不能言。是名教之黑暗，无以复加。[105]身为朝廷中人，谭氏言辞即激烈如此，则在野革新志士，取过往一切思想、观念、制度，批而判之，一快其心，其摧枯拉朽之势，更是不可阻挡。如有倡导"毁家"之论者；有以三纲为宗教迷信，将祖先崇拜等同于做奴隶、至愚至私，而主张三纲革命、祖宗革命者；有以纲常名教归之于伪道德而欲尽行去除者。[106]凡此思想之激荡，不仅见诸报章，也见之于议会辩论和法律废立的思考，最后则影响于原则，沉淀于制度。

以忠孝为核心的家国意识形态，所谓纲常名教，自汉代确立之后，历二千年而不辍，实为传统中国一切政治、法律、社会制度的基础。清末的思想震荡则开始从根本上撼动这一基础，而随着变法的展开和深入，思想的批判势必转变为制度的变革，进而直接改变传统的伦理政治秩序。这种情

---

〔104〕谭嗣同：《仁学》八。

〔105〕同上。在此之外，谭嗣同又强调，秦汉已降，封建宗法体制解体，诸侯、大夫世袭之"家"既已不存，"齐家"即无关乎"治国"："国与家渺不相涉。家虽至齐，而国仍不治；家虽不齐，而国未尝不可治。"见谭嗣同：《仁学》四十七。这些看法对于儒家正统理论均具有颠覆性。

〔106〕参见汉一：《毁家论》；真：《祖宗革命》《三纲革命》，均载张枬、王忍之编：《辛亥革命前十年间时论选集》第二卷下册。愤民：《论道德》，载张枬、王忍之编：《辛亥革命前十年间时论选集》第三卷。

形自然引发人们对社会失序甚而文明价值败坏的深切忧虑。光绪三十三年（1907），《大清刑律草案》由修订法律馆修成奏上。此后数年，朝野各方就该草案内容得失争论不休，而形成重视"历世相沿之礼教民情"的礼教派，和偏重于"折衷各国大同之良规，兼采近世最新之学说"[107]的法理派。两派固均主张革新旧制，援用西法，然而在何者当去，何者当存，法律与道德之性质，强制与教育之关系，制度变革与社会变迁孰先孰后，新旧之间如何过渡和连接，变革步骤之先后、速率之迟速等诸多问题上，二者意见每每不同，乃至于针锋相对。而在诸多分歧和争论之中，家、国之关系，堪为牵动全局、左右一切之关键点。

中国传统法律受礼教支配，"故于干犯名义之条，立法特为严重"[108]，这原本是传统家国体制在法律上的表现。如今，要改造国家体制，造就现代国民，缔造民族国家，法律的去礼教化也在所难免。因此，礼教派与法理派之所争，表面上看只是旧律中涉及"伦纪礼教"的一些具体条款，实际上却是如何安置家、国关系之根本问题。关于这一点，法理派的自觉意识尤为突出。新刑律草案讨论中以政府特派员身份出场的杨度（1875—1932），屡屡语出惊人，把这场争论

---

〔107〕语出《修订法律大臣沈家本等奏进呈刑律分则草案折》（黄源盛纂辑：《晚清民国刑法史料辑注》〔下〕。台北：元照出版有限公司，2010，页1426）。据沈家本奏称，该编修订大旨，正是要调和此两端，不过，比较礼教派保守纲常的立场，法理派的确更注重西学。

〔108〕《修改新刑律不可变革义关伦常各条论》，载故宫博物院明清档案部编：《清末筹备立宪档案史料》（下册）。北京：中华书局，1979，页858。

的实质揭示得淋漓尽致。宣统二年十一月初一日，杨度赴资政院就新刑律草案做说明时，直接将"中国之坏"，归为"慈父、孝子、贤兄、悌弟之太多，而忠臣之太少"。其所以如此，又是因为"家族主义发达，国家主义不发达"，而现在国家改定法制，"以国家主义为宗旨，则必要使全国的孝子、慈父、贤兄、悌弟都变为忠臣"。[109]数日后，杨度又在报章撰文，进一步说明国家主义与家族主义之区别："天子治官，官治家长，家长治家人，以此求家庭之统一，即以谋社会之安宁"[110]，此即家族主义，此即中国礼教与法律之真精神。反之，以未成年人教育、管理之权托诸家长，成年后则变家人为国民，不许家长代行立法、司法之权，必使国民直接于国家而不间接于国家，此国家主义之国也。[111]当今之世，优胜劣汰，国家主义胜，而家族主义败，此社会进化规律使然。中国要谋求富强，跻身于先进，就必须消除观念和制度上的家族主义残余，进至国家主义阶段。"故此问题者，非区区一刑律之问题，更非区区刑律中一、二条文字句之问题，乃中国积弱之根本原因，而此后存亡所关之大问题也。"[112]

---

〔109〕《资政院第一次常年会第二十三号议场速记录》，黄源盛纂辑：《晚清民国刑法史料辑注》（下），页1480。

〔110〕杨度：《论国家主义与家族主义之区别》，刘晴波主编：《杨度集》。长沙：湖南人民出版社，1985，页529。

〔111〕参见杨度：《论国家主义与家族主义之区别》，刘晴波主编：《杨度集》，页529—533。

〔112〕同上书，页533。从进化论角度论述家族主义和国家主义，参见杨度：《金铁主义说》，刘晴波主编：《杨度集》，页226。

针对杨度的家族主义批判，礼教派人起而辩驳。论者以为，杨度谓贪官污吏皆出于"孝子慈父"，绝非我国家族主义之正当解释。中国之家族主义有狭义和广义之分。单言孝、悌，是为狭义的家族主义；事君不忠非孝也，战陈无勇非孝也，则是广义的家族主义。"广义之家族主义，谓之国家主义可也，谓之国家的家族主义可也。今欲提倡国家主义，正宜利用旧有之广义家族主义以为之宿根。"[113]他们也承认，杨度所言中国人但知有家、不知有国之情形，诚为一事实，但他们同时又认为，造成这一结果的原因，并非杨度所力拒的家族主义，而是秦以来的专制政治。"秦并天下，焚诗书以愚其民，销锋镝以弱其民，一国政权悉操诸官吏之手，而人民不得预闻。"[114]相反，现代立宪政体之下，"人人得预闻国事，是以人人与国家休戚相关，而爱国之心自有不能己者"[115]。换言之，爱家与爱国并非不能并存，"今乃谓民之不爱国由于专爱家，必先禁其爱家，乃能令其爱国，亦不揣其本之论矣"[116]。值得注意的是，礼教派为家族主义所做的辩护，其意绝非要抵制所谓国家主义，相反，他们试图澄清家族主义之"本义"，指出家国一体之理，证明广义家族主义实乃国家主义之"宿根"，主张将家族主义修明扩充，渐

---

〔113〕《江氏刑律争论平议》，载《桐乡劳先生（乃宣）遗稿》（二）。台北：文海出版社，1969，页 1007—1008。

〔114〕劳乃宣：《新刑律修正案汇录序》，载《桐乡劳先生（乃宣）遗稿》（二），页 870。

〔115〕同上书，页 872。

〔116〕同上书，页 870。

进于国家主义等，不过说明了，他们可说是没有批判地接受了法理派所力倡和推动的国家主义。就此而言，我们可以说，法理派有其对手，国家主义却没有反对者。[117]国家主义思潮强劲如此，想要在此时代狂澜中保存"家"之要素于"国"，维持法律中礼教的影响力，其徒劳可知。

辛亥革命成功，中华民国建立。若仅就政权更替而言，不过是民国取代了清廷。然而若着眼于帝制解体、共和确立这一历史性转变，则可以说"民国"取代了"家国"。这里，"民国"不只是国之名号，更指向一种现代国家形态，正好比"家国"不只是一种用以抒发文人情怀的修辞，而指向一种特定国家体制一样。它们各有其意识形态、政治哲学和制度结构，也各有与之相配合的观念结构和心理结构。正因为如此，这种国家形态上的变更就不是单纯的政治事件，也不可能在短时间内完成。从晚清的西学东渐，到"五四"新文化运动；从清末立宪到国民政府修立民法典；从20世纪初的军国民运动，到20世纪50年代的新婚姻法运动，再到20世纪60年代的"文化大革命"，思想启蒙、国民改造、社会动员、阶级斗争、政治革命、制度变革，一波接着一波，其目标所指，无非是要埋葬旧社会，建立新国家。然而，当"必以国民直接于国家"的目标彻底实现之际，人们所看到的却不是当初梁启超、严复、杨度辈视为希望而为之

---

〔117〕参见梁治平：《礼教与法律：法律移植时代的文化冲突》。上海：上海书店，2013，页25—32、79—97。

奋斗的民族国家或国民国家，而是现代国家的一种变异——党国。作为一种新的国家形态，党国建立在彻底否定包括家国在内的一切旧制度、旧传统的基础之上，然而，同样确实和吊诡的是，这个全新的国家，正好像汉语中"国家"这个概念在构词上是一种自相矛盾的表达一样，却无法摆脱昔日"家国"时时面对的某种正当性质疑。就此而言，要深刻认识和说明"党国"，除了借助于现代国家理论，对"家国"传统的了解依然是必不可少的。

五 "礼法"探原

"礼法",《汉语大词典》释为"礼仪法度",并引战国及汉、晋时文献以证其义,其中,所引《商君书·更法》"礼法以时而定,制令各顺其宜"一句,大概为"礼法"一词见诸文献最早的一例。从制度演化的角度看,商鞅这段话里所言之"法",与该上下文中所见之"教""古""礼""道"等同属一类[1],而有别于法家主张的"以法为教"之"法"。故"礼法"一词虽始出于执法家牛耳的商鞅,却不可能居于法家词汇表的核心。实际上,考其义项及运用,"礼法"乃儒家概念,体现儒家价值,殆无疑义。虽然,"礼法"其词,合礼、法二字而成,而礼与法,作为中国古代法政思想中最重要的两种概念,不但渊源久远,意蕴丰富,且不为儒家思想所范围。尤其"法"之一字,历史上一度几成法家禁脔,而为儒家坚垒之"礼",亦未尝不具法意。是故,透过对

---

[1] 《商君书·更法》:"公孙鞅曰:'前世不同教,何古之法?帝王不相复,何礼之循?伏羲、神农,教而不诛。黄帝、尧、舜,诛而不怒。及至文、武,各当时而立法,因事而制礼。礼法以时而定,制令各顺其宜,兵甲器备各便其用。臣故曰:治世不一道,便国不必法古。汤、武之王也,不修古而兴;夏、殷之灭也,不易礼而亡;然则反古者未必可非,循礼者未足多是也。君无疑矣。'"

"礼法"以及与之相关联的"礼""法"诸观念的考辨和梳理，当有助于引导我们深入中国古代政治与法律思想传统，一窥堂奥。

"礼法"：词与义

"礼法"一词出现甚晚，五经之中，仅二见于《周礼》。先秦诸子书，所见亦不过数例。甚至，前汉儒者亦鲜言之。[2]"礼法"之说频频见诸文献，当始自后汉，其时，经学大师如郑玄（127—200），史家若班固（32—92），皆屡言"礼法"。晋、唐学者，赓续其词，致其传布广远，流衍不绝。其丰富意蕴及具体指向，则可由其在不同语境下的用法中见出。下面先看"礼法"概念在经学上的应用。

《周礼·春官·宗伯》记小史之职，有"小史掌邦国之志……大祭祀，读礼法……凡国事之用礼法者，掌其小事"等语。春官系礼官，小史即为礼官之属，其职志正与礼仪法度有关。所谓"读礼法"，贾疏引《大史职》"大祭祀，戒及宿之日，与群执事读礼书而协事"之语云："彼云礼书，即此礼法也。"[3]后人纂辑礼书，亦有名之为"礼法"

---

〔2〕 《商君书·更法》之外，仅《庄子·外篇·天道》一见，《荀子·修身》一见，《王霸》二见。至前汉儒者，竟不见其例。

〔3〕 郑玄注、贾公彦疏：《周礼注疏》卷二十六。

者。[4]其渊源或即在此。这应当是"礼法"一词特定用法之一种,而在更一般意义上,"礼法"所指涉,常常就是礼及其所涵盖的各种事项。[5]易言之,举凡"君臣朝廷尊卑贵贱之序,下及黎庶车舆衣服宫室饮食嫁娶丧祭之分"[6],既为礼之要目,也是"礼法"所规范的事项。《周礼·天官冢宰》所记"小宰之职":"以法掌祭祀、朝觐、会同、宾客之戒具。军旅、田役、丧荒亦如之。"郑注:"法,谓其礼法也。"[7]此法所及之五礼,所谓吉、凶、宾、军、嘉,乃周礼

---

[4] 《明史》卷四十七《礼志一》:"同修礼书。在位三十余年,所著书可考见者,曰《孝慈录》,曰《洪武礼制》,曰《礼仪定式》,曰《诸司职掌》,曰《稽古定制》,曰《国朝制作》,曰《大礼要议》,曰《皇朝礼制》,曰《大明礼制》,曰《洪武礼法》,曰《礼制集要》,曰《礼制节文》,曰《太常集礼》,曰《礼书》。"又卷九十六《艺文志一》载:"王应电《周礼传》十卷,《周礼图说》二卷,《学周礼法》一卷,《非周礼辨》一卷。"

[5] 汉唐经解,每以"礼法"注"礼"。如《毛诗正义》卷六:"《兼葭》,刺襄公也。未能用周礼,将无以固其国焉。"郑注:"秦处周之旧土,其人被周之德教日久矣。今襄公新为诸侯,未习周之礼法,故国人未服焉。"《周礼注疏》卷三十七:"若有大丧,则相诸侯之礼。"贾疏:"释曰:大丧言'若',见有非常之祸,诸侯谓天子斩,其有哭位、周旋、擗踊、进退,皆有礼法。"又,《周书·洛诰》:"四方迪乱,未定于宗礼,亦未克敉公功。"孔传:"言四方虽道治,犹未定于尊礼。礼未彰,是亦未能抚顺公之大功。明不可以去。"孔疏:"正义曰:王意恐公意以四方既定,不须更留,故谓公云,四方虽已道治,而犹未能定于尊大之礼。言其礼乐未能彰明也。礼既未彰,是天下之民亦未能抚安顺行公之大功,公当待其礼法明,公功顺乃可去耳。"(孔安国传、孔颖达疏:《尚书正义》卷十五)

[6] 《史记》卷二十三《礼书》。

[7] 郑玄注、贾公彦疏:《周礼注疏》卷三。

之大者。[8]《诗·鄘风·蝃蝀》，毛传释其义为"止奔"，孔疏谓："卫文公以道化其民，使皆知礼法，以淫奔者为耻。"[9] 其事虽止于黎庶，然而涉及男女，关乎风化，亦为礼法所重。古之礼，始于家，而终于天下，故礼法亦贯通于家、国。《诗·大雅·思齐》颂文王之德云："刑于寡妻，至于兄弟，以御于家邦。"笺云："文王以礼法接待其妻，至于宗族。以此又能为政治于家邦也。"[10] 礼可以修身，可以齐家，可以治国，故礼法所及，就不只是一些进退揖让的礼仪规矩，而是一套兼具伦理、政治和文化含义的制度规范，实为治国之大道。[11] 可以注意的是，礼法虽代有损益，与时俱进，却总是同往圣联系在一起，因此为神圣传统的一部分。而遵循这样的传统，乃是后人立身、治国的美德。《诗》云："不愆不忘，率由旧章。"笺释："愆，过。率，循也。成王之令德，不过误，不遗失，循用旧典之文章，谓周公之礼法。"[12] 孔疏将"旧章"释为"旧典之文章"，而"文章"就是礼法，

---

[8]　五礼之说，出于《周礼·春官·大宗伯》。《礼记·王制》则有六礼之说，所谓冠、昏、丧、祭、乡、相见是也。后者乃"言礼之在民者"。二者偏重不同，其实则一。因为礼是一种包罗万有的混融性秩序。详下。

[9]　郑玄笺、孔颖达疏：《毛诗正义》卷三。

[10]　郑玄笺、孔颖达疏：《毛诗正义》卷十六。孔疏云："又能施礼法于寡少之適（嫡）妻，内正人伦，以为化本。复行此化，至于兄弟亲族之内，言族亲亦化之。又以为法，迎治于天下之家国，亦令其先正人伦，乃和亲族。其化自内及外，遍被天下，是文王圣也。"将此意说得更加清楚。

[11]　《诗·巧言》："秩秩大猷，圣人莫之。"郑注："猷，道也。大道，治国之礼法。"孔疏："大道，治国礼法，圣人谋之，若周公之制礼乐也。"（郑玄笺、孔颖达疏：《毛诗正义》卷十二）

[12]　郑玄笺、孔颖达疏：《毛诗正义》卷十七。

或曰"礼乐法度"。[13]

然则，礼法既同于礼，何不云礼，而谓礼法？由汉唐经学用例可知，礼法连用虽无改于礼之义，却揭明并强调了礼的一个重要面相，即礼之为制度、规范、秩序、法式的方面。古人观念中，此规范、秩序、法式亦可以"法"名之[14]，惟此"法"辄与德、教相连，故又谓之"德法"或"先王德教"[15]，而有别于单纯的暴力性规范如刑。"礼法化民"的这一性质，《尚书·吕刑》言之甚明：

德威惟畏，德明惟明。乃命三后，恤功于民。伯

---

[13] 《礼记·大传》："立权度量，考文章，改正朔，易服色，殊徽号，异器械，别衣服，此其所得与民变革者也。"郑注："权，秤也。度，丈尺也。量，斗斛也。文章，礼法也。"孔疏："文章，国之礼法也。"（郑玄注、孔颖达疏：《礼记正义》卷三十四）朱熹注《论语》则谓："文章，礼乐法度也。"（朱熹·《论语集注》卷四，载朱熹：《四书章句集注》。北京：中华书局，1995）又其《孟子集注》卷七引程子言："为政须要有纲纪文章，谨权、审量、读法、平价，皆不可阙。"（同前）亦同此意。

[14] 《周礼·天官冢宰》："大宰之职，掌建邦之六典，以佐王治邦国：一曰治典，以经邦国，以治官府，以纪万民；二曰教典，以安邦国，以教官府，以扰万民；三曰礼典，以和邦国，以统百官，以谐万民；四曰政典，以平邦国，以正百官，以均万民；五曰刑典，以诘邦国，以刑百官，以纠万民；六曰事典，以富邦国，以任百官，以生万民。"郑注："大曰邦，小曰国，邦之所居亦曰国。典，常也，经也，法也。王谓之礼经，常所秉以治天下也；邦国官府谓之礼法，常所守以为法式也。"（郑玄注、贾公彦疏：《周礼注疏》卷二）

[15] 礼度：犹礼法，礼仪法度。《大戴礼记·盛德》："礼度，德法也。"《周书·顾命》："赤刀、大训、弘璧、琬琰，在西序。"孔传："宝刀，赤刀削。大训，《虞书》典谟。"孔疏："'大训，《虞书》典谟'，王肃亦以为然，郑云'大训谓礼法，先王德教'，皆是以意言耳。"（《尚书正义》卷十八）

夷降典，折民惟刑；禹平水土，主名山川；稷降播种，
农殖嘉谷。三后成功，惟殷于民。士制百姓于刑之中，
以教祇德。

孔疏：

> 此经大意，言禹、稷教民，使衣食充足。伯夷道
> 民，使知礼节，有不从教者，乃以刑威之。故先言三
> 君之功，乃说用刑之事。言禹、稷教民稼穑，衣食既
> 已充足。伯夷道民典礼，又能折之以法。礼法既行，
> 乃使皋陶作士，制百官于刑之中。令百官用刑，皆得
> 中正，使不愆不滥，不轻不重，助成道化，以教民为
> 敬德。言从伯夷之法，敬德行礼也。[16]

这段文字所言之"礼节""典礼""教""法"，以及经
学上屡屡出现的"礼""礼乐""道""文章""制度""礼
文""德""德教""典"等诸多概念，皆通于"礼法"，且常
常可以互注。这些概念之间的相互关联，构成了一个总名为
"礼"的意义之网，"礼法"概念居其中，并透过与其他概念
之间的联系确定其具体含义，展现其丰富内涵，同时也为它
在经学以外的运用划出大致的范围。

经学之外，"礼法"概念亦多见于史部。与旨在理解古

---

〔16〕孔安国传、孔颖达疏：《尚书正义》卷十九。

典经籍、传承古代思想的经学不同，史学由记录人物言行的传统发展而来，其兴趣不在概念的诠释和梳理，而在人与事的记述、描摹、针砭和臧否。故考察诸如"礼法"这样的概念，可以由经学察其义，而由史学见其用。

大体言之，"礼法"概念在史籍中的应用不出经学厘定的范围之外，惟史学与经学旨趣不同，其应用直指当下，因此也更具时代色彩。汉以后，皇权体制下的等级秩序业已牢固确立，与此同时，朝廷独尊儒术，立五经于学官。伴随此一过程，"礼法"概念的正统性与日俱增。魏晋之际，士人谈玄，蔚为风尚，放达之士如"竹林七贤"，其言论与行事恰与"礼法"概念所代表的正统性相悖。[17]《晋书·裴頠传》记云："頠深患时俗放荡，不尊儒术，何晏、阮籍素有高名于世，口谈浮虚，不遵礼法，厂禄耽宠，仕不事事；至王衍之徒，声誉太盛，位高势重，不以物务自婴，遂相放效，风教陵迟，乃著崇有之论以释其蔽……"[18]裴頠（267—300）所谓不遵礼法，可以阮籍（210—263）下面的故事为例。仍据《晋书》，阮籍闻母丧，

正与人围棋，对者求止，籍留与决赌。既而饮酒

〔17〕《资治通鉴》卷七十八《魏纪》十："谯郡嵇康，文辞壮丽，好言老、庄而尚奇任侠，与陈留阮籍、籍兄子咸、河内山涛、河南向秀、琅邪王戎、沛国刘伶特相友善，号竹林七贤。皆崇尚虚无，轻蔑礼法，纵酒昏酣，遗落世事。"

〔18〕《晋书》卷三十五《裴頠列传》。

二斗，举声一号，吐血数升。及将葬，食一蒸肫，饮二斗酒，然后临诀，直言穷矣，举声一号，因又吐血数升，毁瘠骨立，殆致灭性。裴楷往吊之，籍散发箕踞，醉而直视，楷吊唁毕便去。或问楷："凡吊者，主哭，客乃为礼。籍既不哭，君何为哭？"楷曰："阮籍既方外之士，故不崇礼典。我俗中之士，故以轨仪自居。"时人叹为两得。籍又能为青白眼，见礼俗之士，以白眼对之。及嵇喜来吊，籍作白眼，喜不怿而退。喜弟康闻之，乃赍酒挟琴造焉，籍大悦，乃见青眼。由是礼法之士疾之若仇，而帝每保护之。[19]

由这段记述，可见所谓"方外之士"与"礼法之士"势同水火，不能两立。前者托名于"大人先生"，对"贵介公子、搢绅处士"[20]讥讽有加，"谓世之礼法君子，如虱之

〔19〕《晋书》卷四十九《阮籍列传》。阮籍并非不孝，惟其不尊礼法。朱子论孝，有爱、敬之分，曰："此与阮籍居丧饮酒食肉，及至恸哭呕血，意思一般。蔑弃礼法，专事情爱故也。"（朱熹：《朱子语类》卷二十七《论语九》）

〔20〕语出刘伶《酒德颂》，其辞曰："有大人先生，以天地为一朝，万期为须臾，日月为扃牖，八荒为庭衢。行无辙迹，居无室庐，幕天席地，纵意所如。止则操卮执觚，动则挈榼提壶，惟酒是务，焉知其余。有贵介公子、搢绅处士，闻吾风声，议其所以，乃奋袂攘襟，怒目切齿，陈说礼法，是非蜂起。先生于是方捧罂承槽，衔杯漱醪，奋髯箕踞，枕曲藉糟，无思无虑，其乐陶陶。兀然而醉，恍尔而醒。静听不闻雷霆之声，熟视不睹泰山之形。不觉寒暑之切肌，利欲之感情。俯观万物，扰扰焉若江海之载浮萍。二豪侍侧焉，如蜾蠃之与螟蛉。"（《晋书》卷四十九《刘伶列传》）

处裈"。[21]后者对前者则"奋袂攘襟，怒目切齿"[22]，"疾之如仇仇"[23]，必欲灭之而后快。"竹林七贤"与"礼法之士"对立如此，固然有现世政治利益的因素作用其中，但儒家思想与佛老之间文化价值上的紧张和竞争关系也不容忽视。如前所述，礼法本出于礼，体现儒家基本价值。故裴頠以"礼法"与"儒术""风教"相连，裴楷以礼典与轨仪并举。从儒家的角度看，礼法为风教所系，实为御民之纲纪，治国之大本。崇尚佛老，竞谈浮虚，蔑弃礼法，毁坏名教，必有破家灭国之祸。晋干宝（？—336）《晋纪总论》谓孝怀、孝愍二帝之时，"礼法刑政，于此大坏，如室之斯构，而去其凿契，如水斯积，而决其隄防，如火斯畜，而离其薪燎也，国将亡，本必先颠，其此之谓乎"。[24]《晋书》纂

---

〔21〕 赵翼：《廿二史札记》卷八《六朝清谈之习》。语出阮籍《大人先生传》，《晋书》卷四十九《阮籍列传》云籍"著《大人先生传》，其略曰：'世人所谓君子，惟法是修，惟礼是克。手执圭璧，足履绳墨。行欲为目前检，言欲为无穷则。少称乡党，长闻邻国。上欲图三公，下不失九州牧。独不见群虱之处裈中，逃乎深缝，匿乎坏絮，自以为吉宅也。行不敢离缝际，动不敢出裈裆，自以为得绳墨也。然炎丘火流，焦邑灭都，群虱处于裈中而不能出也。君子之处域内，何异夫虱之处裈中乎！'"

〔22〕 《晋书》卷四十九《刘伶列传》。

〔23〕 《晋书》卷四十九《嵇康列传》。"礼法之士"的说法亦见于后世，如朱熹论本朝人士："盖介甫是个修饬廉隅孝谨之人，而安道之徒，平日苟简放恣惯了，才见礼法之士，必深恶。如老苏作辨奸以讥介甫，东坡恶伊川，皆此类耳。"（朱熹：《朱子语类》卷一百三十《本朝四》）又如《明史》卷一百七十一《王越列传》："越既为礼法士所疾，自负豪杰，骜然自如。"又卷二百八十六《文苑列传》记祝允明"恶礼法士，亦不问生产，有所入，辄召客豪饮，费尽乃已，或分与持去，不留一钱"。

〔24〕 《艺文类聚》卷十一《帝王部一》。

者亦曰："有晋始自中朝，迄于江左，莫不崇饰华竞，祖述虚玄，摈阙里之典经，习正始之余论，指礼法为流俗，目纵诞以清高，遂使宪章弛废，名教颓毁，五胡乘间而竞逐，二京继踵以沦胥，运极道消，可为长叹息者矣。"[25]此类议论，都是把礼法奉为体制正统，而把国家灭亡的责任归于佛老清谈。

　　同样可以注意的是，礼法存废虽关乎国运，但在史籍所载的许多场合，讲论"礼法"，针对的首先是个人行止。实际上，"礼法"一词多见于"列传"，用来描述传主的品行，即使涉及帝君后妃，也是如此。如《陈书》记世祖文帝陈蒨（522—566）事，谓其少时"沈敏有识量，美容仪，留意经史，举动方雅，造次必遵礼法"。[26]《南史》谓高昭刘皇后（423—472）"严整有轨度，造次必依礼法"。[27]类似的说法，有如"清操逾厉，不妄通宾客，恒以礼法自处"[28]，"以教义礼法为己任"[29]，"好儒术，以礼法修整"[30]，"幼孝友，性质严重，起居皆有礼法"[31]，"优游典籍，以礼法自居"[32]，

---

〔25〕《晋书》卷九十一《儒林列传》。又据《隋书》卷二十二《五行志上》："天戒若曰，国威已丧，不务修德，后必恃佛道，耽宴乐，弃礼仪而亡国者。陈之君臣竟不悟。至后主之代，灾异屡起，惧而于太皇寺舍身为奴，以祈冥助，不恤国政，耽酒色，弃礼法，不修邻好，以取败亡。"

〔26〕《陈书》卷三《世祖本纪》。

〔27〕《南史》卷十一《后妃列传》。

〔28〕《隋书》卷五十八《李文博列传》。

〔29〕《旧唐书》卷一百二十七《蒋镇列传》。

〔30〕《旧唐书》卷一百三十三《李宪列传》。

〔31〕《新唐书》卷一百六十三《柳公绰列传》。

〔32〕《宋史》卷二百四十四《惟和列传》。

"器局阔远，不与人校短长，以礼法自持"[33]，"性孝友，尤刚正，日用之间，动中礼法。与人交，不以势合，不以利迁。善诱学者，谆谆不倦"[34]。相反的说法则有："性豪迈，不遵礼法，好昵群小"[35]，"不拘礼法，人讥其颓放"[36]，"喜豪放剧饮，不循礼法"[37]，等等。在这类描述中，显然，与"礼法"相连的俱为儒家德目，而这些良好的品性和品德，又总是同儒家理想的君子人格联系在一起的。事实上，在儒家看来，遵循礼法不仅有助于君子人格的养成，而且就是君子人格的一部分，甚至就是其外在表征。正是凭借"礼法"，儒家区分出君子和小人两个基本范畴。[38]

"礼法"关乎德行、风教与体制，此固无疑义。而在以儒家经典构筑的世界观里，这一概念又因为与夷夏观念密切相关，而同时具有文明属性，甚而被等同于文明。《明史》载西南边疆形势，有"土民不识礼法，不通汉语"[39]等语，

---

[33] 《宋史》卷三百四十《苏颂列传》。

[34] 《元史》卷一百八十九《陈栎列传》。

[35] 《宋史》卷二百六十二《赵上交列传》。

[36] 《宋史》卷三百九十五《陆游列传》。

[37] 《宋史》卷四百四十二《颜太初列传》。

[38] 《朱子语类》卷四十二《论语·颜渊篇下》："问：'……如何以文观人？'曰：'无世间许多礼法，如何辨得君子小人？如老庄之徒，绝灭礼法，则都打个没理会去。'"宋人吴奎有言："国家谨礼法以维君子，明威罚以御小人。君子所顾者，礼法也；小人所畏者，威罚也。"（《宋史》卷一百七十《职官志十杂制》）

[39] 《明史》卷三百十五《云南土司列传》。据《太平御览》卷七百九十九《四夷部二十·北狄一》："貉者，略也，云无礼法。又胡者，互也，其被发左衽，言语赘币，事殊互也。"宋濂：《元史》卷一百六十三（转下页）

透露出来的就是这样一种文明观。实际上，对内明君子小人之分，以德化民，对外严华夏蛮夷之辨，怀柔远人，既是历朝历代透过礼法刑政所欲达成的目标，也是华夏文明秩序据以建立和维续的基础。着眼于此，亦可以说，"礼法"所表征的，是某种由个人的道德修为，到家庭伦理、社会制度、国家体制，再到族群及国家间关系，乃至于天下文明的一整套秩序，其间虽涉及不同事物及主体，但又紧密无间，一以贯之。此一视野中的"礼法"，甚至不仅仅是化人于无形的"德教"，同时也是有形的强制性规范。

前引《尚书·吕刑》孔疏，有"伯夷道民典礼，又能折之以法"，"有不从教者，乃以刑威之"等语，皆表明礼与法（刑）并非不能相通。晋《傅子·法刑》："立善防恶谓之礼，禁非正是谓之法。法者，所以正不法也。明书禁令曰法，诛杀威罚曰刑。天地成岁也，先春而后秋；人君之治也，先礼而后刑。……礼法殊涂而同归，赏刑递用而相济矣。"[40] 傅子（217—

（接上页）《乌古孙泽列传》载："泽为广西两江道宣慰副使、金都元帅府事。两江荒远瘴疠，与百夷接，不知礼法，泽作《司规》三十有二章，以渐为教，其民至今遵守之。"张廷玉等：《明史》卷三百十四《云南土司列传》记："十八年置金齿卫指挥使司。二十年，遣使谕金齿卫指挥储杰、严武、李观曰：'金齿远在边徼，土民不遵礼法。尔指挥李观处事宽厚，名播蛮中，为诸蛮所爱。'"又《明史》卷三百三十一《西域列传》载："[酋长南葛]正统三年奏年老，乞以子克罗俄坚粲代，从之。凶狡不循礼法。"

[40] 严可均辑：《全晋文》。唐代敕云："复仇，据礼经则义不同天，征法令则杀人者死。礼法二事，皆王教之端，有此异同，必资论辩。"（《旧唐书》卷五十《刑法志》）所言"礼法"，其义与傅子语同。

278）以礼、法为二事，虽为"礼法"概念较为晚出也较为少见的一种用法，却也无悖于经义。礼法既为制度、规范、秩序、法式，其本身就具有"法"的可测度性和可执行性。史载，汉儒叔孙通（？—约前194）曾采择古礼并秦仪，制作汉仪，所撰《礼仪》与律令同录，藏于理官。[41] 礼仪既成，则失仪者科罪。汉律有"乏祠"之罪，犯者免官；又有"不斋"罪名，刑至于耐。即此之例。[42] 晋臣庾纯酒醉失仪，居下犯上，后以己"昏乱仪度""违犯宪度"请罪。诏曰："先王崇尊卑之礼，明贵贱之序，著温克之德，记沈酗之祸，所以光宣道化，示人轨仪也。昔广汉陵慢宰相，获犯上之刑；灌夫托醉肆忿，致诛毙之罪。纯以凡才，备位卿尹，不惟谦敬之节，不忌覆车之戒，陵上无礼，悖言自口，宜加显黜，以肃朝伦。"遂免纯官。[43] 类此故事，不绝于史。事实上，自汉至唐，礼、法（刑）关系经历了一次系统的重构，其完成的标志，便是儒家经义的全面制度化，礼法作为国家体制核心的地位牢不可破。

---

[41] 程树德：《九朝律考》。北京：中华书局，1988，页11、16。

[42] 事见《汉书》卷一六《高惠后高功臣表》。《唐律·职制》"大祀不预申期"条即源出自此。参见刘俊文：《唐律疏议笺解》上。北京：中华书局，1996，页731。

[43] 《晋书》卷五十《庾纯列传》。据同书记载，诏下，又以纯父老不求供养，使据礼典正其臧否。司徒石苞议："纯荣官忘亲，恶闻格言，不忠不孝，宜除名削爵土。"司徒西曹掾刘斌则以为，"独于礼法外处其贬黜"，是为非理。"礼，年八十，一子不从政。纯有二弟在家，不为违礼。又令，年九十，乃听悉归。今纯父实未九十，不为犯令。"河南功曹史庞札等亦从其说。诸臣的议论，除言"礼法""礼典"之外，还有"礼律""礼禁"等语。

唐代法制有律、令、格、式之分，律乃"一准乎礼"[44]，固不待言，令、式之内容，亦多出于礼制。而大臣奏折、皇帝诏书也经常重申条令，务求维持礼法于不坠。如武周时宰相王綝（？—702）奏言："准令式，齐缞大功未葬，并不得朝会，仍终丧不得参燕乐。比来朝官不依礼法，身有哀惨，陪厕朝驾，手舞足蹈。公违宪章，名教既亏，实玷皇化。请申明程式，更令禁止。"[45]奏上，"有诏申责，内外畏之"。[46]又比如，唐玄宗（685—762）时曾发布《禁殡葬违法诏》：

> 如闻百官及庶人家，殡葬颇违古则，无复哀戚，递相夸尚。富者逾于礼法，贫者殚其资产，无益于死，徒损于生，伤风败化，斯敦尤甚。自今已后，送终之仪，一依令式。至坟墓所，仍不得聚饮肉食，宜令所繇，严加禁断。更有违者，科违敕罪。[47]

---

[44] 《四库全书总目》卷八二《史部》三十八《政书类》二。北京：中华书局，1987。该类目中，《唐律疏议》与诸礼书同列，编列其后。此种分类也很能说明问题。

[44] 《四库全书总目》卷八二《史部》三十八《政书类》二。北京：中华书局，1987。该类目中，《唐律疏议》与诸礼书同列，编列其后。此种分类也很能说明问题。
[45] 《全唐文》卷一百六十九，王綝：《有丧不得朝会燕乐奏》。事又见王溥：《唐会要》卷三十八《杂记》。
[46] 《新唐书》卷一百一十六《王綝传》。
[47] 《全唐文》卷二十八《元宗》（九）。后又有《禁丧葬违礼及士人干利诏》，重申此意："古之送终，所尚乎俭。比来习俗，渐至于奢。苟炫耀于衢路，复何益于泉壤，又凡庶之中，情理多阙，每因送葬，或酣饮而归，及寒食上墓之时，亦便为宴乐，在于风俗，岂成礼教。自今已后，其缘葬事有不依礼法者，委所由州县并左右街使严加捉搦，一切禁断。其有犯者，官人殿黜，白身人所在决一顿。"（《全唐文》卷三十一《元宗》十二）

264 | 为 政

唐代法制有律、令、格、式之分，律乃"一准乎礼"[44]，固不待言，令、式之内容，亦多出于礼制。而大臣奏折、皇帝诏书也经常重申条令，务求维持礼法于不坠。如武周时宰相王綝（？—702）奏言："准令式，齐缞大功未葬，并不得朝会，仍终丧不得参燕乐。比来朝官不依礼法，身有哀惨，陪厕朝驾，手舞足蹈。公违宪章，名教既亏，实玷皇化。请申明程式，更令禁止。"[45]奏上，"有诏申责，内外畏之"。[46]又比如，唐玄宗（685—762）时曾发布《禁殡葬违法诏》：

> 如闻百官及庶人家，殡葬颇违古则，无复哀戚，递相夸尚。富者逾于礼法，贫者殚其资产，无益于死，徒损于生，伤风败化，斯敦尤甚。自今已后，送终之仪，一依令式。至坟墓所，仍不得聚饮肉食，宜令所繇，严加禁断。更有违者，科违敕罪。[47]

---

[44] 《四库全书总目》卷八二《史部》三十八《政书类》二。北京：中华书局，1987。该类目中，《唐律疏议》与诸礼书同列，编列其后。此种分类也很能说明问题。
[45] 《全唐文》卷一百六十九，王綝：《有丧不得朝会燕乐奏》。事又见王溥：《唐会要》卷三十八《杂记》。
[46] 《新唐书》卷一百一十六《王綝传》。
[47] 《全唐文》卷二十八《元宗》（九）。后又有《禁丧葬违礼及士人干利诏》，重申此意："古之送终，所尚乎俭。比来习俗，渐至于奢。苟炫耀于衢路，复何益于泉壤，又凡庶之中，情理多阙，每因送葬，或酣饮而归，及寒食上墓之时，亦便为宴乐，在于风俗，岂成礼教。自今已后，其缘葬事有不依礼法者，委所由州县并左右街使严加捉搦，一切禁断。其有犯者，官人殿黜，白身人所在决一顿。"（《全唐文》卷三十一《元宗》十二）

而在现实中，官员因为不遵礼法、违反令式而遭贬抑、申斥、黜免乃至刑惩的事例史不绝书。[48]这些虽为后世情形，反映了制度礼法与时变化的形态，也未尝不可以视作早期传统的某种延续。正如"礼法"一词虽晚出，其基本意蕴却仍须透过早期思想传统来理解和把握。毕竟，礼法概念，源自礼、法诸观念，而这些观念，不仅渊源更形久远，它们在中国古代思想世界中的意义也更加重大和深远。事实上，比较"礼""法"二字，"礼法"概念不但出现较晚，其见于古代文献中的频率也明显更低。这部分是因为，"礼法"不过是由"礼"派生出来的概念之一种，其所言之事亦多可由其他语词和概念来指示；而更重要的是因为，派生性的"礼法"概念，不具有"礼"或"法"那样的原生性，其重要性不足以激发古人同等的热情与关注。因此，要深入认识"礼法"观念所由出和代表的古代政法思想传统，就不能囿限于"礼法"一词，而须直接考察原初之"礼""法"观念，一探其根源。

礼与刑：以礼为法

　　古代有关礼之记载及论述不可胜数，儒家经典直接以

---

〔48〕　如唐德宗：《贬郭煦等诏》："先圣忌辰，才经叙慰，戚里之内，固在肃恭。而乃遽从宴游，饮酒作乐。既乖礼法，须有所惩。前汾州长史郭煦，宜于袁州安置。前南郑县尉郭暄，于柳州安置。曹自庆配流永州。其驸马郭暧、王士平，仍令并归私第。"（《全唐文》卷五十二《德宗》三）德宗：《郜国大长公主别馆安置敕》处分人等更多。参见《全唐文》卷五十四《德宗》五。

礼名之者，就有记述三代礼俗尤其是周时礼仪的《仪礼》，有号为周代典章制度大成的《周礼》，还有记述和阐发礼之原理、原则的《礼记》。三礼之中，《仪礼》最古，《周礼》次之。古文学家相信，这两部礼经都出自周公之手。[49]其说固不足信，但是三代礼制，以周礼为最可观，其影响于后世者至为深远，也是不争的事实。盖因周人不但以"德"之观念灌注于所继受的夏礼和殷礼，进而实现了由神道向人道的转换[50]，更凭借其杰出的政治智慧与行政才具，制礼作乐，而成就一代辉煌礼制，实为古代礼法思想及制度之集大成者。

《说文·示部》释礼云："禮，履也，所以事神致福也。从示，从豊。"是礼最初主要与先民的祭祀活动有关。《尚书》以及《诗经》早期作品中，"礼"字的用法基本都与祭祀有关；而在春秋时代，礼的含义已经大为扩展，几乎包纳了从个人到家庭、社会乃至国家的所有规范。[51]礼由最

---

〔49〕　参见周予同：《周予同经学史论著选集》。上海：上海人民出版社，1983，页 241—242、244。

〔50〕　"德"之观念的产生，为周代政治思想的突出表征，中国古代思想的人文精神亦由此而确立。陈来借用卡西尔的概念，将殷周之际思想文化的变迁描述为从自然宗教到伦理宗教的改变，同时指出，周代礼乐文化虽处在与"伦理宗教"相当的阶段，但其重点已从神转向人，因此而开启了以人文精神为底色的"德礼文化"。参见陈来：《古代宗教与伦理：儒家思想的根源》。北京：生活·读书·新知三联书店，1996，页 146—149、168。更详尽的论述，见该书第5、6、7章。

〔51〕　梁启超区分礼之含义为三：事神致福之礼乃狭义之礼；"礼者履也"乃广义之礼；而"礼者理也"则是最广义上的礼，它包括了一切社会习惯，其性质与法律亦无多差异。参见梁启超：《儒家哲学》。上海：（转下页）

初的"行礼之器"[52]，转而指称一般所谓"奉神人之事"[53]，再发展成为人伦与社会规范的总名，此一过程定然复杂而漫长，由此而形成的礼的观念，其含义层叠累积，多义而重要。据《礼记·礼运》，孔子论礼云：

> 夫礼之初，始诸饮食，其燔黍捭豚，污尊而抔饮，蒉桴而土鼓，犹若可以致其敬于鬼神。……昔者先王未有宫室，冬则居营窟，夏则居橧巢。未有火化，食草木之实，鸟兽之肉，饮其血，茹其毛。未有麻丝，衣其羽皮。后圣有作，然后修火之利，范金合土，以为台榭宫室牖户，以炮以燔，以亨以炙，以为醴酪，治其麻丝，以为布帛，以养生送死，以事鬼神上帝，皆从其朔。故玄酒在室，醴盏在户，粢醍在堂，澄酒在下。陈其牺牲，备其鼎俎，列其琴瑟管磬钟鼓，修其祝嘏，以降上神与其先祖，以正君臣，以笃父子，以睦兄弟，以齐上下，夫妇有所。是谓承天之祐。

据此，礼不离人之基本需求，却又是使人脱离自然进

（接上页）上海人民出版社，2009，页140—145。关于早期礼之观念的沿革，更详细的论述，参见张端穗：《仁与礼——道德自主与社会制约》，载黄俊杰主编：《中国人的宇宙观》。合肥：黄山书社，2012，页72—76。

[52] 段玉裁谓："豊者，行礼之器。"见段玉裁：《说文解字注》第一卷第一篇注上。

[53] 王国维谓："奉神人之事通谓之礼。"详见王国维：《释礼》，载氏所著《观堂集林》（一）卷六。北京：中华书局，1984。

入文明的关键。简言之，礼为文明的表征，甚至可以说，礼就是文明。其形态则由低而高，由简而繁，从日用器物到生活仪节，从生产技艺到人伦纲纪，从家庭组织到社会规范，从乡俗土风到典章制度，终至无所不包，实为"中国物质文化和精神文化之总名"[54]。

礼既涵摄政治、经济、军事、法律、文化、教育、宗教、道德诸领域以及日常生活的各个方面，其重要性也就变得无所不在。《礼记·曲礼上》有云："道德仁义，非礼不成；教训正俗，非礼不备；分争辨讼，非礼不决；君臣上下父子兄弟，非礼不定；宦学事师，非礼不亲；班朝治军，莅官行法，非礼威严不行；祷祠祭祀，供给鬼神，非礼不诚不庄。是以君子恭敬撙节退让以明礼。"这段关于礼的经典表述，不但突出了礼的规范性质，而且表明，总名为礼的这种社会规范，也是当时各种活动及行为最终的和唯一的判准，具有普遍的和最高的权威性。秉有此种性质和地位之礼，固不同于后世所谓法，却涵摄法意于其中，或者可以说，礼即是三代的根本法。事实上，据《礼记·礼运》所引孔子的说法，礼之勃兴与名为"小康"的三代圣王之治相连。所谓"礼运"，即世运从礼之谓。[55]礼就是"小康"之世的致治之道。孔子云：

---

〔54〕 邹昌林：《中国古礼研究》，页12。转引自阎步克：《士大夫政治演生史稿》。北京：北京大学出版社，1996，页81。

〔55〕 郑玄《礼运目录》："名曰礼运者，以其记五帝、三王相变易，阴阳转旋之道。"

今大道既隐，天下为家，各亲其亲，各子其子，货力为己，大人世及以为礼，城郭沟池以为固，礼义以为纪；以正君臣，以笃父子，以睦兄弟，以和夫妇，以设制度，以立田里，以贤勇知，以功为己。故谋用是作，而兵由此起。禹汤文武成王周公，由此其选也。此六君子者，未有不谨于礼者也。以著其义，以考其信，著有过，刑仁讲让，示民有常。如有不由此者，在势者去，众以为殃，是谓小康。[56]

这段话所描述的，是大道既隐之后的天下秩序，礼则为规范和维续这一秩序的根本法，乃其典范。[57]而"示民有常"云云，在揭示了礼之为法的属性的同时，也表明了作为根本法之礼的强制性和普遍性。

以礼为三代的根本法，是着眼于其世运之道的崇高地位而言，然而，三代之世，礼法未分，礼亦非诸法之法，法上之法，而是巨细靡遗，规范万有。换言之，礼既是根本法，也是普通法，一般法，其形态略近于后世所谓习惯

---

[56] 《礼记·礼运》。道家亦以礼为后出，代表某种欠完善的社会秩序。不过，与儒家对礼的高度肯定相反，道家对礼及其所代表的文明秩序基本持否定态度。老子云："故失道而后德，失德而后仁，失仁而后义，失义而后礼。夫礼者，忠信之薄，而乱之首。"（《老子》第三十八章）

[57] 康有为以为："礼者，犹希腊之言宪法，特兼该神道，较广大耳。"康有为：《孟子微　中庸注　礼运注》。北京：中华书局，1987。

法。[58] 自社会学角度观察，礼似乎包含了民风（folkways）、民仪（mores）、制度（institution）、仪式和政令等，又是由低而高慢慢发展起来的。[59] 慎子（约前390—前315）云："礼从俗，政从上。"[60] 可以说，礼出于俗，而不同于俗，同时又保有俗的成分。一般认为，《仪礼》所记载的古代礼仪，大多源出于古代社会习俗，而非人为制定。不过，这些反映古代社会生活的繁复仪节，其形式已经相当精致，非经长期实践与提炼，不能成就。至于"经国家，定社稷"的《周礼》[61]，自然更多出于人为。周公之制作礼乐，亦是如此。不过，类此人为制作，仍主要是就以往的习俗、惯例和传统施为，以发现和承继的方式发展传统，而不同于近代立法者之所为。总之，礼发展至周代，已经极尽完备，有所谓"礼仪三百，威仪三千"[62]，而周人关于礼的思想和观念，亦极丰富而细密。有意思的是，西周礼制发达，礼治秩序井然，有关

---

〔58〕 关于礼之习惯法性质，详尽的研究，参见姚中秋：《华夏治理秩序史》第二卷《封建》（下册）第八、九、十章。西洋法学家亦有视礼为习惯法者，参见昂格尔：《现代社会中的法律》。北京：中国政法大学出版社，1994，页42—46。对昂格尔观点的进一步讨论，参见梁治平：《清代习惯法：社会与国家》。北京：中国政法大学出版社，1996，页2—8。

〔59〕 参见李安宅：《〈仪礼〉与〈礼记〉之社会学的研究》。上海：上海人民出版社，2005，页3。

〔60〕 《慎子逸文》，《艺文类聚》三十八、《太平御览》五百二十三引。

〔61〕 《左传》隐公十一年。

〔62〕 《礼记·中庸》。又，《礼记·礼器》云："经礼三百，曲礼三千。"章太炎云："礼仪、经礼，谓《周礼》也。威仪、曲礼，谓《仪礼》也。……三百、三千云者，约举其大数云尔。"章太炎：《国学概论》。南京：江苏人民出版社，2014，页163。

礼的论述却不多见。延至春秋，礼崩乐坏，封建秩序岌岌可危，有关礼与非礼、知礼与违礼的争论和辨析，反倒随处可见。大抵小康盛世，礼制融于生活，规矩被视为当然。规范的意识，当与不当的区别，简言之，合礼与否的观念，只有在固有之礼治秩序受到挑战甚而即将倾覆之际，才变得格外强烈和尖锐。

东汉经学大师郑玄序《曲礼》亦云："礼者，体也，履也。统之于心曰体，践而行之曰履。"[63] 践行谓之履。从先民"奉神人之事"[64] 的献祭仪式，到后人"饮食、冠昏、丧祭、射御、朝聘"[65] 的种种仪节，均可以"履"视之，《仪礼》乃其范本。然而，正如郑玄所区分的那样，礼除了表现于外的客观的一面，还有内在的和主观的一面，所谓"统之于心"之体，即隐含于进退揖让之仪节中的规范，以及涉礼者对此规范的理解和把握，进而基于礼而产生的当为意识。对此，春秋时人已有清楚的认识。据《左传》昭公五年，鲁昭公（前560—前510）入晋国，"自郊劳至于赠贿，无失礼"。晋侯以为其善礼，但在晋大夫女叔齐看来，鲁侯所谨守者，"是仪也，不可谓礼"。盖因礼，

所以守其国，行其政令，无失其民者也。今政令

---

〔63〕 郑玄注、孔颖达疏：《礼记正义》卷一《曲礼上》。

〔64〕 王国维谓："奉神人之事通谓之礼。"详见王国维：《释礼》，载氏所著《观堂集林》（一）卷六。北京：中华书局，1984。

〔65〕 《礼记·礼运》。

在家，不能取也。有子家羁，弗能用也。奸大国之盟，陵虐小国。利人之难，不知其私。公室四分，民食于他。思莫在公，不图其终。为国君，难将及身，不恤其所。礼之本末，将于此乎在，而屑屑焉习仪以亟。言善于礼，不亦远乎？

换言之，礼根本上是一套封建秩序的原则和规范，所谓"经国家，定社稷，序民人，利后嗣者也"[66]。鲁国之治，政令不行，贤人不举，又不遵盟约，欺侮小国，以致公室羸弱，尽失民心。其危殆如此，鲁侯竟不为之虑，岂可谓知礼？

礼、仪之分，也见于郑卿子大叔（？—前507）与晋卿赵简子（？—前476）的一段对话。在这段著名的对话里，简子问揖让周旋之礼，子大叔对曰："是仪也，非礼也。""夫礼"，诚如郑先贤子产（？—前522）所言，"天之经也，地之义也，民之行也"，子大叔更将此义发挥如下：

> ［礼］天地之经，而民实则之。则天之明，因地之性，生其六气，用其五行。气为五味，发为五色，章为五声，淫则昏乱，民失其性。是故为礼以奉之：为六畜、五牲、三牺，以奉五味；为九文、六采、五章，以奉五色；为九歌、八风、七音、六律，以奉五声；为君臣、上下，以则地义；为夫妇、外内，以经二

---

〔66〕《左传》隐公十一年。

物；为父子、兄弟、姑姊、甥舅、昏媾、姻亚，以象
天明；为政事、庸力、行务，以从四时；为刑罚、威
狱，使民畏忌，以类其震曜杀戮；为温慈、惠和，以
效天之生殖长育。民有好、恶、喜、怒、哀、乐，生
于六气。是故审则宜类，以制六志。哀有哭泣，乐有
歌舞，喜有施舍，怒有战斗；喜生于好，怒生于恶。
是故审行信令，祸〔福〕赏罚，以制死生。生，好物
也；死，恶物也；好物，乐也；恶物，哀也。哀乐不
失，乃能协于天地之性，是以长久。[67]

此说语涉玄虚，却直指天道性体，从而揭示了礼的形
上性质，或曰礼的形上本根，也是礼之至上权威之所由来。

以天为人世秩序的形上依据，原是古典思想的精义所
在。《尚书·皋陶谟》有云："天工，人其代之。天叙有典，
敕我五典五惇哉！天秩有礼，自我五礼有庸哉！……天命有
德，五服五章哉！天讨有罪，五刑五用哉！"就明白将总
名为礼的人间秩序安放在天的基础之上。后人论礼无不如
此。[68]不过，若论议论之周密精详，则无过乎子大叔的这

---

[67]《左传》昭公二十五年。

[68] 据《礼记·礼运》，孔子对礼本于天之义，致意再三。如谓："夫礼，必本
于天，殽于地，列于鬼神，达于丧、祭、射、御、冠、昏、朝、聘。故圣
人以礼示之，故天下国家可得而正也。"又云："是故夫礼，必本于大一，
分而为天地，转而为阴阳，变而为四时，列而为鬼神。其降曰命，其官于
天也。夫礼必本于天，动而之地，列而之事，变而从时，协于分艺，其居
人也曰养，其行之以货力、辞让、饮食、冠昏、丧祭、射御、朝聘。"

段阐述。天有六气、五行，人有喜怒哀乐好恶、五味、五色、五声；天有明暗、阴阳，人有君臣、父子、夫妇；天有四时，能生殖长育，震曜杀戮，人则有温慈、惠和，刑罚、威狱。圣人象天之明，则地之义，顺人之情，制礼作乐，令哀乐不失，而协于天地之性。这段礼论将人间秩序与天地之象一一对应，不但确定了礼的终极渊源，也揭示了礼包罗万有、混融无界的性质。狭义的礼或不下于庶人，甚至只是行为的仪节，广义的礼却无所不包，由"治人之情"[69]，到正天下国家，一以贯之。盖因天地至高至大，无远弗届，一切人、事尽在其中，皆隶其下。故礼之所及，具有支配一切生活领域、各种人类活动和所有社会角色的至上性与普遍性。《礼记·乐记》云："礼乐刑政，其极一也。"这个一，就是天，就是体象乎天地的礼。今人有以之比附于西洋概念者，名之为中国的"自然法"。[70]

　　自然，无论根本法、习惯法，还是自然法，俱为今人

---

[69] 孔子曰："夫礼，先王以承天之道，以治人之情。"又曰："故圣王修义之柄、礼之序，以治人情。故人情者，圣王之田也。修礼以耕之，陈义以种之，讲学以耨之，本仁以聚之，播乐以安之。"（《礼记·礼运》）针对的，正是生于六气的人之喜怒哀乐好恶。

[70] 视礼为中国的自然法者，不乏其人。梁启超即一著例，详参氏所著：《中国法理学发达史论》，载范忠信选编：《梁启超法学文集》。北京：中国政法大学出版社，2000。又见梅仲协：《法与礼》，载刁荣华主编：《中国法学论著选集》，台北：汉林出版社，1976。李约瑟在其中国科学思想史研究中设专章讨论中、西自然法观念。详见 Joseph Needham, *History of Scientific Thought*, pp. 521，532，539，544. *Science and Civilisation in China*. Vol. Ⅱ. Cambridge University Press, 1980.

说法，以之名礼，或略得其义，然皆非古人观念本身。汉唐以下，经学家以"法"释"礼"者所在多有，但那也是后人解说，有别于古，更不同于今。虽然，古今观念之间，不乏相通之处。礼为常经，为规范、判准、规矩、绳墨。《礼记·经解》云："礼之于正国也，犹衡之于轻重也，绳墨之于曲直也，规矩之于方圆也。"其说法意十足[71]，惟其言礼而不言法，且法之一字，当时也另有其名。《尔雅·释诂》释法："柯、宪、刑、范、辟、律、矩、则，法也。"法又训常："典、彝、法、则、刑、范、矩、庸、恒、律、戛、职、秩，常也。"[72]故学者注经，惯以常、法二字连用，谓为"常法"。[73]这些义同于法的单字，许多屡见于《诗》《书》，不但其用例远较法字为多[74]，其含义亦非后世狭义之"法"所能范围。如"天叙有典"之"典"，即是立基于天道的伦常

---

[71] 试比较《管子·七法》："尺寸也、绳墨也、规矩也、衡石也、斗斛也、角量也，谓之法。"《慎子逸文》："有权衡者，不可欺以轻重；有尺寸者，不可差以长短；有法度者，不可巧以诈伪。"(《意林》、《太平御览》四百二十九引)荀子论礼，亦有绳墨、规矩之喻："礼岂不至矣哉！立隆以为极，而天下莫之能损益也。……故绳墨诚陈矣，则不可欺以曲直；衡诚县矣，则不可欺以轻重；规矩诚设矣，则不可欺以方圆；君子审于礼，则不可欺以诈伪。故绳者，直之至；衡者，平之至；规矩者，方圆之至；礼者，人道之极也。"(《荀子·礼论》)而荀子其学，正是战国时期兼综礼法的一大典范。详下。

[72] 《尔雅·释诂》。

[73] 郭璞注曰："庸、戛、职、秩义见《诗》《书》，余皆谓常法耳。"邢昺疏云："律者，常法也。"又云："刑、范、律、矩、则，皆谓常法也。"郭璞注、邢昺疏：《尔雅注疏》卷一《释诂》。

[74] 《诗经》不见"法"字。《尚书》今、古文，指法度及刑法之"法"字仅5见。

秩序。[75]"民彝"之"彝",则是兼具道德和法典之义的人伦规范之常道。[76]而《尚书》名篇、意为"大法"的"洪范九畴",恰如广义的礼,展示的乃是一整套象天则地的规范秩序。不过,这些训法、训常的单字里面,又有一字值得更多注意,那就是"刑"。

刑有刑罚之义、范型之义,两种意思皆与法有关,而此模范行为之"法"辄关杀戮之事。古者,荆通作刑。《说文》:"荆,罚罪也,从井,从刀。《易》曰:'井,法也。'"[77]又《说文·刀部》:"刑,刭也。从刀,幵声。"均是以割、杀为事。《慎子逸文》"斩人肢体,凿其肌肤,谓之刑"[78],乃其正解。其暴虐性质如此,刑与礼便像是格格不入之二事,在规范行为、维系社会方面,各取一端。事实上,古人对刑的起源的看法也强化了刑之为法的负面价值。《尚书·吕刑》谓:"苗民弗用灵,制以刑,惟作五虐之刑曰法。杀戮无辜,爰始淫为劓、刵、椓、黥。"三代的"五

---

[75] "正义曰:天叙有典,有此五典,即父义、母慈、兄友、弟恭、子孝是也。五者人之常性,自然而有,但人性有多少耳。天次叙人之常性,使之各有分义。……此皆出天然,是为天次叙之。天意既然,人君当顺天之意,敕正我五常之教,使合于五者皆厚,以教天下之民也。"孔安国传、孔颖达疏:《尚书正义》卷四《皋陶谟》。

[76] 参见张端穗:《仁与礼——道德自主与社会制约》,载黄俊杰主编:《中国人的宇宙观》,页74—76。

[77] 《一切经音义》:"荆字,从刀,从井;井以饮人,人入井争水,陷于泉,以刀守之,割其情,欲人畏惧以全身命也。故从刀,从井。"《康熙字典》从其说。

[78] 《太平御览》六百四十五引。

刑"：墨、劓、剕、宫、大辟，即出于此。古之圣王舜以宽和的方式行五刑之法，或象其形，或释其严酷，对于无心的过犯，则予以宽宥，以教化民。[79] 同时，刑也用于待异族。《尚书·舜典》记帝之言："皋陶，蛮夷猾夏，寇贼奸宄。汝作士，五刑有服，五服三就。五流有宅，五宅三居。惟明克允！"士为理官，《周礼》司寇之属，掌狱讼之事。[80] 命士以刑应对犯境的蛮夷，似有职司混淆之嫌。但这一点恰好表明了古时刑之观念的特异处。古者，兵刑不分，"兵与刑乃一事之内外异用……'刑罚'之施于天下者，即'诛伐'也；'诛伐'之施于家、国者，即'刑罚'也"。[81] 故鲁司寇

---

[79] 《尚书·舜典》："象以典刑，流宥五刑，鞭作官刑，扑作教刑，金作赎刑。眚灾肆赦，怙终贼刑。钦哉，钦哉，惟刑之恤哉！"关于象刑，古人有不同解释。曾运乾：《尚书正读》云："盖刻画墨、劓、剕、宫、大辟之刑于器物，使民知所惩戒。"《慎子逸文》则谓："有虞之诛，以幪巾当墨，以草缨当劓，以菲履当剕，以艾韠当宫，布衣无领当大辟，此有虞之诛也。斩人肢体，凿其肌肤，谓之刑，画衣冠，异章服，谓之戮。上世用戮，而民不犯也；当世用刑，而民不从。"（《太平御览》六百四十五）

[80] 《尚书·周官》："司寇掌邦禁，诘奸慝，刑暴乱。"《周礼·秋官·司寇》："帅其属而掌邦禁，以佐王刑邦国。"其中，"大司寇之职，掌建邦之三典，以佐王刑邦国，诘四方"，"小司寇之职，掌外朝之政，以致万民而询焉"。

[81] 钱锺书：《管锥编》（一），北京：中华书局，1979，页285。古代，兵刑关系至为密切，实乃一而二，二而一。惟一般认为，刑起于兵，亦有学者认为情形正好相反，实为兵始于刑。参阅姚中秋：《华夏治理秩序史》第二卷《封建》（下册），第十一章，尤其页727—747。日人籾山明对古代兵刑关系做了更细致的分析，认为后世的法主要源自与维持军事集团运作密切相关的"刑"。详参籾山明：《法家以前——春秋时期的刑与秩序》，载杨一凡总主编：《中国法制史考证》[寺田浩明主编] 丙编 [籾山明主编] 第一卷《日本学者考证中国法制史重要成果选译 通代先秦秦汉卷》。北京：中国社会科学出版社，2003。

臧文仲（？—前 617）谓："大刑用甲兵，其次用斧钺，中刑用刀锯，其次用钻笮，薄刑用鞭扑，以威民也。故大者陈之原野，小者致之市朝，五刑三次，是无隐也。"[82]字面上看，《国语》之"五刑"有异于《尚书》之"五刑"，但它们只是侧重不同，所指其实为一。[83]而在当时，无论兵、刑，都服从于礼，统一于礼，为礼制不可或缺的组成部分。《尚书·皋陶谟》所谓"人其代之"的天职（"天工"），不但有"五典""五礼""五服"，也有"五刑"。同样，子大叔讲的天地之经的礼，里面也包括了使民畏忌的"刑罚威狱"，和制人死生的"祸福赏罚"。礼治下的刑，可以被视为礼的一种消极表达。礼之为法，固无待于刑，而刑的存在，则保证了礼的强制性。

三代皆有刑书，夏之《禹刑》，商之《汤刑》，周之《九刑》，大概就是当时所谓"常刑"，惟其书不传，其内容只能由残存的古代文献窥得。《尚书·伊训》记汤制官刑，以儆戒百官，列举三种风习，十种过犯（"三风十愆"），虽

---

[82]《国语·鲁语上》。

[83] 韦昭注："割剔用刀，断截用锯，亦有大辟。"又，"钻，膑刑也。笮，黥刑也。"（《国语·鲁语上》）范文子云："吾闻之，君人者刑其内，成而后振武于外，是以内和而外威。今吾司寇之刀锯日弊，而斧钺不行，内犹有不刑，而况外乎？夫战，刑也……"韦昭注"刀锯，小人之刑""斧钺，大刑"。（《国语·晋语六》）又据《周礼·秋官·大司寇》，五刑亦有"野刑""军刑""乡刑""官刑""国刑"之属。有学者认为，《周礼》"五刑"言刑之范围，《国语》"五刑"言刑之工具，《尚书》"五刑"言刑之种类，各有偏重，而无矛盾。参见张晋藩总主编：《中国法制通史》第一卷《夏商周》。北京：法律出版社，1999，页 385—386。

恶有大小，但有一于身，皆丧国亡家，故设不谏之刑曰："臣下不匡，其刑墨，具训于蒙士。"[84]周公封康叔于卫，作《康诰》，要求对不孝不友、泯乱常法（"民彝"）的行为，迅即运用文王制定的刑罚，"刑兹无赦"。[85]古人关于礼、刑的观念和事迹，在记载春秋史实的文献中更有大量记述。周襄王（？—前619）时，内史过奉命向晋惠公颁赐任命，晋国君臣表现无礼，内史过认为其必不免于祸患。在归来之后与周襄王的一段对话中，内史过论述了礼在国家事务中的重要性，并论及礼治秩序下礼、刑之间的关系：

> 古者，先王既有天下，又崇立上帝、明神而敬事之，于是乎有朝日、夕月以教民事君。诸侯春秋受职于王，以临其民。大夫、士日恪位箸，以儆其官。庶人、工、商各守其业以共其上。犹恐其有坠失也，故为车服、旗章以旌之，为舆帟、端节以镇之，为班爵、贵贱以列之，为令闻嘉誉以声之。犹有散、迁、解慢而箸在刑辟，流在裔土，于是乎有夷、蛮之国，有斧钺、刀墨之民，而况可以淫纵其身乎？[86]

---

[84] 参见孔安国传、孔颖达疏：《尚书正义》卷八。

[85] 《尚书·康诰》："王曰：'封，元恶大憝，矧惟不孝不友。子弗祗服厥父事，大伤厥考心；于父不能字厥子，乃疾厥子。于弟弗念天显，乃弗克恭厥兄；兄亦不念鞠子哀，大不友于弟。惟吊兹，不于我政人得罪，天惟与我民彝大泯乱，曰：乃其速由文王作罚，刑兹无赦。'"

[86] 《国语·周语上》。内史过归，以告王曰："晋不亡，其君必无后。且吕、郤将不免。"而据同一史料记载，内史过的预言不久即告实现。

显然，所谓礼治，并非只言德教。所谓"明于五刑，以弼五教"[87]，原是以刑配合教来运用的。周时，"礼仪三百，威仪三千"，而"五刑之属三千"[88]，礼与刑在数量和规模上也彼此相当。[89]刑与礼，表面上为二事，其实乃一事之两面。总之，三代的礼，无法之名，而有其实。而自今人立场观之，当时的礼就是法，只是，这种法既有习俗之形态，又具规范弥散的性质，同时不乏神圣渊源，故能贯通人类生活的各个领域，将整个社会纳入一个无所不包的规范秩序之中。这种秩序，名之为"礼法"，或许更能表明其实际。[90]

---

[87] 《尚书·大禹谟》。章太炎指出，五礼之中，唯军礼不在六经之内，乃因为孔子不喜言兵之故。《周礼》及《吕刑》所称五刑，当时必著简册。"盖律者，在官之人所当共知，不必以之教士。若谓古人尚德不尚刑，语涉迂阔，无有是处。且《周礼·地官》之属，州长、党正，有读法之举，是百姓均须知律。孔子不以入六经者，当以刑律代有改变，不可为典要故也。"（章太炎：《国学概论》，页117）

[88] 《尚书·吕刑》。据《周礼·秋官·司寇》所载："墨罪五百，劓罪五百，宫罪五百，刖罪五百，杀罪五百。"五刑计二千五百之数。

[89] 王充《论衡·谢短篇》谓："古礼三百，威仪三千，刑亦正刑三百，科条三千。出于礼，入于刑，礼之所去，刑之所取，故其多少同一数也。"王国维亦云："周之制度典礼，乃道德之器械……此之谓民彝。其有不由此者，谓之非彝。《康诰》曰：'勿用非谋非彝。'《召诰》曰：'其惟王勿以小民淫用非彝。'非彝者，礼之所去，刑之所加也。"王国维：《殷周制度论》，载王国维：《观堂集林》卷十。

[90] 着眼于礼的政制及法律性质，许多学者不约而同地选择了"礼法"一词来揭示礼的这一面相。参见瞿同祖：《中国法律与中国社会》。北京：中华书局，1981，页322。姚中秋：《华夏治理秩序史》第二卷《封建》（下册），页506以下；阎步克：《士大夫政治演生史稿》，页183以下。我在其他地方曾以"礼法文化"为题，来描述这种基于"礼"而建构起来的政教秩序。参见梁治平：《寻求自然秩序中的和谐：中国传统法律文化研究》第九章，重印本。北京：商务印书馆，2013。

德刑之争：礼、法分立

历史上完备的礼治秩序，实现于周，也瓦解于周。平王东迁（前770）之后，王室日衰，政权下移，"礼乐征伐自天子出"的格局，一变而为"礼乐征伐自诸侯出"，再变而为"自大夫出"，三变则为"陪臣执国命"[91]，终至礼崩乐坏，礼治之下的封建宗法秩序全面解体。也是在此一过程中，新秩序的轮廓逐渐浮现，传统的法政观念也随之而变。春秋战国之际，与礼制崩坏相对应，"法"之观念转盛，"法家"学说勃兴。礼、法分途，法胜于礼。秦灭六国，将此一转变推至极端。

考诸字源，礼、刑、法三字，法字出现最晚。春秋以前，通行的观念曰礼，曰刑，且礼之观念无所不包，无所不在。后世所谓法者，乃出于礼，实为礼的一个面相。然而，独立之法的观念的形成，对于封建时代的礼治秩序却具有颠覆性的效果。这一点，由春秋时人因法律变革而展开的激烈争论可以清楚地见出。据《左传》昭公六年：

> 三月，郑人铸刑书。叔向使诒子产书，曰："始吾有虞于子，今则已矣。昔先王议事以制，不为刑辟，惧民之有争心也。犹不可禁御，是故闲之以义，纠之以政，行之以礼，守之以信，奉之以仁，制为禄位以

---

〔91〕《论语·季氏》。

五 "礼法"探原 | 281

劝其从，严断刑罚以威其淫。惧其未也，故诲之以忠，耸之以行，教之以务，使之以和，临之以敬，莅之以强，断之以刚。犹求圣哲之上，明察之官，忠信之长，慈惠之师，民于是乎可任使也，而不生祸乱。民知有辟，则不忌于上，并有争心，以征于书，而徼幸以成之，弗可为矣。夏有乱政而作《禹刑》，商有乱政而作《汤刑》，周有乱政而作《九刑》，三辟之兴，皆叔世也。今吾子相郑国，作封洫，立谤政，制参辟，铸刑书，将以靖民，不亦难乎?《诗》曰:'仪式刑文王之德，日靖四方。'又曰:'仪刑文王，万邦作孚。'如是，何辟之有? 民知争端矣，将弃礼而征于书。锥刀之末，将尽争之。乱狱滋丰，贿赂并行，终子之世，郑其败乎! 肸闻之，国将亡，必多制，其此之谓乎!"

叔向(? —前 528)对子产铸刑书之举的批评，为我们刻画出两种截然不同的秩序模式，即传统的礼治秩序模式和当时正显露雏形的法治秩序模式。从今人的立场看，二者的主要区别，其实不在乎法之有无，而在法之形态、法之运作方式，以及法与社会的互动方式。礼治秩序模式之下，法涵摄于礼，礼即是法，却不能归结于法。广义的礼，乃是包罗万有的功能弥散性规范系统，其体融"义""政""礼""信""仁""禄位""刑罚"于一，其用则"忠""行""务""和""静""强""刚"并举，故维续礼治，于"官"之外，亦须仰赖于"长"和"师"，而实际上，春秋之前，这些社会角色（君、亲、师）也常常是浑然一体的。礼法的这种多面、综合性质，在法治秩序中荡然无存。春秋之时，各国多自为法，这些法乃出于当政，"观时之宜，设救之术"[92]，以应对和解决当下危机。其所规范和要求的事项，也围绕变法而来，务实而功利，不若礼之范围广泛，融入生命。且新颁之法，无论铸之于鼎，还是书之于竹，均公之于众，其内容务求明白而确定。"法者，编著之图籍，设之于官府，而布之于百姓者也"[93]，战国时期法的这种典型式样，即由铸刑书之举开其端绪。法之样态改变，意味着其运用方式的改变。曩者，"先王议事以制，不为刑辟"，并不是说彼时不预为设法，或预设之法不形诸文字。"制"就是法，其法存之于六艺，见诸先王典常、故实，其中部分还可能汇纂为"刑书"，惟此种知识为总名为士的贵族所专习，其运用于个案（"议"），更是一种复杂技艺，非上君子而不能。[94]民不得而与闻，更不得而与争。[95]至子产铸刑书，将法律化繁为简，化难为易，铸之于器，令民观之，则是在去除法的神秘甚而神圣性质的同时，也破除了传统士君子对法的垄断，进而动摇了建立

---

[92] 杜佑《通典》卷一百六十六《刑法》四："当子产相郑，在东周衰时。王室已卑，诸侯力政，区区郑国，介于晋、楚，法弛民怠，政隳俗微，观时之宜，设救之术，外抗大国，内安疲甿。"

[93] 《韩非子·难三》。

[94] 参见姚中秋：《华夏治理秩序史》第二卷《封建》（下册），页661—676。关于保存、应用礼法的人群和技艺，详参该书第九章。

[95] 参见沈家本《历代刑法考》（二）。北京：中华书局，1985，页839—840。

于贵贱有等、上下有序基础上的社会秩序。昭公二十九年冬，晋大夫赵鞅仿子产事，铸刑鼎于晋。孔子闻之叹曰：

> 晋其亡乎！失其度矣。夫晋国将守唐叔之所受法度，以经纬其民，卿大夫以序守之。民是以能尊其贵，贵是以能守其业。贵贱不愆，所谓度也。文公是以作执秩之官，为被庐之法，以为盟主。今弃是度也，而为刑鼎，民在鼎矣，何以尊贵？贵何业之守？贵贱无序，何以为国？且夫宣子之刑，夷之蒐也，晋国之乱制也，若之何以为法？〔96〕

孔子关于晋的预言不久即获应验。三家分晋，赵居其一。与晋一起消解的，即"唐叔之所受法度"，取而代之的，则是变法中产生的韩、赵、魏这等战国型的新兴国家。后来的法家者流多出自"三晋"，诚非偶然。若将春秋末期的铸刑鼎现象置于此一历史转变过程中观察，则其中包含的权力转移、制度转型、秩序更替之义，便昭然若揭〔97〕，

---

〔96〕《左传》昭公二十九年。据同书所记，晋太史蔡史墨亦预言主持其事者将因此蒙祸。

〔97〕 阎步克指出："刑鼎、刑书、《法经》之类的出现，意味着法律的公开化、正式化和普遍化，更意味着一种更为纯粹的、直接服务于富国强兵目的的政治规范，从那种杂糅了民俗、道德、宗教、礼乐、仪典、政制的混溶物——'礼'中，脱胎而出了。"（阎步克：《士大夫政治演生史稿》，页171）日人籾山明从秩序原理的角度讨论了"铸刑鼎"的历史意义，特别强调由此确立的法的稳定性、公开性和平等性诸特征。详参籾山明：《法家以前——春秋时期的刑与秩序》。

而这一点，叔向当时就已经敏锐地感觉到了。所谓"民知有辟，则不忌于上"，"弃礼而征于书"，即是表明，社会的权威，从此将由"上"和"礼"，转移至法（"辟""书"）。而新法只关注外在的行为，不再与人的内在生命发生联系，以之为准绳和尺度，民必怀侥幸之心，追逐私利，无所顾忌。叔向的预言，也如孔子的预言一样，很快就将得到应验。然而，无论叔向还是孔子，都无法阻止或改变这一历史进程。春秋战国之际，封建礼制瓦解，宗法纽带废弛，旧有之各式共同体日渐式微，亲亲之道衰，尊君之旨独大。君主以耕战立国，国家以兼并求生，于是乎变法风行，谋士四起，君主开始依靠专职化的官僚系统，治理被整编于国家权力之中的编户小民。在这样一个时代，"法"日益取代"礼"，成为贯彻君主意志、实现国家目标最重要的工具和手段。此一剧烈的社会变迁，反映在观念上，便是礼、法分途，德、刑分立，终至于不可调和。先秦儒、法之争，便围绕此类对立而展开。

司马谈（？—前110）论六家要指，谓阴阳、儒、墨、名、法、道德，皆"务为治者也"。[98]先秦诸子既以治道为其共同关注，自然都要面对礼崩乐坏背景下秩序重建的困局，提出和发展各自的政法学说。故礼、义、政、刑、道、德、法度等，实为诸子百家之学共用之概念、语词。虽然，若以礼、法二字为关键词，考察二者之分合，礼治与法治

---

〔98〕《史记》卷一百三十《太史公自序》。

的理论差异，则儒、法两种学说最堪注意，也是不争的事实。[99] 司马谈以"列君臣父子之礼，序夫妇长幼之别"为儒家要旨，以"不别亲疏，不殊贵贱，一断于法"为法家特色[100]，可谓极简要而精辟。

儒学始于孔子。生当春秋晚期的孔子，目睹礼制崩解，僭越无度，秩序大坏，其政治理想，便是重建被破坏的礼治秩序，而在他心目中，文、武、周公所建立的周政，则是这种秩序的典范。不过，孔子虽言必称先王，述而不作，却非墨守成规，泥古不化，而是将时代乃至未来的因素贯注其中，从而使古老的"礼"的概念具有新的生命和意义。孔子在崇礼的同时，更重视"礼意"，以"仁"释"礼"，故不但赋予礼活的生命，而且突破了旧有之宗法、阶级等限制，将礼转化为一种更具普遍意义的

---

〔99〕 诚然，儒、法之外，墨、道及名家亦有礼、法方面的论述。墨家贵义而崇俭，虽不主张废礼，亦不重礼。至其论法，则远逊于法家。至于道家，不但轻视仁义礼法，对一般所谓文明价值亦持否定态度。老子断言："大道废，有仁义。智慧出，有大伪。六亲不和，有孝慈。国家昏乱，有忠臣。"（《道德经》十八章）又云："天下多忌讳，而人弥贫；人多利器，国家滋昏；人多伎巧，奇物滋起；法物滋彰，盗贼多有。"（《道德经》五十七章）故主张绝圣弃智，绝仁弃义，绝巧弃利。（《道德经》十九章）庄子承其绪，以为"圣人不死，大盗不止。……故绝圣弃知，大盗乃止；擿玉毁珠，小盗不起；焚符破玺，而民朴鄙；掊斗折衡，而民不争；殚残天下之圣法，而民始可与论议"（《庄子·外篇·胠箧》）。名家重正名，讲求循名责实，可为法家之用。因有名法家一脉。故本章论礼法，集中于儒法之争，不及其他。

〔100〕《史记》卷一百三十《太史公自序》。

制度。[101]

比较"礼"字,"仁"字明显晚出,而且,仁爱之仁的观念,最早也要到春秋晚期才出现,但是在孔子手中,仁之观念却被发挥到极致,而成为诸多德性的综合,礼之精髓所在。[102]自此,"儒家言道言政,皆植本于'仁'"。[103]需要注意的是,仁虽相对于礼为内在的、主观的、精神性的,重在道德人格的完善,但其功效和意义,绝不止于个人的修身。孔子将仁视为"己欲立而立人,己欲达而达人"[104]的实践过程,就揭示了仁的社会与政治含义。此所谓仁,"始于在家之孝弟,终于博施济众,天下归仁"[105],易言之,孔子所开创的仁学,不但为一道德理论,同时也是一社会与政治

---

〔101〕 关于经由孔子及其后学之礼在传承中的转变,参见徐复观:《两汉思想史》第一卷,上海:华东师范大学,2001,页59—60。关于"仁"之来源,学者似有不同看法。徐复观先生以为其源于周人之"德"的观念,参同前。萧公权则认为其主要渊源于殷商以前之古学。参见萧公权:《中国政治思想史》,页53—54。余英时在其专论中国古代思想轴心突破的近著中,将孔子发挥的仁与礼的关系,追溯到西周时确立的德与礼的关系,可以说确立了"仁"与"德"之观念的内在关联性。详参余英时:《论天人之际:中国古代思想起源试探》,页86—99。

〔102〕 关于"仁"字含义的沿革,以及孔子之"仁"的观念,参见张端穗:《仁与礼——道德自主与社会制约》,载黄俊杰主编:《中国人的宇宙观》,页77—89。在前引余英时书中,"仁"更被视为中国古代轴心突破的核心观念。参同上。

〔103〕 梁启超:《先秦政治思想史》,北京:东方出版社,1996,页81。

〔104〕《论语·雍也》:"夫仁者,己欲立而立人,己欲达而达人。能近取譬,可谓仁之方也已。"

〔105〕 萧公权:《中国政治思想史》,页53。又云:"孔子言仁,实已冶道德、人伦、政治于一炉,致人、己、家、国于一贯。"同前。

理论。这种将道德、人伦和政治冶于一炉的做法，正是孔子对三代礼治原则的继承和提炼。孔子论政，强调为政以德，治国以礼，抚民以教，视君、亲、师为一体，也都体现了这一传统。这种传统强调德礼，但也不排斥政刑。孔子以"礼乐征伐由天子出"为"天下有道"[106]，又以"礼乐"为"刑罚"之准据，谓"礼乐不兴，则刑罚不中；刑罚不中，则民无所错手足"[107]，均是以法律——广义的和狭义的——为当然。惟德礼与政刑所针对者不同，其发用方式与达致之效果亦有异："道之以政，齐之以刑，民免而无耻。道之以德，齐之以礼，有耻且格。"[108]后者优于前者，代表一种更优良的政治。孔子曰："听讼，吾犹人也，必也使无讼乎。"[109]就是朝向他心目中更优良的政治用力。因为这种取向，儒学从一开始便推重和强调德礼和仁义，而不免于轻忽法律之讥。

孔子言仁与礼，无所偏废。在孔子那里，仁为礼之内在精神，礼为仁之外在表现；礼因仁而具有生命，仁因礼而得到涵养和适当表达，二者相须，不可分离。[110]然而孔门后学，孟子重仁，荀子隆礼，二人各有偏重。他们对儒学的贡献，因此也有所不同。

---

〔106〕《论语·季氏》。
〔107〕《论语·子路》。
〔108〕《论语·为政》。
〔109〕《论语·颜渊》。
〔110〕参见张端穗：《仁与礼——道德自主与社会制约》，页80—89。又见余英时：《论天人之际：中国古代思想起源试探》，页86—95。

孟子主张性善，以为善端存于人心，只须保守养护，即可见性见天。不仅如此，仁心发用，外推可成仁政，所谓以"不忍人之心"，成"不忍人之政"〔111〕，内圣而外王，走的也是融道德与政治于一的路子。不过，因为特重仁德，孟子于仁义一端则极力发挥。《孟子》开篇记其见梁惠王事："王曰：'叟！不远千里而来，亦将有以利吾国乎？'孟子对曰：'王！何必曰利？亦有仁义而已矣。'"〔112〕在孟子看来，君臣上下怀利以相接，必陷国家于危亡。相反，"君臣、父子、兄弟去利，怀仁义以相接也，然而不王者，未之有也"〔113〕。孟子又区分政治上的王、霸，谓"以力假仁者霸，霸必有大国；以德行仁者王，王不待大。汤以七十里，文王以百里。以力服人者，非心服也，力不赡也；以德服人者，中心悦而诚服也"〔114〕。孟子其时，列国竞胜，诸侯争霸，无不唯力是瞻，孟子却反潮流而动，标高王道，独守仁义，将"不志于仁"而求富求强的世之所谓能臣良将斥之为"民贼"〔115〕，以为国不必富，兵不必强，"惟仁者宜在高位"，上

----

〔111〕《孟子·公孙丑上》："人皆有不忍人之心。先王有不忍人之心，斯有不忍人之政矣。以不忍人之心，行不忍人之政，治天下可运之掌上。"

〔112〕《孟子·梁惠王上》。

〔113〕《孟子·告子下》。

〔114〕《孟子·公孙丑上》。

〔115〕《孟子·告子下》："今之事君者皆曰：'我能为君辟土地，充府库。'今之所谓良臣，古之所谓民贼也。君不乡道，不志于仁，而求富之，是富桀也。'我能为君约与国，战必克。'今之所谓良臣，古之所谓民贼也。君不乡道，不志于仁，而求为之强战，是辅桀也。"

有礼而下有学，则天下可治。[116]孟子这些议论和主张固然极具儒家特色，但其极端拒斥功利的立场，也让他疏于政经法制方面的创构，而逊于同为儒学巨子的荀子。[117]

与孟子不同而相反，荀子以为人性非善。在他看来，人生而好利，欲求无度，故纷争不止。此乱之所由生。古之圣王出而制礼义，定法度，就是为了节制人欲，定分止争，矫端人性。荀子云："人生而有欲，欲而不得，则不能无求；求而无度量分界，则不能不争；争则乱，乱则穷。先王恶其乱也，故制礼义以分之，以养人之欲，给人之求。"[118]又云："古者圣王以人之性恶，以为偏险而不正，悖乱而不治，是以为之起礼义，制法度，以矫饰人之情性而正之，以扰化人之情性而导之也。"[119]由此礼之起源可知，礼之为规范、法度，秩序之基础，其范围较法更

---

〔116〕《孟子·离娄上》："是以惟仁者宜在高位。不仁而在高位，是播其恶于众也。上无道揆也，下无法守也，朝不信道，工不信度，君子犯义，小人犯刑，国之所存者幸也。故曰：城郭不完，兵甲不多，非国之灾也；田野不辟，货财不聚，非国之害也。上无礼，下无学，贼民兴，丧无日矣。"

〔117〕章太炎认为，孟、荀二子虽同为儒家，其学问来源则大不同。荀子精于制度典章之学，孟子长于《诗》《书》而疏于《礼》。故其论王政，"简陋不堪"，不及荀子的博大。参见章太炎：《国学概论》，页35、223—224。萨孟武认为，孟子由人性善而注意于"仁"，荀子则由人情之有好恶而注重于"礼"。见氏所著《中国政治思想史》，北京：东方出版社，2008，页24。仁自内生，乃德之实，礼由外作，而类乎法，故荀子学说对儒家政法理论贡献最著，也就不足为奇了。

〔118〕《荀子·礼论》。

〔119〕《荀子·性恶》。

加宽泛，意义也更加重大。关于礼的重要性，荀子多有论述，或以礼为个人修为"道德之极"[120]，或以之为国家兴亡之机，天下得失之道。[121]总之，"人无礼则不生，事无礼则不成，国家无礼则不宁"[122]。这正是承自三代而由儒家持守和发展的礼的概念。不过，生当战国晚期的荀子，对于春秋以来深刻改变的政制及社会现实，尤其是经由变法而崛起的官僚制国家的不可避免，有着清醒的认识，故其学说于政经制度多有措意，所著《君道》《臣道》《王制》《富国》《王霸》《强国》诸篇，对君臣之道、王霸之术、富强之方，以及用人、选官、田税、关市、刑政、兵制等涉及治道政略的项目论述颇详。又因为相信人性本恶，荀子更强调礼的禁制功能，对现实政治中势、力、政、刑诸要素的重要性亦不讳言，认为若"去君上之势"，而无礼义之化，法正之治，刑罚之禁，"倚而观天下民人之相与也，……天下之悖乱而相亡不待顷矣"。[123]甚至，他以刑

---

〔120〕《荀子·天论》。

〔121〕《荀子·议兵》："礼者，治辨之极也，强国之本也，威行之道也，功名之总也。王公由之，所以得天下也；不由，所以陨社稷也。"

〔122〕《荀子·修身》。《荀子·王霸》又云："国无礼则不正。礼之所以正国也，譬之犹衡之于轻重也，犹绳墨之于曲直也，犹规矩之于方圆也。"

〔123〕《荀子·性恶》。《荀子·荣辱》又云："君子非得势以临之，则无由得开内焉。今是人之口腹，安知礼义？安知辞让？安知廉耻隅积？"换一个角度说，礼的施行，必得有势力来支持。故曰："人主者，天下之利势也。"（《荀子·王霸》）关于荀子对势的强调，参见陶希圣：《中国政治思想史》（上）。北京：中国大百科全书出版社，2009，页167—169。

重为治世之征，认为"治则刑重，乱则刑轻"[124]，而主张重刑主义。这些，再加上他的尊君之论，隆一而治之说[125]，几乎令荀子被归入法家者流。事实上，战国时期法家代表性人物韩非和李斯，就出于荀子门下，而后世认荀学为申韩学说者亦不乏其例。[126] 不过，荀子学说貌似法家诸端，至少部分是出于荀子"隆礼义而杀诗书"[127]的立场。礼由外作，本来就包含法之特征；而法由礼出，二者原本就具有历史联系。荀子学说，最重政治秩序之建立，故于礼之制度面关注最多，也因此与法家思想领域多有重合，而其因应时势变化的务实立场，或者也加深了其学说中迹近法

---

〔124〕《荀子·正论》。

〔125〕《荀子·致士》："君者，国之隆也；父者，家之隆也。隆一而治，二而乱，自古及今，未有二隆争重而能长久者。"不过，荀子又强调："天之生民，非为君也。天之立君，以为民也。"（《荀子·大略》）且力驳"桀、纣有天下，汤、武篡而夺之"的俗说，而视桀、纣者为民之怨贼，汤、武者为民之父母，高扬"桀、纣无天下而汤、武不弑君"之说（《荀子·正论》），这些则令其有别于法家之尊君。

〔126〕朱子谓荀卿"全是申韩"，其《成相》一篇要旨，"卒归于明法制，执赏罚而已"。（《朱子语类》卷一百三十七《战国汉唐诸子》）傅青主亦认为《荀子》近于法家、刑名家。转见阎步克：《士大夫政治演生史稿》，页 195。清末谭嗣同则直斥荀学为与秦政相表里之乡愿。参见谭嗣同：《仁学》二十九。萧公权谓荀子处于由旧有之礼到新兴之法的过渡时期，其礼治思想即表现这一过渡时期之趋势，"故言礼而不为纯儒，近法而终不入申商之堂室也"（萧公权：《中国政治思想史》，页 93），诚为的论。

〔127〕《荀子·效儒》。此处所谓礼义，"在很大程度上指的是'礼法'"。（阎步克：《士大夫政治演生史稿》，页 196）

家思想之点。[128] 虽然,整体观之,荀子学说的根基仍在孔学。"礼""礼义",而不是"法",在荀子学说中的核心地位,即可表明此点。

礼与法,均有广狭二义。[129] 广义之礼与广义之法固多有重合,但从历史角度看,礼先法后,法出于礼,而变于礼。因此在同一时代,隆礼或崇法,就标示出思想和立场上的差异甚至对立。韩出于荀,然其弃礼而言法,适足表明其对乃师基本立场的背离。荀子论礼,固多法之意蕴,然而礼到底不能归结为法。荀子云:

> 礼义者,治之始也;……礼义无统,上无君师,下无父子,夫是之谓至乱。君臣、父子、兄弟、夫妇,始则终,终则始,与天地同理,与万世同久,夫是之谓大本。故丧祭、朝聘、师旅一也;贵贱、杀生、与夺一也,君君、臣臣、父父、子子、兄兄、弟弟一

---

[128] 梁启超尝引《荀子·礼论》之语,谓荀子所谓礼,与当时法家所谓法者,性质"极相逼近",其所以如此,"盖由当时法家者流,主张立固定之成文法以齐壹其民,其说壁垒甚坚,治儒术者不得不提出一物焉与之对抗。于是以己宗夙所崇尚之礼以充之",两戴记所论,大抵如是。在梁氏看来,这种将礼固化为繁文缛节的做法,大失礼意。参见梁启超:《先秦政治思想史》,页119—121。

[129] 萧公权谓:"法有广、狭二义,与礼相似。狭义为听讼断狱之律文,广义为治政整民之制度。就其狭义言之,礼法之区别显然。若就其广义言之,则二者易于相混。"(萧公权:《中国政治思想史》,页93)又见同书,页170—171。详下。

也；农农、士士、工工、商商一也。〔130〕

这是对孔子正名思想的发挥，而合于儒家所谓礼之
经典义。是荀子所谓礼义包含法且高于法，实为法之定
准。故云："坚甲利兵不足以为胜，高城深池不足以为固，
严令繁刑不足以为威，由其道则行，不由其道则废。"〔131〕
此所谓"道"，就是"礼"。不仅如此，在荀子的治道图
景中，治之枢纽为君子，而不是法。"君子也者，道法之
捻要也，不可少顷旷也。得之则治，失之则乱；得之则
安，失之则危；得之则存，失之则亡。故有良法而乱者有
之矣，有君子而乱者，自古及今，未尝闻也。"〔132〕又云：
"有乱君，无乱国；有治人，无治法。……故法不能独立，
类不能自行，得其人则存，失其人则亡。法者，治之端
也；君子者，法之原也。故有君子则法虽省，足以遍矣；
无君子则法虽具，失先后之施，不能应事之变，足以乱
矣。"〔133〕礼义对于法的指导和支配，进而，优良之治的实

---

〔130〕《荀子·王制》。又见《荀子·礼论》。
〔131〕《荀子·议兵》。
〔132〕《荀子·致士》。
〔133〕《荀子·君道》。此语不妨视作孟子"徒法不足以自行"之说的回声，孔子
      "政者，正也"以及"君子德风"诸说的发展。不过，荀子论君子之
      治，是在承认和正视"官人百吏"重要作用的基础上展开的，故其论
      述更具现实性，也更复杂。参见阎步克：《士大夫政治演生史稿》，页
      200—206。

现，经由君子之手而得到保障。[134] 此"有治人，无治法"之说，显然为儒家政论的一部分，而与法家的政法理念大相径庭。

直观地看，法家区别于儒家者，以其"尊君"和"治法"之立场为最著。"法"在法家政治理论中的崇高地位，恰似礼之于儒家思想的重要性。管子云："法者，天下之程式也，万事之仪表也。"[135] 又云："法者，天下之至道也，……君臣上下贵贱皆从法，此谓为大治。"[136] 慎子以"民一于君，事断于法"，为"国之大道"。[137] 又谓："法者，所以齐天下之动，至公大定之制也。故智者不得越法而肆谋，辩者不得越法而肆议；士不得背法而有名，臣不得背法而有功。我喜可抑，我忿可窒，我法不可离也。骨肉可刑，亲戚可灭，至法不可阙也。"[138] 商鞅云："法令者，民之命也，为治之本也。"[139] "明主之治天下也，缘法而治，……言不中

---

〔134〕详参阎步克：《士大夫政治演生史稿》，页204—206。

〔135〕《管子·明法解》。

〔136〕《管子·任法》："夫法者，上之所以一民使下也；私者，下之所以侵法乱主也。故圣君置仪设法而固守之。然故谌杵习士闻识博学之人不可乱也，众强富贵私勇者不能侵也，信近亲爱者不能离也，珍怪奇物不能惑也，万物百事非在法之中者不能动也。故法者，天下之至道也，圣君之实用也。"又其论法律政令云："夫法者，所以兴功惧暴也；律者，所以定分止争也；令者，所以令人知事也。法律政令者，吏民规矩绳墨也。"（《管子·七臣七主》）

〔137〕《慎子逸文》，《艺文类聚》五十四、《太平御览》六百三十八引。

〔138〕《慎子逸文》。

〔139〕《商君书·定分》。

法者，不听也；行不中法者，不高也；事不中法者，不为也。"〔140〕韩子为法家理论集大成者，其说则法、势、术并举，论法尤为详尽、透辟。

法之重要性如此，正可与礼相抗衡。若法与礼广义上均指"一切之社会及政治制度"〔141〕，只维持制度之方法略异，则言法或言礼就不过是用词上的不同，儒、法之间的对立也不至如此尖锐。事实是，"礼"之为"社会及政治制度"，不但其范围较"法"为宽，所包含的要素较"法"为多，其性质亦有所不同。简言之，儒家之礼为伦理化的礼法；法家之法则是去道德化的法律政令。伦理化的礼法生于社会，始于家庭，载于经籍，见诸先王行迹；法律政令则系"编著之图籍，设之于官府，而布之于百姓者也"。〔142〕礼重亲亲之道，故比君臣于父子，推孝弟而至于治国；法独以尊君为大。所谓"上世亲亲而爱私，中世上贤而说仁，下世

〔140〕《商君书·君臣》。
〔141〕萧公权谓："礼之狭义为仪，法之狭义为刑。礼、法之广义为一切之社会及政治制度。以仪文等差之教为维持制度之主要方法，而以刑罚为辅，则为'礼治'。以刑罚之威为维持制度之主要方法，而以仪文等差辅之，则为'法治'。故礼法之间无绝对之分界。礼治不必废刑法，法治不必废礼仪。"（萧公权：《中国政治思想史》，页170—171）此说诚非无据，但对当时礼、法本身的差异注意不够。瞿同祖认为，礼与法同为社会规范，其分别不在其形式，也不在强制力之大小。同一规范，可以既存于礼，也存于法，"儒家所争的主体，与其说是德治，毋宁说是礼治，采用何种行为规范自是主要问题，以何种力量推行这种规范的问题则是次要的"。（瞿同祖：《中国法律与中国社会》，页321—322）
〔142〕《韩非子·难三》。《韩非子·定法》又云："法者，宪令著于官府，刑罚必于民心，赏存乎慎法，而罚加乎奸令者也。"

贵贵而尊官"〔143〕，国君既立，则亲亲、贤贤之道衰。礼主别，
故重亲疏远近贵贱贤不肖之分，"礼不下庶人，刑不上大
夫"〔144〕；法尚同，"法不阿贵，绳不挠曲。法之所加，智者
弗能辞，勇者弗敢争。刑过不避大臣，赏善不遗匹夫"〔145〕。
礼从人而重情与德，法从地而重事与刑。〔146〕礼之用，和为

---

〔143〕《商君书·开塞》："天地设而民生之。当此之时也，民知其母而不知其
　　　父，其道亲亲而爱私。亲亲则别，爱私则险。民众，而以别、险为务，
　　　则民乱。当此之时，民务胜而力征。务胜则争，力征则讼，讼而无正，
　　　则莫得其性也。故贤者立中正，设无私，而民说仁。当此时也，亲亲
　　　废，上贤立矣。凡仁者以爱利为务，而贤者以相出为道。民众而无制，
　　　久而相出为道，则有乱。故圣人承之，作为土地货财男女之分。分定
　　　而无制，不可，故立禁。禁立而莫之司，不可，故立官。官设而莫之
　　　一，不可，故立君。既立君，则上贤废而贵贵立矣。然则上世亲亲而
　　　爱私，中世上贤而说仁，下世贵贵而尊官。上贤者以道相出也，而立
　　　君者使贤无用也。亲亲者以私为道也，而中正者使私无行也。此三者
　　　非事相反也，民道弊而所重易也，世事变而行道异也。"
〔144〕《礼记·曲礼上》。所谓"礼不下庶人，刑不上大夫"，非指庶人不用礼，
　　　大夫有过不用刑，实为用礼与用刑当有分别之谓。古之经解于此论述
　　　甚详。参见郑玄注、孔颖达疏：《礼记正义》卷三《曲礼上》。今人的研
　　　究亦可证此。参见姚中秋：《华夏治理秩序史》第二卷《封建》（下册），
　　　页 679—688。又，汉初，贾谊建议改制，更秦旧法，其上书有云："故
　　　古者圣王制为等列，内有公卿、大夫、士，外有公、侯、伯、子、男，
　　　然后有官师小吏，延及庶人，等级分明，而天子加焉，故其尊不可及
　　　也。……廉耻节礼以治君子，故有赐死而亡戮辱。是以黥、劓之罪不及
　　　大夫，以其离主上不远也。……君之宠臣虽或有过，刑戮之罪不加其身
　　　者，尊君之故也。"（班固《汉书》卷四十八《贾谊传》）此语乃汉人对
　　　"刑不上大夫"的诠解与发挥，由中可见出传统绵延不绝的生命力。
〔145〕《韩非子·有度》。
〔146〕萧公权以从人与从地分别礼法："封建宗法社会中，关系从人，故制度
　　　尚礼。……及宗法既衰，从人之关系渐变为从地，执政者势不得不别立
　　　'贵贵'之制度以代'亲亲'。"（萧公权：《中国政治思想史》，页 93）
　　　吕思勉则以情与事区分古今："古之听讼，所以异于后世（转下页）

贵，故讲求上下相谐，不务齐一[147]；法则为君主"一民使下"[148]之具，最重一致，故言壹赏、壹刑、壹教。[149]礼尚往来，讲求彼此对待之相互性，故云"君使臣以礼，臣事君以忠"[150]；法由君出，其用必专，所谓"生法者，君也；守法者，臣也；法于法者，民也"[151]。上下悬绝之势，不可移易。礼为德之表，故礼治以德教为先；法具刑之义，是轻赏而重刑，甚至罪刑亦不必相称。[152]儒家之教非仅以上化下，

（接上页）者何与？曰：古者以其情，后世则徒以其事而已矣。古之断狱，所以能重其情者，以其国小民寡而俗朴，上下之情易得而其诚意易相孚也。然惟此国小民寡俗朴之世为能。听狱者之诛事而不诛意，果何自始哉？盖风气稍变，德与礼之用穷，而不得不专恃法。夫法之与德礼，其初本一也，而后卒至于分歧者，则以民俗渐漓，表里不能如一也。人藏其心，不可测度，何以穷之？其不得不舍其意而诛其事，亦势也。故人不能皆合于礼，而必有刑以驱之，而法之为用由是起。其初犹兼问其意也，卒至于尽舍其意而专诛其事，而法之体由是成。"（吕思勉：《吕思勉读史札记》。上海：上海古籍出版社，1982，页386—389）

[147] 礼固以别异为务，然而其根本原则（"道"）却是"和"。"由于这个'和'的方面，'礼'就与'法'大异其趣，泾渭分流了。"（阎步克：《士大夫政治演生史稿》，页113）

[148] 《管子·任法》："夫法者，上之所以一民使下也；私者，下之所以侵法乱主也。"

[149] 《商君书·赏刑》："圣人之为国也，壹赏、壹刑、壹教。壹赏则兵无敌，壹刑则令行，壹教则下听上。"

[150] 《论语·八佾》。孟子论述更多，如谓："君之视臣如手足，则臣视君如腹心；君之视臣如犬马，则臣视君如国人；君之视臣如土芥，则臣视君如寇雠。"（《孟子·离娄下》）

[151] 《管子·任法》。《慎子逸文》则云："以力役法者，百姓也；以死守法者，有司也；以道变法者，君长也。"（《艺文类聚》五十四引）

[152] 商鞅云："故善治者，刑不善而不赏善，故不刑而民善。不刑而民善，刑重也。刑重者，民不敢犯，故无刑也。而民莫敢为非，是一国皆善也。故不赏善而民善。赏善之不可也，犹赏不盗。"（《商君书·画策》）

亦含以下讽上之义，故颇重"瞽史教诲"[153]；法家主张以法为教，法出则不容私议，甚而一切私人道德、价值、标准均在禁绝之列。[154] 又，礼法起于仁义；法家则视仁义为无用甚至有害之物。商鞅以《诗》《书》、礼乐、孝弟、诚信、贞廉、仁义等为"六虱"，用之者亡。[155] 韩子认为仁不可以为治，德不足以止乱，甚而以"仁""暴"并视，以"仁义智能"为"卑主危国"之术。[156] 在韩子看来，道德乃上古陈迹，当今之世，"争于气力"[157]，"德"生于力，力生于刑，"善"也只是不为非而已。[158] 最后，礼法之为社会与政治规

---

〔153〕邵公述先王之政曰："天子听政，使公卿至于列士献诗，瞽献典，史献书，师箴，瞍赋，矇诵，百工谏，庶人传语，近臣尽规，亲戚补察，瞽史教诲，耆艾修之，而后王斟酌焉，是以事行而不悖。"(《国语·周语上》)。

〔154〕此即所谓壹教之义："所谓壹教者，博闻、辩慧、信廉、礼乐、修行、群党、任誉、清浊，不可以富贵，不可以评刑，不可独立私议以陈其上。"(《商君书·赏刑》)《韩非子·八说》亦同此意。

〔155〕《商君书·靳令》谓："无六虱，必强。国富而不战，偷生于内，有六虱，必弱。……法已定矣，而好用六虱者亡。……六虱：曰礼乐，曰《诗》《书》，曰修善，曰孝弟，曰诚信，曰贞廉，曰仁义，曰非兵，曰羞战。"又，《商君书·农战》谓："《诗》《书》、礼、乐、善、修、仁、廉、辩、慧，国有十者，上无使战守。国以十者治，敌至必削，不至必贫。国去此十者，敌不敢至，虽至必却；兴兵而伐，必取；按兵不伐，必富。"又见《商君书·去强》。

〔156〕《韩非子·说疑》。

〔157〕《韩非子·五蠹》："上古竞于道德，中世逐于智谋，当今争于气力。"

〔158〕《商君书·靳令》："力生强，强生威，威生德，德生于力。"又曰："刑生力，力生强，强生威，威生德。德生于刑。"(《商君书·说民》)韩非子以刑、德为明主导制其臣之二柄："何谓刑、德？曰：杀戮之谓刑，庆赏之谓德。"(《韩非子·二柄》)又云："民蕃息而畜积盛之谓有德。"(《韩非子·解老》)

范，根源于天地，流衍于习俗，升而为典章制度，不但极具包容性，且富于生命意义，其本身即为目的；法之为制度，与术、势并为"帝王之具"[159]，其运用以事效为追求，以刑赏为保障。法律公布，讲求明白、确定、信实、一体适用，全无神秘圣洁色彩，而纯为一种行政手段。[160]

总之，春秋战国之际，因为时势变化，早先浑然不分的礼法，日渐分化，终至礼、法对立而不可调和。而在观念上，这一过程乃是缘儒、法诸子的兴起，尤其是因着他们之间的相互辩难而最终完成。虽然，在儒、法思想的两极之间，亦不乏兼综礼法的种种尝试。管子诚为法家先声，然其于律、令、刑、政之外，亦重礼、义、廉、耻之四维。[161]

---

[159]《韩非子·定法》。法家言法，并不诉诸神秘超验渊源。慎子云："法非从天下，非从地出，发于人间，合乎人心而已。"（《慎子逸文》，《绎史》）韩子亦云："法者，宪令著于官府，刑罚必于民心，赏存乎慎法，而罚加乎奸令者也。"（《韩非子·定法》）

[160] 法家关于法之公开性、确定性、平等适用等特性的论述，颇具近代的行政理性精神。有学者指出："孔、孟与商、韩是分别地代表了两个极端：前者本于政统、亲统和道统三位一体的礼治秩序，后者所追求的却是一种立足政统、独尊吏道的专制官僚政治秩序；因而儒家趋向复古，而法家却主张变革。礼治对应着较为低下的功能分化程度，借助于许多非政治性的以至原生性的功能方式；法治则强调政统的分化，着意保障和促进其专门化的性质，体现了更高的理性行政精神。……这归结到理想的治国角色上，就是前者推重不器的君子，后者则专倚行政的文吏；这二者在功能弥散性和功能专门性上，也正成泾渭判然的两极。"（阎步克：《士大夫政治演生史稿》，页192—193）

[161] 管子极言"四维"之重要，曰："四维不张，国乃灭亡。"（《管子·牧民》）萧公权指出："《管子》书言礼、义二端尤详，几可夺荀子之席，其旨亦颇有相近之处。"（萧公权：《中国政治思想史》，页177）

荀子固为儒学后劲，其学于百官之事、富强之道，则论之甚详。[162] 前者的立场，或可说是以法为道，以教行法。后者的取径，则不啻是礼义为本，法律为用。如果说，管子的治法学说中杂有仁德、礼义、教化等因素，乃是其思想去封建宗法传统未远的表现[163]，那么，荀子治人之说不废官人百吏度量图籍刑辟之事，则是对战国末期官僚制国家兴起、新旧秩序更替已成定局这一现实的认可。观念既反映现实，又作用于现实。时代变迁，三代礼治秩序固然难以为继，继起之法治秩序亦非完善。稳妥而可以绵延久长之制度，似不在两端，而在两极之间。然而要寻获并最终实现一种新的礼法秩序，仍需时日。

德主刑辅：礼、法相融

儒、法既然皆"务为治者"，其学说自然都具有实践色彩。惟春秋末期以降，传统社会组织逐渐解体，社会生活的世俗化、破碎化日甚，物欲横流，世人以诈力相尚。在此种背景之下，注重理性、讲求效率、长于计算、最重功利的法家学说，便很容易成为各国变法的政策基础。[164] 故

---

〔162〕 管、荀之外，《周礼》备载周之典章制度，《吕氏春秋》综合诸家之说，皆为"兼综礼法"的著例。然论理最力、影响最大者，无过于荀子。参见阎步克：《士大夫政治演生史稿》，页 193—211。

〔163〕 参见萧公权：《中国政治思想史》，页 166—170、177—179。

〔164〕 有学者认为，战国时的社会情态，具有某种现代性特征。参见姚中秋《国史纲目》。海口：海南出版社，2013，页 229—242。

法家多实行家：子产铸刑书，变法以救世；李悝（前455—前395）相魏文侯，"尽地力之教"，所撰《法经》[165]，开汉、唐法典之先河；吴起（前440—前381）以兵家名，曾为楚国令尹，有著名的"吴起变法"；申不害（前385—前337）为韩相十九年，行法、术之治，终其身，"国治兵强，无侵韩者"[166]；商鞅喜刑名法术之学，以李悝《法经》入秦，大举变法，富强秦国；而出于荀子门下的李斯，辅佐秦王嬴政并六国，一天下，奠定郡县帝制，而令法家的事业达于登峰造极之境。海内初定，李斯又上书始皇帝，极言禁言、禁心之重要[167]，因奏请"史官非秦记皆烧之。非博士官所职，天下敢有藏《诗》、《书》、百家语者，悉诣守、尉杂烧之。有敢偶语《诗》《书》者弃市。以古非今者族。吏见知不举者与同罪。令下三十日不烧，黥为城旦。所不去

---

[165] 据《晋书》卷三十《刑法志》，[魏]"是时承用秦汉旧律，其文起自魏文侯师李悝。悝撰次诸国法，著《法经》。以为王者之政，莫急于盗贼，故其律始于《盗》《贼》。盗贼须劾捕，故著《网》《捕》二篇。其轻狡、越城、博戏、借假不廉、淫侈逾制以为《杂律》一篇，又以《具律》具其加减。是故所著六篇而已，然皆罪名之制也"。

[166] 《史记》卷六十三《老子韩非列传》。

[167] 韩子云："禁奸之法：太上禁其心，其次禁其言，其次禁其事。"（《韩非子·说疑》）李斯乃陈其理由云："古者天下散乱，莫之能一，是以诸侯并作，语皆道古以害今，饰虚言以乱实，人善其所私学，以非上之所建立。今皇帝并有天下，别黑白而定一尊。私学而相与非法教，人闻令下，则各以其学议之，入则心非，出则巷议，夸主以为名，异取以为高，率群下以造谤。如此弗禁，则主势降乎上，党与成乎下。禁之便。"（《史记》卷六《秦始皇本纪》）

者，医药卜筮种树之书。若欲有学法令，以吏为师"。[168] 这一典型的法家政策，也将礼、法之间的对立和紧张推至极端。然而，具有讽刺意味的是，秦虽备极强悍，却终二世而亡，这一巨变给人的教训似乎是，法家急功近利，其治国理念和政策固能奏一时之效，却非久长之计。史家谓其"严而少恩""可以行一时之计，而不可长用也"[169]，诚为的论。虽然，继之而起的汉，几乎全盘承继了秦之政制。汉初诸帝实行的"无为"之治，不过是简朴少事、与民休息的社会政策，未及制度层面的改造。在制度的设计和实践方面，基于法家思想而构造的文吏政治仍居于主导地位。儒生广泛介入政治，与文吏相抗衡，进而援礼入法，重新确立礼的主导地位，是在汉武帝独尊儒术之后。此诚为中国古代政法思想及实践上的一大转折，而促成这一转变的关键人物，则是西汉大儒董仲舒。

儒生之为一社会群体，以研习五经、传习礼乐见长，故于崇尚势力的战国和群雄蜂起的秦汉之际，无所用其长。然而，待到天下甫定，秩序建立，"得天下"转为"治天下"之时，儒家的重要性便开始显现出来。秦始皇时即已征召儒生为博士，以儒术缘饰政事。[170]汉家天下既久，更为儒家展示其政法理念提供了足够大的舞台。汉初，与黄

---

〔168〕《史记》卷六《秦始皇本纪》。

〔169〕《史记》卷一百三十《太史公自序》。关于秦制优劣，尤其是文吏政治的限度，详参阎步克：《士大夫政治演生史稿》，页239—255。

〔170〕参见萧公权：《中国政治思想史》，页242—243。

老之学盛行同时，儒学亦得复兴，儒生日渐活跃，其政治上的影响力渐次显现。陆贾（约前240—前170）作《新语》，叔孙通制礼仪，贾谊（前200—前168）、王臧（？—前139）等以儒术教太子，卫绾（？—前131）为丞相，以治申、韩、苏秦之言者乱国政，奏定罢举贤良。至武帝（前156—前87）诏策贤良，董仲舒对以"天人三策"，系统阐述儒家政治理念，一举奠定了汉政的意识形态格局，其影响至为深远。

董仲舒的策对开篇即云："道者，所繇适于治之路也，仁义礼乐皆其具也。"继则云："王者欲有所为，宜求其端于天。"[171]以礼乐为致治之道，仁义为政治之本，这是孔子以后儒家的一贯主张，故董子之言略无新意。然而，重新确立天的至上地位，将王道安置在天道的基础之上，这在子产讲出"天道远，人道迩"[172]，荀子喊出"制天命而用之"[173]之后的西汉，却不仅是对早期传统的复归，也是一种基于传统的创新。董子对礼法问题的阐述，即在此天人关系的架构中展开："天道之大者在阴阳。阳为德，阴为刑；刑主杀而德主生。是故阳常居大夏，而以生育养长为事；阴常居大冬，而积于空虚不用之处。以此见天之任德不任刑也。"[174]亦如其前辈一样，董仲舒也通过对历史的追述，为其理论提供不

---

〔171〕《汉书》卷五十六《董仲舒传》。
〔172〕《左传》昭公十八年。
〔173〕《荀子·天论》。
〔174〕《汉书》卷五十六《董仲舒传》。

容置疑的事实根据：

> 武王行大谊，平残贼，周公作礼乐以文之，至于
> 成康之隆，图圄空虚四十余年，此亦教化之渐而仁谊
> 之流，非独伤肌肤之效也。至秦则不然。师申商之法，
> 行韩非之说，憎帝王之道，以贪狼为俗，非有文德以
> 教训于下也。诛名而不察实，为善者不必免，而犯恶
> 者未必刑也。是以百官皆饰虚辞而不顾实，外有事君
> 之礼，内有背上之心；造伪饰诈，趣利无耻；又好用
> 憯酷之吏，赋敛亡度，竭民财力，百姓散亡，不得从
> 耕织之业，群盗并起。是以刑者甚众，死者相望，而
> 奸不息，俗化使然也。故孔子曰"导之以政，齐之以
> 刑，民免而无耻"，此之谓也。[175]

我们在这里看到先秦儒法之争的延续，只不过，西汉
之时，厉行法家政策、将法家治国理念发挥到极致的秦政已
然破产，而成为论政者引以为戒的一个反面典型。如此，董
仲舒所代表的汉儒的法家批判，便有了一个历史的和道德的
制高点，其关于古之王者以德善教化天下的论说，也就显
得更有说服力。不过，董子申明仁义礼乐之道，反对任刑，
并非简单地拒斥政刑，而是要摆正礼与法、德与刑的关系。
"天使阳出布施于上而主岁功，使阴入伏于下而时出佐阳；

---

[175]《汉书》卷五十六《董仲舒传》。

阳不得阴之助，亦不能独成岁。"[176]据此，德为刑之主，而刑为德之辅。德先刑后，德主刑辅，方能为治。在汉代，礼法、德刑的这种关系，在微观层面上的表现，则是以儒家经义断决疑狱蔚为风尚，而董仲舒本人，正是一位开风气之先的经义决狱的宗师。

董仲舒精于《春秋》公羊学，而《春秋》之为经，实为"礼义之大宗"，"别嫌疑，明是非，定犹豫，善善恶恶，贤贤贱不肖"[177]，原本就是判断的标准。后之公羊学者甚至直言"《春秋》为圣人之刑书，又云五经之有《春秋》，犹法律之有断令"[178]，根本是把《春秋》视作礼法之判准，这其实颇合《春秋》在汉代的作用和性质。董仲舒的"天人三

[176]《汉书》卷五十六《董仲舒传》。董子强调听讼折狱不可无审："故折狱而是也，理益明，教益行；折狱而非也，暗理迷众，与教相妨。教，政之本也，狱，政之末也，其事异域，其用一也，不可不以相顺，故君子重之也。"（《春秋繁露·精华》）

[177]《史记》卷一百三《太史公自序》。《庄子·杂篇·天下》谓《春秋》以"道名分"，颇得其主旨。今人以《春秋》为史书，与史不符。梁启超论《春秋》之性质，直言《春秋》非史，而乃孔子改制明义之书，又云治《春秋》当宗《公羊传》，重其微言大义、正名主义等，显然更接近至少汉人所见所用之《春秋》。详参梁启超：《孔子》，载氏所著：《儒家哲学》，页167—180。

[178]刘逢禄：《公羊何氏释例·律意轻重例》第十。转引自杨向奎：《大一统与儒家思想》，北京：北京出版社，2011，页224。杨向奎认为，公羊派理论近于先秦法家，二者均渊源于齐学。（同前）熊十力《读经示要》则云："法家谈法治，其说不涉及义理，然其崇法之观念，实本《春秋》。但《春秋》不徒恃法，而本于仁，依于礼；以法为辅，以德为归，所以为人道之极也。法家狭小，乃欲偏尚法以为治，则不善学《春秋》之过。"转引自黄源盛：《汉唐法制与儒家传统》。台北：元照出版有限公司，2009，页10。

策"乃至其政治神学，皆本于《春秋》，其以经义断狱，也多出自《春秋》。

史载，"胶西相董仲舒老病致仕，朝廷每有政议，数遣廷尉张汤亲至陋巷，问其得失。于是作《春秋决狱》二百三十二事，动以经对，言之详矣"[179]。史志有《公羊董仲舒治狱》十六篇，《春秋断狱》五卷，《春秋决事》十卷等，可惜这些著述皆不传，仅《通典》《太平御览》等文献中存有数例，分别涉及亲属关系、伦理规范以及行为动机、仁心仁德等因素在判定法律责任时的重要性。[180] 如关于行为动机：

> 甲父乙与丙争言相斗，丙以佩刀刺乙，甲即以杖击丙，误伤乙，甲当何论？或曰："殴父也，当枭首。"论曰："臣愚以父子至亲也，闻其斗，莫不有怵怅之心，扶杖而救之，非所以欲诟父也。《春秋》之义，许

---

[179]《后汉书》卷四十八《应劭传》。

[180] 近人沈家本、程树德皆有"春秋决狱"之辑，详参沈家本：《历代刑法考》（三），页1770—1778；程树德：《九朝律考》之《春秋决狱考》等。北京：中华书局，2006。今人的研究，可参见黄源盛：《汉唐法制与儒家传统》；桂思卓：《从编年史到经典：董仲舒的春秋诠释学》有专章讨论汉时经义与法律、解经与释法的关系。朱腾译。北京：中国政法大学出版社，2010。日本学者日原利国著有《春秋公羊传研究》一书，其中专论"心意"的一章，对公羊学的动机主义理论和实践（"笔法"）有细致的分析，颇有助于我们了解"春秋决狱"的精神特质。详氏所著《心意的偏重——关于行为的评价》，载杨一凡总主编：《中国法制史考证》[寺田浩明主编]丙编[籾山明主编]第一卷《日本学者考证中国法制史重要成果选译　通代先秦秦汉卷》。

止父病，进药于其父而卒，君子原心，赦而不诛。甲非律所谓殴父也，不当坐。"[181]

　　父子关系为五伦之首，最为儒家所看重。董子非不重父子，却因为注重行为之"动机"，而不认为甲之所为属"律所谓殴父"。董子做出的这一分别，恰似对仁与礼的区分，而强调对动机的甄辨，即注重对善恶的判别。《春秋》之听狱也，必本其事而原其志。志邪者，不待成；首恶者，罪特重；本直者，其论轻。"[182]它所针对的，正是秦政任刑而失德、秦法"诛名而不察实，为善者不必免，而犯恶者未必刑"的弊害。尽管在历史上，法出于礼，且广义的礼与广义的法颇多重合，但在精神上，礼与法指向不同，其功用亦异。贾谊语文帝曰："夫礼者禁于将然之前，而法者禁于已然之后，是故法之所用易见，而礼之所为生难知也。……礼云礼云者，贵绝恶于未萌，而起教于微眇，使民日迁善远罪而不自知也。"[183]故言礼者，注重人的心志与动机，以期正

---

〔181〕转见程树德：《九朝律考》，页164。

〔182〕《春秋繁露·精华》。汉之文学亦云："故《春秋》之治狱，论心定罪。志善而违于法者免，志恶而合于法者诛。"（桓宽：《盐铁论·刑德》）简言之，《春秋》之义，原心定罪"（《汉书》卷八三《薛宣传》），"原情定过"（《后汉书》卷四八《霍谞传》）。

〔183〕此文载于《汉书·贾谊传》，后人所谓《治安策》之中，亦见于《大戴礼记·礼察》、《史记》卷一百三《太史公自序》等处，通行本《新书》未收，引自《新书校注》附录一《新书未收文赋及佚文》。梁启超视之为礼治主义的经典表述，而以之于建设政治于"机械的人生观"上的"法治主义"相对照。参见氏所著：《先秦政治思想史》，页97—101、120—121。

本清源，扬善抑恶，化民成俗。而在儒学传统中，坚执这一立场，并将其方法发挥到极致的，正是董子所传承的春秋公羊学派。

唐人白居易（772—846）所辑《白氏六帖事类集》亦记有董仲舒经义决疑一例，其事与仁德有关：

> 君猎得麑，使大夫持以归。大夫道见其母随而鸣，感而纵之。君愠，议罪未定，君病恐死，欲托孤，乃觉之，"大夫其仁乎！遇麑以恩，况人乎！"乃释之，以为子傅。于议何如？仲舒曰："君子不麛不卵，大夫不谏，使持归，非义也。然而中感母恩，虽废君命，徙之可也。"[184]

为臣而废君之命，是一种性质严重的过犯，在继承秦制的汉代尤其如此。然而，董子却因为其纵麑系出于恻隐之心、一念之仁，而认为"虽废君命，徙之可也"[185]，这种大胆见解无疑是承自先秦儒家。董子又引据《礼记·王制》君子

---

〔184〕转引自程树德：《九朝律考》，页164。刘向《说苑·贵德》所记一事与此相类："孟孙猎得麑，使秦西巴持归，其母随而鸣，秦西巴不忍，纵而与之。孟孙怒逐秦西巴。居一年，召以为太子傅。左右曰：'夫秦西巴有罪于君，今以为太子傅，何也？'孟孙曰：'夫以一麑而不忍，又将能忍吾子乎？'"刘向认为，"秦西巴以有罪而益信"，乃在其有仁。对此案的分析，参见黄源盛：《汉唐法制与儒家传统》，页53—56；桂思卓：《从编年史到经典：董仲舒的春秋诠释学》，页165—167。

〔185〕此句中"徙"的含义不甚清楚，容有两种解释。参见桂思卓：《从编年史到经典：董仲舒的春秋诠释学》，页165注59。

"不麛不卵"之语[186]，指责大夫"不谏"为"不义"，也同样颇具儒家底色。

关于仁的价值，以及行仁在君臣关系中的意义，董仲舒在《春秋繁露》一书中借司马子反一案做了详细的讨论。据《春秋公羊传》，楚庄王围宋，军中食粮仅供七日之需，遂遣司马子反前去打探宋国情形。子反登城，遇宋大夫华元，华元以实情相告，谓城中"易子而食之，析骸而炊之"。子反闻之哀甚，亦以军粮不足告之，勉其坚守数日，后归而力劝庄王撤军。《春秋》书"宋人及楚人平"，称誉其事。[187]对此，有人不解："司马子反为君使，废君命，与敌情，从

---

〔186〕《礼记·王制》："獭祭鱼，然后虞人入泽梁。豺祭兽，然后田猎，鸠化为鹰，然后设罔罗。草木零落，然后入山林，昆虫未蛰，不以火田。不麛，不卵，不杀胎，不殀夭，不覆巢。"

〔187〕《春秋公羊传》宣公十五年："庄王围宋，军有七日之粮尔，尽此不胜，将去而归尔。于是使司马子反乘堙而窥宋城，宋华元亦乘堙而见813之。司马子反曰：'子之国何如？'华元曰：'惫矣。'曰：'何如？'曰：'易子而食之，析骸而炊之。'司马子反曰：'嘻！甚矣惫！虽然，吾闻之也，围者，柑马而秣之，使肥者应客，是何子之情也。'华元曰：'吾闻之，君子见人之厄则矜之，小人见人之厄则幸之。吾见子之君子也，是以告情于子也。'司马子反曰：'诺，勉之矣！吾军亦有七日之粮尔，尽此不胜，将去而归尔。'揖而去之，反于庄王。庄王曰：'何如？'司马子反曰：'惫矣！'曰：'何如？'曰：'易子而食之，析骸而炊之。'庄王曰：'嘻！甚矣惫！虽然，吾今取此然后而归尔。'司马子反曰：'不可。臣已告之矣，军有七日之粮尔。'庄王怒曰：'吾使子往视之，子曷为告之？'司马子反曰：'以区区之宋，犹有不欺人之臣，可以楚而无乎？是以告之也。'庄王曰：'诺。舍而止。虽然，吾犹取此然后归尔。'司马子反曰：'然则君请处于此，臣请归尔。'庄王曰：'子去我而归，吾孰与处于此？吾亦从子而归尔。'引师而去之，故君子大其平乎己也。"《左传》亦载其事，然所记不同。

其所请，与宋平。是内专政而外擅名也。专政则轻君，擅名则不臣，而《春秋》大之，奚由哉？"董子的回答是："为其有惨怛之恩，不忍饿一国之民，使之相食。推恩者远之而大，为仁者自然而美。今子反出己之心，矜宋之民，无计其间，故大之也。"问者不服，又举《春秋》事例数则难之，董子于是区分道之"常""变"以应之。《春秋》之道，有常有变。难者所述为常经，子反之举为权变：其"往视宋，闻人相食，大惊而哀之，不意之至于此也，是以心骇目动，而违常礼。礼者，庶于仁，文、质而成体者也。今使人相食，大失其仁，安著其礼，方救其质，奚恤其文，故曰：'当仁不让。'此之谓也"。[188] 这里，董子又引入"礼"与"仁"、"文"与"质"的分别进一步说明"常"与"变"，从而为子反受人非难的"专""擅"行为提供正当性论证。常与变，经与权，仁与礼，文与质，这些都是儒家义理中最核心的观念和范畴，一定程度上说，正是通过对这些基本范畴的辨析和运用，儒学才得以在不断变化的情境中应对各种挑战，而保持其生命力于不衰。董子欲保守儒家天下归仁的义理于专制

---

[188]《春秋繁露·竹林》。关于此案的分析，参见黄源盛：《汉唐法制与儒家传统》，页53—56；桂思卓：《从编年史到经典：董仲舒的春秋诠释学》，页165—170。桂著将此案放在"仁"和"常与变"二目之下讨论。日原利国对此案亦有讨论。详氏所著《心意的偏重——关于行为的评价》，页578—579。在汉明帝时发生的一个大臣"专命"案件中，尚书仆射钟离意即引此例为被指"专命"的王望辩护，"帝嘉壹议，赦其不罪"。(《后汉书》卷三十九《刘赵淳于江刘周赵列传》)

皇权时代，在承认君命不可违、"惟我君之德"[189]的同时，为"当仁不让"的"废君命"之举留出一席之地，便运用了这些诠释方法。而基于《春秋》大义的这套经典诠释学，也是董仲舒及其同时代人乃至后人以经义断狱的方法论基础。

汉人援据经义断决案件，其例甚多，所涉及的事项，既包括一般刑事及行政案件，也有政治性的事件，涉事者除了庶民，更多朝臣乃至皇室宗亲，范围极广。而且，在这些案件中，往往涉事者与裁判者、控诉方与辩护方均引据经义，以为对己有利的依据。武帝元鼎二年，博士徐偃奉旨出巡归，被劾矫制，法至死。徐偃以"《春秋》之义，大夫出疆，有可以安社稷，存万民，颛之可也"[190]自辩。奉诏问案的终军则以《春秋》"王者无外"之义驳其说，"请下御史征偃即罪"，奏可。[191]有意思的是，最初对徐偃提出弹劾的御史大夫张汤"以

---

[189] "《春秋》之义，臣有恶，擅名美。故忠臣不显谏，欲其由君出也。《书》曰：'尔有嘉谋嘉猷，入告尔君于内，尔乃顺之于外，曰：此谋此猷，惟我君之德。'此为人臣之法也。古之良大夫，其事君皆若是。"（《春秋繁露·竹林》）余英时以此为"儒学的法家化"的重要证据。参见余英时：《反智论与中国政治传统——论儒、道、法三家政治思想的分野与汇流》，载《文史传统与文化重建》。北京：生活·读书·新知三联书店，2004，页189。

[190] 《汉书》卷六十四下《严朱吾丘主父徐严终王贾传》。事见《春秋公羊传》庄公十九年。

[191] 《汉书》卷六十四下《严朱吾丘主父徐严终王贾传》。对该案的分析，参见黄源盛：《汉唐法制与儒家传统》，页59—63；桂思卓：《从编年史到经典：董仲舒的春秋诠释学》，页193—195。桂思卓将该案归在"专"项下。此外，桂思卓在"以功覆过"项下讨论的一个案子也涉及"矫制"，不过其结果与徐偃案正相反，而对达成这一结果至关重要的刘向的奏章，援引了《诗》《易》《司马法》以及诸多故实以证其议。详参桂思卓：《从编年史到经典：董仲舒的春秋诠释学》，页195—197。

致其法，不能诎其义"，所以才有"诏下军问状"之事。[192] 可见当时只是有法可依尚不足为据，经义的权威还在法律之上。哀帝时，官员薛况因其父受不孝之诋，雇凶伤害同为朝臣的谤者，事下有司，御史中丞等以薛况等创戮近臣，不敬君上等因论以弃市，中有"《春秋》之义，意恶功遂，不免于诛"等语。廷尉则以"斗以刃伤人，完为城旦，其贼加罪一等，与谋者同罪"之律论同凡民争斗，并引《传》《论语》及《春秋》原心定罪之义证之。诸大臣分为两派，各持一端。案经哀帝裁断，采廷尉之议，从轻处断。[193] 有汉一代，类此案件可谓寻常，君臣上下视为当然。武帝时，淮南王刘安谋反案发，此案法条清楚明白，然胶西王刘端仍引《春秋》"臣毋将，将而诛"之义以证其罪。[194] 论者谓："刑足使人慑服，礼足使人诚服"[195]，可见经义的效用为刑律所不及，不但能够济后者之不足，而且能提供更高的合法性。昭帝始元五年，有男现身长安北门，自

---

〔192〕《汉书》卷六十四下《严朱吾丘主父徐严终王贾传》。

〔193〕关于该案的分析，参见黄源盛：《汉唐法制与儒家传统》，页63—67；桂思卓：《从编年史到经典：董仲舒的春秋诠释学》，页184—188。桂著将该案归在"动机"项下。

〔194〕事见《汉书》卷四十四《淮南衡山济北王传》。对此案的分析，参见黄源盛：《汉唐法制与儒家传统》，页72—75。

〔195〕黄源盛：《汉唐法制与儒家传统》，页75。余英时以此案为皇权专制下"儒术缘饰"的著例，并认为汉之"经义决狱"更是'儒学法家化'的典型例证"。(余英时：《反智论与中国政治传统——论儒、道、法三家政治思想的分野与汇流》，页183) 不过，春秋公羊学的动机主义理论，既有"恶其意"的一面，也有"致其意"的一面。二者间的平衡乃其正道。简单的分析，参见日原利国：《心意的偏重——关于行为的评价》，页594—599。

称谣传中并未死去的"卫太子"，在当时是非不明、群臣束手无言的情况下，京兆尹隽不疑援《春秋》事，当即将"太子"收监。"天子与大将军霍光闻而嘉之，曰：'公卿大臣当用经术明于大谊。'"[196]汉时风尚如此，则不但号为儒生的文学、博士动辄引用经义，素喜刑名、用法深刻的文法吏也加入其中。《史记·酷吏张汤传》记云："是时上方乡文学，汤决大狱，欲傅古义，乃请博士弟子治《尚书》《春秋》补廷尉史"，儒者倪宽（？—前103）即因研习《尚书》而补为廷尉史。这种"以经术润饰吏事"的结果，难免泥沙俱下，况且以经义为法典，以历史故实为判例，解释空间极大，要达成真正符合儒家义理且妥当可行的解释，对应用者心志、知识、经验、技巧均有很高要求，实属不易。故"陋儒酷吏，遂得以因缘假饰"。[197]尽

---

[196]《汉书》卷七十一《隽疏于薛平彭传》。对该案的分析，参见黄源盛：《汉唐法制与儒家传统》，页67—69。

[197] 马端临：《文献通考》卷一百八十二《经籍九》"《春秋决事比》"条下按语云："《决事比》之书，与张汤相授受，度亦灾异对之类耳。帝之驭下以深刻为明，汤之决狱以惨酷为忠，而仲舒乃以经术附会之。王、何以老、庄宗旨释经，昔人犹谓其罪深于桀、纣，况以圣经为缘饰淫刑之具，道人主以多杀乎？其罪又深于王、何矣！又按汉《刑法志》言，自公孙弘以《春秋》之义绳下，张汤以峻文决理，于是见知腹诽之狱兴。《汤传》又言，汤请博士弟子治《春秋》《尚书》者补廷尉史。盖汉人专务以《春秋》决狱，陋儒酷吏，遂得以因缘假饰。往往见二传中所谓'责备'之说、'诛心'之说、'无将'之说，与其所谓巧诋深文者相类耳。圣贤之意，岂有是哉！常秩谓孙复所学《春秋》，《商君》法耳，想亦有此意。"余英时先生以为，这才真正揭破了汉代"春秋断狱"的真相。但他同时也认为，马氏对董仲舒的责备"也许太过"。余英时：《反智论与中国政治传统——论儒、道、法三家政治思想的分野与汇流》，载《文史传统与文化重建》，页186。

管如此，着眼于长时段的历史变迁，由董仲舒提出的"更化"议程，以及他亲力亲为的经义决狱实践，无疑开启了一个新的时代，在这个时代，业已分化的观念、制度和人群，将在一个新的基础上重新统合起来：礼与法并为礼法，德与刑合为德刑，儒生与文吏融合为士大夫。[198] 由此确立的礼法观念和德主刑辅格局，支配中国社会达二千年之久。

昭帝始元六年（前 81 年），各地贤良文学 60 余人奉诏至京，与丞相、御史共议时政，史称"盐铁会议"。其间，以"文学"为一方，"大夫"为另一方，就当时的政经法律及内外政策等议题论辩甚炽。这或者是儒、法思想历史上最后一次全面系统的论辩，只不过，争论双方虽各有所本，所论亦针锋相对，却不出新的定于一尊的制度框架之外。此后，目睹新莽"奉天法古"破产的东汉儒者，在融合儒、法的道路上更进了一步。桓谭（前 40—约 32）《新论》，以为暴秦"见万民碌碌，犹群羊聚猪，皆可以竿而驱之"[199]，故不足论。新莽"事事效古，……所尚非务"，则为"不知大体"。[200]他所赞许的，其实是"霸王道杂之"的汉政。故云："唯王霸二盛之美，以定古今之理焉。"王道纯粹而有德，霸道驳杂而见功，"俱有天下而君万民，垂统子孙，其实一也"。[201]崔寔（约 103—约 170）《政论》喻"德教"为

---

〔198〕关于此一过程，阎步克：《士大夫政治演生史稿》一书论之甚详。

〔199〕桓谭：《新论·求辅》。

〔200〕桓谭：《新论·言体》。

〔201〕桓谭：《新论·王霸》。

"兴平之粱肉","刑罚"为"治乱之药石",故"以德教除残,是以粱肉理疾也。以刑罚理平,是以药石供养也"。[202] 又云:"度德量力,《春秋》之义。今既不能纯法八世,故宜参以霸政,则宜重赏深罚以御之,明著法术以检之。"[203] 仲长统(179—220)颇称崔寔《政论》,谓"凡为人主宜手写一通,置之座侧"。[204]王充(27—约97)盛誉桓谭,比《新论》于《春秋》[205],谓其"论世间事,辩照然否,虚妄之言,伪饰之辞,莫不证定"[206]。而他自己虽高举儒生之学,亦不废文史之事,以"养德"与"养力"并为治国之道。[207]诸如此类的见解,或近法家者言,崔寔《政论》就被《隋书·经籍志》归入法家之类,王充的儒者身份也曾遭后人质疑。但这与其说是儒家及儒学的"法家化",不如说是经历了战国至秦汉数百年间社会变迁和制度分化之后,儒生接受了一种更具现实性的治道观。著有《潜夫论》的王符(约85—约163),也是这种思想潮流的一个代表。其书"大旨在重申天治民本之政理,发挥任贤尚德之治术"[208],然其中亦不乏尊君重令之辞,如谓:"民之所以不乱者,上有吏;

---

〔202〕崔寔:《政论》。转引自萧公权:《中国政治思想史》,页266。
〔203〕崔寔:《政论》。转引自阎步克:《士大夫政治演生史稿》,页429。
〔204〕转引自萧公权:《中国政治思想史》,页266。
〔205〕王充云:"孔子不王,素王之业在于《春秋》;然则桓君山不相,素丞相之迹在于《新论》者也。"(《论衡·定贤》)
〔206〕王充:《论衡·超奇》。
〔207〕王充:《论衡·非韩》:"夫德不可独任以治国,力不可直任以御敌也。韩子之术不养德,偃王之操不任力。二者偏驳,各有不足。"
〔208〕萧公权:《中国政治思想史》,页266。

吏之所以无奸者，官有法；法之所以顺行者，国有君也；君之所以位尊者，身有义也；义者，君之政也；法者，君之命也。人君思正以出令，而贵贱贤愚莫得违也，则君位于上，而民氓治于下矣。人君出令而贵臣骄吏弗顺也，则君几于弑，而民几于乱矣。……夫法令者，人君之衔辔棰策也；而民者，君之舆马也。若使人臣废君法禁而施己政令，则是夺君之辔策，而己独御之也。"[209]对于东汉儒生来说，此种论调虽非人人如是，却是很有代表性的。

儒、法思想在东汉的进一步融合，还表现在另外两个方面。其一是诸儒以经学大师的身份，对当世律令详加注释。由此产生的律注数量庞大，难以尽览，故魏时天子下诏，规定只用郑玄章句，"不得杂用余家"。[210]郑玄为汉代经学集大成者，曾遍注群经，打通经今、古文学，创为"郑学"，门下弟子无数。郑氏以一代宗师之尊而为律注，成就律学之盛，其影响可知。法律章句与经学同列[211]，固然可以表明法律之事在儒家思想中的位置有所改变，但是另一方

---

[209] 王符：《潜夫论·衰制》。关于东汉儒法合流的思想流变，参阅瞿同祖：《中国法律与中国社会》，页313—315；阎步克：《士大夫政治演生史稿》，页423—438。

[210]《晋书》卷三十《刑法志》记云："叔孙宣、郭令卿、马融、郑玄诸儒章句十有余家，家数十万言。凡断罪所当由用者，合二万六千二百七十二条，七百七十三万二千二百余言，言数益繁，览者益难。天子于是下诏，但用郑氏章句，不得杂用余家。"

[211] 章太炎指出，古律亦官书，《周礼》《吕刑》所言五刑，当时必著简策。"孔子不以入六经者，当以刑律代有改变，不可为典要故尔。"（章太炎：《国学概论》，页117）

面，这也是儒家思想对法制进一步渗透和支配的表现。事实上，自汉武帝独尊儒术之后，儒生得以各种方式全面参与朝政，操习吏事，接触法律政务日多，其影响于律令制度亦日深。这种影响，除了通过上面论及的经义断狱而表现于司法，更直接表现在立法方面。据《后汉书》，和帝永元六年（94），廷尉陈宠（？—106）"钩校律令条法"，奏除刑法溢于《甫刑》者：

> 臣闻礼经三百，威仪三千，故《甫刑》大辟二百，五刑之属三千。礼之所去，刑之所取，失礼则入刑，相为表里者也。今律令死刑六百一十，耐罪千六百九十八，赎罪以下二千六百八十一，溢于《甫刑》者千九百八十九，其四百一十大辟，千五百耐罪，七十九赎罪。《春秋保乾图》曰："王者三百年一蠲法。"汉兴以来，三百二年，宪令稍增，科条无限。又律有三家，其说各异。宜令三公、廷尉平定律令，应经合义者，可使大辟二百，而耐罪、赎罪二千八百，并为三千，悉删除其余令，与礼相应，以易万人视听，以致刑措之美，传之无穷。[212]

又据同书，陈宠其人，"性仁矜。及为理官，数议疑狱，常亲自为奏，每附经典，务从宽恕，帝辄从之，济活者

---

〔212〕《后汉书》卷四十六《郭陈列传》。

甚众"。〔213〕当为儒者无疑。其以《甫刑》（即周之《吕刑》）为模范整顿现行律令之举，正是在法制当中贯彻儒家理想的一种尝试。尽管就此个案而言，当时奏上而未行〔214〕，但若放眼历史，这种援礼入法的尝试和努力，自汉开始，中经魏晋南北诸朝，直至隋唐而完成，上下历数百年，陈宠其事，不过是其中一个小小环节，其成败固不在一时。近之学者论及这段历史，或谓为"儒学的法家化"，或名为"法律之儒家化"。若以前说指儒家向现实妥协，杂取法家思想，乃至于儒学其表，法家其里，而寓批判之义；则后者似倾向于认定，儒者以积极姿态与时俱进，取政法制度而予以改造，以期达成儒家遵奉的价值与理想。〔215〕然而无论如何，有一点可以肯定，那就是，延至东汉，无论观念上，制度上，还是实践中，儒法合流之势已然形成，不可移易。其后，魏除异子之科，又以"八议"入律；晋"峻礼教之防，准五服以制罪"，开后世依服制定罪之先河；"犯罪存留养亲"及"官当"之条见于北魏；北齐则列"不孝"为重罪十条之一；隋

〔213〕《后汉书》卷四十六《郭陈列传》。

〔214〕《晋书》卷三十《刑法志》："未及施行，会宠抵罪，遂寝。宠子忠。忠后复为尚书，略依宠意，奏上三十三条，为《决事比》，以省请谳之弊。又上除蚕室刑，解赃吏三世禁锢，狂易杀人得减重论，母子兄弟相代死听赦所代者，事皆施行。"

〔215〕前一种观点可以余英时先生为代表，详参余英时：《反智论与中国政治传统——论儒、道、法三家政治思想的分野与汇流》，载余英时：《文史传统与文化重建》；后一种观点可以瞿同祖先生为代表，详参瞿同祖：《中国法律与中国社会》第六章"法家思想与儒家思想"及"附录：中国法律之儒家化"。

律改名"十恶"，列于篇首。这些出自儒家士大夫之手的法律创制，历代相承而逐渐完善。[216]最终，在编排严整、内容宏富、体例成熟的唐代诸律中，礼与法实现其完美结合。论者谓"唐律一准乎礼"，"出入得古今之平"。[217]荀子的兼综礼法，董子的经义断狱，在此化为一种成熟之观念，完备之制度，这种观念和制度，简括以言之，既非单纯之礼，亦非单纯之法，而是礼与法的完美结合，曰礼法。[218]

---

[216] 参见瞿同祖：《中国法律与中国社会》，页334—346。瞿同祖先生另有一段总括性的文字，颇可说明此法律儒家化之概貌，兹引录于下："儒家讲贵贱上下有别，本为礼之所产生，于是八议入于法，贵贱不同罚，轻重各有异。礼，贵贱之服饰、宫室、车马、婚姻、丧葬、祭祀之制不同，于是这些都分别规定于律中。儒家重视尊卑、长幼、亲疏的差别，讲孝弟伦常，于是听讼必原父子之亲，宜轻宜重，一以服制为断。'五刑之属三千，而罪莫大于不孝。'于是不孝之罪特大，不待［按："待"当为"特"之误］法律有专条，隋、唐以来且名列十恶，标于篇首。礼，子当孝事父母，于是供养有缺成为专条。礼，父母在，不蓄私财，于是私财有罚。礼，父母之丧三年，于是释服从吉者有罪，居父母之丧嫁娶者有罪。礼，父之仇弗与共戴天，于是子报父仇，每得原减。儒家说，父为子隐，子为父隐，于是律许相隐，首匿不为罪，不要求子孙为证，更不容许子孙告父祖。礼，有七出三不去之文，于是法律上明定为离婚的条件。一切都源于礼经，关于亲属、继承、婚姻的法律实可说是以礼为根据的。"（瞿同祖：《中国法律与中国社会》，页320—321）也有学者认为，瞿氏所谓"法律之儒家化"夸大了儒家思想对中国早期法典的影响。详见马若斐：《重估由汉至唐的"法律儒家化"》，载柳立言主编：《中国史新编》（法律史分册）。台北："中央研究院"、联经出版公司，2008。这种看法或有助于揭示"法律儒家化"过程的复杂性，但是总的说来，它还不足以推翻这一概括。

[217]《四库全书总目》。瞿同祖认为，《四库全书总目》所言"确为中肯之论。实则中国古代法律皆如此，并不止唐律然也"。

[218] 此所谓礼法，就不只是礼仪法度，而是与刑相配合的规范体系。所谓"礼之所去，刑之所取，失礼则入刑，相为表里者也"。（《后汉书》卷四十六《郭陈列传》）

三代礼法，直是以礼为法，礼与法无别。汉、唐以降之礼法，却是在经历此早期传统瓦解，礼、法分立且各为发展之后，在新的历史条件之下所达致的新的综合。其间多损益改造，即使皆以礼法名之，其形态与机制也已经大不相同。宋儒欧阳修尝云："由三代而上，治出于一，而礼乐达于天下；由三代而下，治出于二，而礼乐为虚名。"盖自秦变古以后之有天下者，"自天子百官名号位序、国家制度、宫车服器一切用秦，……其朝夕从事，则以簿书、狱讼、兵食为急，曰：'此为政也，所以治民。'至于三代礼乐，具其名物而藏于有司，时出而用之郊庙、朝廷，曰：'此为礼也，所以教民。'"〔219〕是政、教分为二途，故曰"治出于二，而礼乐为虚名"。当然，这是相对于三代"治出于一"的情形而言。战国至秦，政出于法家，政与法同，所谓"簿书、狱讼、兵食"诸项，不但是法家思想最关注者，也是在法家思想指导下养成的官僚制国家施治之重点。汉以后的改变，并非抹杀"簿书、狱讼、兵食"诸治民之政的重要性，重回"礼乐达于天下"的古代，而是力图寓教于政，将儒家的政治理念贯彻到"簿书、狱讼、兵食"等各项治民活动之中。故此，后世儒者多不讳言功利，即使醇儒亦视刑政为当然。朱子为理学宗师，倡明道统，严王霸之辨，对治天下而事功卓著者批判甚力，惟其本人亦亲民为官，听讼治吏事，而非坐而论道，一味空谈。时人有云："政治当明其号令，不必

---

〔219〕《新唐书》卷十一《礼乐志》。

严刑以为威。"朱子则曰:"号令既明,刑罚亦不可弛。苟不用刑罚,则号令徒挂墙壁尔。与其不遵以梗吾治,曷若惩其一以戒百?与其核实检察于其终,曷若严其始而使之无犯?做大事,岂可以小不忍为心!"[220]不仅如此,对于当世缘于"鄙儒姑息之论,异端报应之说,俗吏便文自营之计"而一以轻刑为事者,朱子大不以为然,指其"刑愈轻而愈不足以厚民之俗,往往反以长其悖逆作乱之心,而使狱讼之愈繁,则不讲乎先王之法之过也"。[221]他进而表示,事涉"人伦风化"之案,"有司不以经术义理裁之",而任上述鄙论、邪说、私计行乎其间,则"天理民彝"必至泯灭,而舜之所谓无刑者也就遥遥无期了。[222]在教化与刑罚问题上持论如此的,宋儒当中,非仅朱子。理学先驱,北宋儒者程颐甚至以威刑为善教之始,且其论述更具原理性。《易》,蒙卦,爻辞谓:"发蒙,利用刑人,用说桎梏,以往吝。"程子释曰:

> 初以阴暗居下,下民之蒙也。爻言发之之道。发下民之蒙,当明刑禁以示之,使之知畏,然后从而教导之。自古圣王为治,设刑罚以齐其众,明教化以善

〔220〕《朱子语类》卷一百八《论治道》。
〔221〕朱熹:《戊申延和奏札》,转引自江玉林:《经义折狱、刑狱治理与传统法律的文化格局——从朱熹〈戊申延和奏札〉谈起》。"中央研究院"历史语言研究所会议论文集之八,2008。值得注意的是,在江文中,对朱熹的讨论是在汉儒董仲舒创始的春秋决狱的传统中展开的。
〔222〕参同上。

其俗，刑罚立而后教化行，虽圣人尚德而不尚刑，未尝偏废也。故为政之始，立法居先。治蒙之初，威之以刑者，所以说去其昏蒙之桎梏，桎梏谓拘束也。不去其昏蒙之桎梏，则善教无由而入。既以刑禁率之，虽使心未能喻，亦当畏威以从，不敢肆其昏蒙之欲，然后渐能知善道而革其非心，则可以移风易俗矣。苟专用刑以为治，则蒙虽畏而终不能发，苟免而无耻，治化不可得而成矣，故以往则可吝。[223]

又其释"象曰：利用刑人，以正法也"之句："治蒙之始，立其防限，明其罪罚，正其法也，使之由之，渐至于化。或疑发蒙之初，遽用刑人，无乃不教而诛乎？不知立法制刑，乃所以教也。盖后之论刑者，不复知教化在其中矣。"[224]据此，则不但刑罚不妨教化，甚且为教化的条件和保障，故先刑后教亦可。刑政既然全不是问题，则礼、法之争也就可以消弭了。

法与道德：礼、法不两立

中国历史上的礼与法，由混一而分化，再由对立而融合，历时久长，过程曲折。而自汉代以降，儒法合流，德主

---

〔223〕程颐：《伊川易传》卷一。
〔224〕同上书。

刑辅、以刑弼教的原则开始重新主导中国的政教思想和实践，其地位不可动摇。然而，19世纪末，西洋文明挟威力而来，列强环伺，国势颓危，面对此亘古未有之大变局，革新政教之变法终于不可避免，而在此过程之中，礼的支配性权威受到挑战，礼法之一体格局开始被撼动。

光绪二十八年（1902），清帝发布上谕："着派沈家本、伍廷芳将一切现行律例，按照交涉情形，参酌各国法律，悉心考订，妥为拟议，务期中外通行，有俾治理。"[225]中国法律近代化运动由此开启。此后十年间，修订旧法、制定新法之事渐次进行，围绕修法原则的取舍则争议不断，并在《大清新刑律》的制定过程中达于顶点。争议的焦点，正是礼、法之关系。

光绪三十二年（1906）四月，修律大臣沈家本（1840—1913）和伍廷芳（1842—1922）将仿照西法编定的《刑事民事诉讼法》草案呈上，奏请试行。清廷将草案发下审议，观其于现下"民情风俗能否通行"。[226]湖广总督张之洞据此上奏，以为该法"大率采用西法，于中法本原似有乖违，于中国情形亦未尽合"：

盖法律之设，所以纳民于轨物之中。而法律本原，

〔225〕《大清德宗景皇帝实录》卷四九八，转引自李贵连编著：《沈家本年谱长编》。济南：山东人民出版社，2010，页106。

〔226〕《大清德宗景皇帝实录》卷五五八，转引自李贵连编著：《沈家本年谱长编》，页143。

实与经术相表里，其最著者为亲亲之义，男女之别，天经地义，万古不刊。乃阅本法所纂，父子必异财、兄弟必析产、夫妇必分资，甚至妇人女子，责令到堂作证。袭西俗财产之制，坏中国名教之防，启男女平等之风，悖圣贤修齐之教，纲沦法斁，隐患实深。[227]

张氏所言，正是我们熟悉的儒家礼法观。张氏以此为据，对移植之新法展开批评，则透露出中西古今两种法律传统内在的歧异和紧张。这种紧张在后来围绕《大清新刑律》草案展开的论辩中，变得更加突出。

光绪三十三年（1907），中国第一部西式刑法典草成，名《大清刑律草案》。据沈家本奏称，"是编修订大旨，折衷各国大同之良规，兼采近世最新之学说，而仍不戾乎我国历世相沿之礼教民情"。[228]然而，问题正出在"礼教民情"这一方面。翌年五月，学部率先复奏，"以新定新刑律草案多与中国礼教有妨，分条声明，奏请饬下修律大臣将中国旧律与新律草案详慎互校，斟酌修改删并，以维伦纪而保治安"。这一主张在地方督抚及在京各部堂官中不乏呼应者。于是，宣统元年（1909）朝廷颁发上谕，特就新刑律修订过程中有

---

[227]《张之洞奏遵旨核议新编刑事民事诉讼法折》，载怀效锋主编：《清末法制变革史料》（上卷），页400。引文标点据李贵连编著《沈家本年谱长编》页143酌改。

[228]《修订法律大臣沈家本等奏进呈刑律分则草案折》，载黄源盛纂辑：《晚清民国刑法史料辑注》（下）。台北：元照出版有限公司，2010，页1426。

关伦常各条做出规定，略谓：

> 刑法之源，本乎礼教。中外各国礼教不同，故刑法亦因之而异。中国素重纲常，故于干犯名义之条，立法特为严重。良以三纲五常，阐自唐虞，圣帝明王，兢兢保守，实为数千年相传之国粹，立国之大本，今寰海大通，国际每多交涉，故不宜墨守故常，致失通便宜民之意。但只可采彼所长，益我所短，凡我旧律义关伦常诸条，不可率行变革，庶以维天理民彝于不敝。[229]

嗣后，修订法律馆将新刑律草案重行修订，并于当年十二月与法部连衔会奏修正草案，名《修正刑律草案》。修正草案"懔遵谕旨将关于伦常各款加重一等"[230]，并将名教保存事宜，增入《附则》五条，以利新旧沟通。其中第二条有云："中国宗教尊孔，向以纲常礼教为重，况奉上谕再三告诫，自应恪为遵守。如大清律中十恶、亲属容隐、干名犯义、存留养亲以及亲属相奸、相盗、相殴，并发冢、犯奸各条，均有关于伦纪礼教，未便蔑弃，如中国人有犯以上各罪，应仍照旧律办法，另辑单行法，以昭惩创。"[231] 此种

---

〔229〕《修改新刑律不可变革义关伦常各条谕》，载故宫博物院明清档案部编：《清末筹备立宪档案史料》（下册）。北京：中华书局，1979，页858。

〔230〕《法部尚书臣廷杰等奏为修正刑律草案告成折》，载黄源盛纂辑：《晚清民国刑法史料辑注》（下），页1431。

〔231〕转引自劳乃宣：《修正刑律草案说帖》，载《桐乡劳先生（乃宣）遗稿》（二）。台北：文海出版社，1969，页886—887。

安排，名为保守纲常礼教，实际已将其边缘化，而欲将旧律有关伦纪礼教诸条另立单行法，专以对中国人，这从另一方面表明了新刑律去礼教的原则。因此，《修正刑律草案》始出，即引起礼教派人士的讥评。先是，宪政编查馆参议劳乃宣（1843—1921），以草案正文"有数条于父子之伦、长幼之存、男女之别有妨"，以及《附则》规定旧律礼教条文另辑单行法适用中国人系"本末倒置"等因，向宪政编查馆上《修正刑律草案说帖》，遍示京外，要求将旧律有关伦常礼教各条，直接修入新刑律正文。沈家本则针锋相对，以《书劳提学新刑律草案说帖后》作答，逐条予以批驳。劳乃宣复以《管见声明说帖》回应，彼此往复论争。争论事项主要涉及十恶、亲属相为容隐、干名犯义、犯罪存留养亲、亲属相奸、亲属相盗、亲属相殴、发冢、犯奸、子孙违犯教令诸条，最后则集中于无夫奸和子孙违反教令两条。其间，劳派（即礼教派）与沈派（亦名法理派）亦发文参与争论，就法律移植过程中何者当存、何者当废诸问题，论辩不止。[232]最后，草案经宪政编查馆考订后提交资政院审核、议决，众议员就其中"子孙对于尊长侵害之正当防卫"和"无夫奸"二条展开激辩，其程度达于白热化。事经报道，亦引致社会上的强烈关注。

----

[232] 详见《桐乡劳先生（乃宣）遗稿》（二）所收各篇文章。不过，由劳乃宣带头提出的新刑律修正案，共修改两条又一项、移改两条、修复一条、增纂八条又一项，其内容并不限于此。参见劳乃宣：《新刑律修正案》，同上书。

本来，无论旧律新律，若就其整体观之，上述两条所涉内容亦属平常，然而自儒家立场视之，它们所自出的两个范畴，长幼和男女，恰是人伦之常道，政治之大体，其重要性不言而喻，以致针对这些条款所做的任何修改，都可能触动和改变古来立国的某些核心价值。故礼教派不遗余力，尽其所能，维护其不变。不过，就本文的兴趣点而言，礼教派与法理派在"无夫奸"问题上的论辩尤其值得关注，因为法理派在此问题上提出的论证，正是一条区分进而隔断礼、法的路径。

　　所谓"无夫奸"，特指在室女或寡妇与人通奸之行为。《大清律例·刑律·犯奸》条下云："凡和奸，杖八十；有夫者，杖九十。"[233] 此一规定，上承唐律，历代相沿，虽刑罚轻重有所变化，其为罪则一。然而，在沈家本主持拟定的新刑律草案中，和奸无夫妇女不复治罪。盖因对此等行为"径以社会国家之故科以重刑，于刑法之理论未协"。对治此种非行，实无须刑罚制裁，"惟礼教与舆论足以防闲之"。[234] 此一修改，虽只涉旧律奸罪边际，却因触及礼教风俗，且引入新学，有开启变革的微妙效果，是以引来诸多指责。张之洞即指为破坏男女之别，其他签注作者也多持批评观点。然而沈家本仍坚持己见。在他看来，草案批评者每以维持风化立论，不过是"浑道德法律为一"，不足为据。"防遏此等丑

---

〔233〕田涛、郑秦点校：《大清律例》，北京：法律出版社，1998，页521。

〔234〕《刑律草案》（1907）第二十三章"关于奸非及重婚之罪"之章下按语，载黄源盛纂辑：《晚清民国刑法史料辑注》（上），页153。

行，尤不在法律，而在教化，即列为专条，亦无实际。"[235]

　　对于此说，劳乃宣在其名噪一时的《修正新刑律说帖》中予以痛驳，指"其立论在离法律与道德教化而二之，视法律为全无关于道德教化之事"。唯其如此，"故〔彼〕一味摹仿外国，而于旧律义关伦常诸条弃之如遗"。依劳氏之见，"法律与道德教化诚非一事，然实相为表里"。因此，必谓二者"毫不相关，实谬妄之论也"。[236]对此，沈家本答曰："此事有关风化，当于教育上别筹方法，不必编入刑律之中。孔子曰'齐之以刑'，又曰'齐之以礼'，自是两事。齐礼中有许多设施，非空颁文告，遂能收效也。后世教育之不讲，而惟刑是务，岂圣人之意哉！"[237]沈氏引孔子著名语录，以证刑与礼为二事，是一件颇耐人寻味的事情。根据传统的礼法观念，礼与刑虽非一事，但是关系密切，不容分离。而沈氏对圣人言论的诠释，却隐含礼、刑分立之义。这一意图，如果对照当时流行的道德与法律关系论说，则几为显豁。事实上，法理派在回应礼教派批评，论证"无夫奸"去罪化为正当时，正是以不应"浑道德法律为一"为基本论据的。如受聘帮助清廷起草新刑律的冈田朝太郎就说，早先，东、西

---

〔235〕转引自劳乃宣：《修正刑律草案说帖》，载《桐乡劳先生（乃宣）遗稿》（二），页901—902。劳氏并未指明此语是否出自沈家本本人，我在其他相关史料中亦未能查实其原始出处。然此语能够代表法理派立场，当无疑义。

〔236〕同上书，页903—904。

〔237〕沈家本：《沈大臣酌拟办法说帖》，载《桐乡劳先生（乃宣）遗稿》（二），页934—935。

方社会固不甚区分法律与道德，但自 19 世纪始，划清二者界限之说大盛，"所有一般法律思想，无不以属于道德范围之恶事与属于宗教范围之罪恶，盖置诸法律之外"。[238] 而其现象尤以刑律中奸非罪之变更最为显著。"其余如单纯和奸、纳妾、调奸等罪，东西各国刑律中殆至绝踪。"[239] 而在资政院就"无夫奸"入罪与否问题展开辩论之时，议员胡礽泰说："道德的范围宽，法律的范围窄，法律是国家的制裁，道德是生于人心的。所以关系道德的事，法律并包括不住。"[240] 又说："道德与法律原是两件事"，若是将礼教"放在刑律里头维持，这个礼教就算亡了"。[241] 当清末之时，这种思想应当颇具代表性。在当时的报刊上，可以读到这样的文字：

> 抑又闻之，道德与法律二者不能相混，道德自道德，法律自法律，故郅治之世，法律可废，而道德终不可无。良以道德者，自由平等博爱之理，良知良能本具于人之天性，非由外铄，初不必刑驱而势逼也。

---

〔238〕转引自黄源盛：《法律继受与近代中国法》，同上书。

〔239〕同上书。在历史主义论证之外，冈田朝太郎也强调道德与法律两不相涉的"法律原理"。参同上书，页 267—268。强调法律原理具有根本意义，而且，这也是法理派论证的基本特征。详下。

〔240〕《资政院第一次常年会第三十九号议场速记录》，载黄源盛纂辑：《晚清民国刑法史料辑注》（下），页 1615。

〔241〕《资政院第一次常年会第三十九号议场速记录》，载黄源盛纂辑：《晚清民国刑法史料辑注》（下），页 1614—1615。

乃中国独不然。以道德与法律混而一之，故曰出于礼即入于刑，又曰礼教与刑法相为表里。……夫道德而至于恃法律为保障，则此道德之为道德，其价值亦可想而见之。[242]

旧学出身的沈家本诸人，未必会以道德为"自由平等博爱之理"，而将礼教贬为禁锢之具，但在教化属道德，道德与法律须两分，故礼、法不当混而为一这一点上，均持同样立场。而这种立场，其实出自19世纪西方之政治和法律理论，故而，将近代西方的"道德"和"法律"这一对范畴，套用于中国传统的"礼""法"之上，并以之去透视、评判进而重新安顿现实秩序，不啻是以釜底抽薪的方式，彻底颠覆了传统的礼法观念，以及这种观念所指向的人间秩序。自此，礼、法之争为道德与法律之辨所替代，其实际的结果则是，无论观念上还是制度上，道德都被逐出法界，礼法观念更成为历史陈迹。[243]

回顾"礼法"之观念史、制度史，大体可以说，三代以礼为法，礼、法无分；春秋战国至于秦，法出于礼而独立，儒、法对立，礼、法分隔；汉以后，儒、法合流，礼入于法，又造就一新的礼法秩序；而至晚清，西风东渐，世事丕变，民主、法治观念大兴，传统之礼法秩序无以为继，至

---

〔242〕愤民：《论道德》，载张枬、王忍之编：《辛亥革命前十年间时论选集》第三卷，页852—853。

〔243〕详参梁治平：《礼教与法律：法律移植时代的文化冲突》。

是，礼、法再度分立。上下三千年间，礼与法先是由一而二，继则由分到合，最后再分别为二，不相隶属。其变化，有否定，亦有否定之否定，每一次分合，均对应于一种新的历史与社会情态。这其中，晚清之变，尤为深刻。盖因于道德与法律之辨中确立的"法"，即非中国传统之礼，亦非中国旧有之法，而是出于近代西方而被推之于世界的一套个人权利法则。就此而言，清末礼、法之争，已经逸出传统礼、法之争的界域，不复为其所范围，而具有全新的意蕴。中国数千年绵延不绝的礼法观念，亦因此而被彻底抛弃。虽然，仔细审视中国法律百年来的发展，透过由现代政治和法律术语、概念、学说和理论层层包裹的政法制度及实践，传统思想观念的印记仍隐约可见。

说明与致谢

本书所收各篇论文先后发表于下列书刊：

《"为公"的理念》和《"民本"思想源流》分别发表于《中国法律评论》第 2 期和第 3 期（2014）；《"礼法"探原》刊载于《清华法学》2015 年第 1 期；《"家国"的谱系》于 2015 年 4 月在《文汇报》分 3 期连载；《"天下"的观念》，刊载于《清华法学》2016 年第 5 期，刊出时有删节，其完整版收入郭齐勇主编：《儒家文化研究》（第七辑）。

感谢袁方、林来梵、陆灏、郭齐勇、胡治宏诸友为这些文章的发表提供了适当的机会，并为这些文章的编辑花费心力。还要感谢本书责任编辑冯金红女士，她以高度的敬业精神和职业素养保证了本书的顺利出版。附于书后的"征引主要古代文献"由时为中国文化研究所研究生的余霄编制，他还依据这些文献逐一校核了书中引文，在此一并致谢。

征引主要古代文献

班固：《汉书》，颜师古注释。北京：中华书局，1962

毕沅：《续资治通鉴》。北京：中华书局，1999

陈寿：《三国志》，裴松之注。北京：中华书局，2011

程颐：《伊川易传》。钦定四库全书本

程颢、程颐：《二程遗书》。上海：上海古籍出版社，2000

程树德：《九朝律考》。北京：中华书局，2006

董诰：《全唐文》。北京：中华书局，1983

杜佑：《通典》。北京：中华书局，1988

段玉裁：《说文解字注》。上海：上海古籍出版社，1988

范晔：《后汉书》，李贤注。北京：中华书局，2000

方孝孺：《方正学先生集》。同治正谊堂本

房玄龄：《晋书》。北京：中华书局，1996

干宝：《晋纪》。广雅丛书本

郭庆藩：《庄子集解》。北京：中华书局，2006

何宁：《淮南子集释》。北京：中华书局，1997

胡吉宣：《玉篇校释》。上海：上海古籍出版社，1989

黄晖：《论衡校释》。北京：中华书局，1990

黄汝成：《日知录集释》。石家庄：花山文艺出版社，1991

黄宗羲：《黄宗羲全集》，沈善洪、吴光编校。杭州：浙江古籍出版社，2005

黄宗羲：《明夷待访录》。北京：中华书局，1981

姜望：《周书六韬》。平津馆丛书本

蒋礼鸿：《商君书锥指》。北京：中华书局，1986

蒋良骐：《东华录》。北京：中华书局，1980

焦循：《孟子正义》。北京：中华书局，1987

康有为：《大同书》，周振甫、方渊校点。北京：中华书局，2007

康有为：《孟子微　中庸注　礼运注》，楼宇烈整理。北京：中华书局，1987

柯劭忞：《新元史》。开明书店本

黎靖德：《朱子语类》，王星贤点校。北京：中华书局，1986

黎翔凤：《管子校注》。北京：中华书局，2006

李昉：《太平御览》。北京：中华书局，2000

李攸：《宋朝事实》。北京：中华书局，1955

李贽：《李贽文集》，张建业主编。北京：社会科学文献出版社，2000

李淳风，《乙巳占》。十万卷楼丛书本

刘昫：《旧唐书》。北京：中华书局，1975

刘逢录：《公羊何氏释例》，曾亦点校。上海：上海古籍出版社，2013

刘俊文：《唐律疏议笺解》。北京：中华书局，1996

吕坤：《呻吟语》。明万历本

吕留良：《吕晚邨先生四书讲义》。清康熙内寅年刻本

马端临：《文献通考》。北京：中华书局，2006

欧阳修、宋祁：《新唐书》。北京：中华书局，1975

欧阳询：《艺文类聚》，汪绍楹注解。上海：上海古籍出版社，1998

彭铎：《潜夫论笺校正》。北京：中华书局，1985

阮元：《十三经注疏附校勘记》，嘉庆二十年江西南昌府学本。台北：艺文印书馆，2007

　　《周易正义》十卷，王弼、韩康伯注，孔颖达等正义

　　《尚书正义》二十卷，王肃、孔安国传，孔颖达等正义

　　《毛诗正义》七十卷，毛亨传，郑玄笺，孔颖达等正义

　　《周礼注疏》四十二卷，郑玄注，贾公彦疏

　　《仪礼注疏》五十卷，郑玄注，贾公彦疏

　　《礼记正义》六十三卷，郑玄注，孔颖达等正义

　　《春秋左传正义》六十卷，杜预集解，孔颖达等正义

　　《春秋公羊传注疏》二十八卷，何休解诂，徐彦疏

《春秋穀梁传注疏》二十卷，范宁集解，杨士勋疏

《论语注疏》二十卷，何晏等集解，邢昺疏

《孝经注疏》九卷，唐玄宗注，邢昺疏

《尔雅注疏》十卷，郭璞注，邢昺疏

《孟子注疏》十四卷，赵岐注，孙奭疏

慎到：《慎子》。四部丛刊初编本

尸佼：《尸子集本》。平津馆丛书本

石介：《徂徕石先生文集》。北京：中华书局，1984

司马光编著：《资治通鉴》，胡三省音注，"标点资治通鉴小组"校点。北京：中华书局，1956

司马迁：《史记》，裴骃集解，司马贞索引，张守节正义。北京：中华书局，1982

宋濂、赵埙、王祎：《元史》。北京：中华书局，1976

苏舆：《春秋繁露义证》。北京：中华书局，1992

孙启治：《政论校注》。北京：中华书局，2012

孙诒让：《墨子间诂》。北京：中华书局，2003

谭嗣同：《仁学》。北京：华夏出版社，2002

脱脱：《宋史》。北京：中华书局，1985

王琯：《公孙龙子悬解》。北京：中华书局，1992

王明：《抱朴子内篇校释》。北京：中华书局，1985

王明：《太平经合校》。北京：中华书局，1960

王溥：《唐会要》。北京：中华书局，1955

王肃：《孔子家语》。四部丛刊初编本

王夫之：《读通鉴论》，舒士彦注解。北京：中华书局，2004

王夫之：《思问录 俟解 黄书 噩梦》，王伯祥点校。北京：中华书局，2009

王利器：《文子疏义》。北京：中华书局，2000

王利器：《新语校注》。北京：中华书局，2000

王利器：《盐铁论校注》。北京：中华书局，1992

王辟之：《渑水燕谈录》。知不足斋丛书本

王聘珍：《大戴礼记解诂》，王文锦点校。北京：中华书局，1983

王先谦：《荀子集解》。北京：中华书局，2007

王先慎：《韩非子集解》。北京：中华书局，1998

魏收：《魏书》。北京：中华书局，1997

魏源：《海国图志》，李巨澜评注。郑州：中州古籍出版社，1999

魏征：《隋书》。北京：中华书局，1997

萧子显：《南齐书》。北京：中华书局，1996

徐时仪：《一切经音义三种校本合刊》。上海：上海古籍出版社，2012

徐元诰：《国语集解》。北京：中华书局，2006

许维遹：《吕氏春秋集释》。北京：中华书局，2009

严可均：《全晋文》。北京：商务印书馆，1999

阎振益：《新书校注》。北京：中华书局，2000

颜元：《颜元集》。北京：中华书局，1987

姚思廉：《陈书》。北京：中华书局，1976

张载：《张载集》，章锡琛点校。北京：中华书局，2012

张廷玉：《明史》。北京：中华书局，1974

赵晔：《吴越春秋》。四部丛刊初编本

赵翼：《廿二史札记》，董文武注释。北京：中华书局，2008

赵尔巽：《清史稿》。北京：中华书局，1998

真德秀：《大学衍义》，朱人求点校。上海：华东师范大学出版社，2010

周祖谟：《广韵校本》。北京：中华书局，2004

朱熹：《四书章句集注》。北京：中华书局，1983

朱谦之：《老子校释》。北京：中华书局，1984

朱谦之：《新辑本桓谭新论》。北京：中华书局，2009